Ludwig Knoll
Gerhard Jaeckel

Lexikon der Erotik

A-K

rororo

Rowohlt

Umschlagentwurf Werner Rebhuhn

Aktualisierte Ausgabe
Veröffentlicht im Rowohlt Taschenbuch Verlag GmbH,
Reinbek bei Hamburg, Januar 1978
Die Originalausgabe erschien im Schweizer Verlagshaus A. G.,
Zürich, 1975

Satz Garamond (Linotron 505 C)
Gesamtherstellung Clausen & Bosse, Leck/Schleswig
Printed in Germany
880-ISBN 3 499 16218 0

Sexualität, Erotik und Liebe

gehören zusammen. Sie gehen ineinander über, und zwischen ihnen lassen sich keine festen Grenzlinien ziehen. Die drei Begriffe selbst sind nicht eindeutig zu bestimmen, zumal sie je nach dem Zusammenhang unterschiedlich verwendet werden.
Im allgemeinen versteht man unter Sexualität den Bereich des Körperlichen und Triebhaften; unter Erotik die verfeinerten, vergeistigten und von der menschlichen Kultur beeinflußten Formen; unter Liebe die persönlichen Bindungen.

Lange sah man den einzigen Zweck der Sexualität in der Fortpflanzung. Damit wurde sie zugleich als die Beziehung der beiden Geschlechter zueinander verstanden. Allein die Erscheinung der Homosexualität, die es auch bei Naturvölkern (und sogar bei einigen Tierarten) gibt, zeigt schon, wie unzureichend solche Vorstellungen sind. Zu heterosexuellen Beziehungen gehören viele Handlungen, die nicht der Fortpflanzung dienen können oder die sogar mit den Genitalien nichts mehr zu tun haben. Das auffallendste Beispiel dafür ist der Kuß.
Auch beginnt die menschliche Sexualität nicht mit der Pubertät, an deren Ende die Fortpflanzungsfähigkeit steht. Der Sexualtrieb ist vielmehr vom ersten Lebenstage an wirksam, und seine Ausdrucksformen entwickeln sich während der Kindheit, lange ehe die Keimdrüsen zu funktionieren beginnen. Nach der Geschlechtsreife ist die Fortpflanzung aus sozialen Gründen noch immer behindert, obwohl in dieser Zeit die Sexualität eine Hochblüte erlebt und also auch irgendeinen Ausdruck finden muß.
Von einem anderen Standpunkt aus sah man den Zweck der Sexualität in ihrer Kraft, menschliche Bindungen herzustellen und zu erhalten. Hier wird also Sexualität fast mit Liebe gleichgesetzt. Aber viele sexuelle Begegnungen bleiben ohne Wertschätzung des Partners als Individuum, von den Sexualhandlungen ohne Partner (Autoerotik) ganz abgesehen. Umgekehrt kommt es in vielen von der Liebe oder der Freundschaft bestimmten Beziehungen niemals zu Handlungen, die ohne weiteres als sexuell erkennbar wären.
Die bevorzugte Form einer dauerhaften Partnerbindung, die zugleich der Fortpflanzung dienen soll, ist die Ehe. Aber Ehen wurden oft nach den Erfordernissen einer Sippe oder Volksgruppe geschlossen, ohne daß man nach Liebe viel fragte. Die Ehe selbst ist außer «Sexualität» oder «Liebe» auch Arbeits- und Wirtschaftsgemeinschaft, und wenn sie gut ist, wird sie zur Freundschaft. Die gesellschaftliche Institution der Ehe und ihre Möglichkeiten sind ein Beispiel, wie sexuelle Motive mit scheinbar sexualfernen verschmelzen.
Nur ein kleiner Teil aller Sexualhandlungen wird um der Fortpflanzung oder um der Liebe willen vorgenommen. Die Menschen suchen in der Sexualität die

Lust. Gelegentlich wird die Lust als der Köder aufgefaßt, mit dem die Natur den Menschen zur Fortpflanzung verführe. Aber das Leben stellt so viele Anforderungen und bringt so viele Enttäuschungen, daß man fragen kann, ob die Menschen ohne einen solchen Lustgewinn überhaupt noch Lebensmut genug hätten. Auch die Lust ist also ein «Zweck».

Die Sexualität des Menschen unterscheidet sich von der bei den meisten Tierarten zunächst dadurch, daß sein Verhalten nicht mehr sicher von Instinkten gesteuert wird, sondern der Regulierung durch den Verstand bedarf. Diese Verschiebung beginnt bereits bei den Affen. Wesentliche Veränderungen ergeben sich dann durch den ständigen Aufwärtsgang des Menschen. Das Becken bildet sich um; Schwangerschaft und Gebären werden schwieriger; es entsteht als Neuerwerbung der Hymen; die Geschlechtsvereinigung von Angesicht zu Angesicht wird möglich. Das menschliche Kind wird, in Zusammenhang mit der schwierigeren Geburt, in einem früheren Stadium geboren als die Kinder der anderen Säugetiere, und es bleibt länger auf den Schutz der Eltern angewiesen.

In diesen körperlichen Veränderungen sind bereits psychologische Folgen vorgebahnt, die zu einer Kultivierung, also zu einer «Erotik» führen. Mit dem Aufrechtgang werden die Geschlechtsorgane auf den ersten Blick sichtbar: dies ist der Ansatz zur Scham. Der Mensch erhebt sich von der Erde; sein Geruchssinn ist nicht mehr so wichtig, und da er eine Erinnerung an die tierische Vergangenheit ist, werden manche Geruchsreize geradezu tabuiert. Die Sinne der Ferne – Gesicht und Gehör – werden dagegen kultiviert.
Weitere Veränderungen haben sich aus der Notwendigkeit ergeben, immer größere menschliche Gruppen zu bilden, um in gemeinschaftlicher Arbeit den Kampf gegen die feindliche Natur zu bestehen. Im sozialen Interesse mußte die Sexualität eingedämmt werden, nicht nur um genug Kraft für die Arbeit zu bewahren, sondern auch um einen Teil der «Liebe» in die Gruppenbindungen einfließen zu lassen. Die Erfüllung aller Sexual- und Liebeswünsche in einer Paarbindung oder einer innig verbundenen Familie ließe kein Interesse an einer größeren Gemeinschaft mehr übrig. Dies ist der letzte Grund des Inzest-Tabus: das heranwachsende Kind wird genötigt, auf die sinnliche Liebe zu Eltern und Geschwistern zu verzichten, sich aus der Familie zu lösen und eine Beziehung zu Fremden einzugehen. Das fällt ihm deshalb so schwer, weil es so lange auf die Fürsorge und Liebe der Elternfamilie angewiesen war. Die Erfahrungen dieser Liebe wie des Liebesverbotes beeinflussen alle späteren Liebeserwartungen.

Die Bedingungen, die der Körperbau des Menschen, seine lange Kindheit und seine Einordnung in größere Gemeinschaften seiner Sexualität gestellt haben, schränken diese Sexualität ein, erweitern sie aber zugleich in geistige Gebiete –

hin zur Erotik. Die Erotik entsteht zwar aus den Hemmungen, und sie wird von ihnen wesentlich mitbestimmt, aber sie überspielt sie zugleich. Als Produkt der Kultur kann die Erotik zwar zur höchsten, sinnenfernen Geistigkeit ansteigen, aber auch zur Dekadenz und «Perversion» entarten.

Wegen der engen Beziehungen der genitalen Sexualität zu anderer Sinnenlust einerseits und der körperlich-triebhaften Sexualität insgesamt zu Erotik und Liebe andererseits hat Sigmund Freud in der Psychoanalyse den Begriff «Sexualität» auf alle diese Erscheinungen ausgedehnt. Der psychoanalytische Begriff «Libido» bedeutet entsprechend sowohl das Verlangen nach Sinnenlust wie nach Liebe im Sinne von Zugehörigkeit und Geborgenheit. Alle Formen der Liebe, auch die Eltern-, Kindes-, Tier- und Gottes- wie etwa noch die ‹Steckenpferd›-Liebe werden als Abkömmlinge und Sublimierungen der sexuellen Liebe aufgefaßt. Die Berechtigung dazu ergibt sich unter anderem aus der Erfahrung, daß alle diese scheinbar sexualfernen Arten der Liebe in Sexualität zurück umschlagen können, so in Erscheinungsformen des Fetischismus.
Insgesamt sind Sexualität, Erotik und Liebe ein Bereich, der sich nicht aus dem Gesamtleben heraustrennen läßt. In allen Äußerungen menschlichen Daseins schwingt die Kraft des Eros mit, und Eros wird von allen anderen Lebensumständen beeinflußt.

Aus diesen Gründen werden in unserem «Lexikon der Erotik» sowohl die Grundtatsachen der Sexualität wie auch die Einflüsse der Kultur und Gesellschaft erörtert. Die ausgewogene, verständliche und oft aufgelockerte Darstellung, die hier angestrebt ist, wird ergänzt durch eine Fülle von Bildern vor allem aus der erotischen Kunst. Diese Bilder sind oft weniger Illustrationen zu den Stichwörtern, als vielmehr Variationen des jeweiligen Themas. Sie stammen aus verschiedenen Zeiten und zeigen so die im Grunde unveränderliche Bedeutung der geschlechtlichen Liebe. Die Art und Weise, wie sich Maler und Zeichner mit den Problemen der menschlichen Sexualität künstlerisch auseinandergesetzt haben, ist in sich ein Beispiel für die Vergeistigung der Erotik.

Die *kursiv* gesetzten Wörter in den einzelnen Sachartikeln sind zugleich Verweise auf die entsprechenden Stichwörter.
Viele Begriffe und Namen, die als Stichwörter nicht aufgenommen worden sind, lassen sich durch das Register am Schluß des zweiten Bandes auffinden.

Abartig
nennt man alle Formen sexuellen Verhaltens und Empfindens, die von einer vorgefaßten *Norm* abweichen. Was als abartig gilt, und wie stark es verurteilt wird, hängt von der jeweiligen Norm und ihrer Toleranz-Breite ab. Man sollte jedoch unterscheiden zwischen *Variationen*, *Deviationen* und *Perversionen.* Als Variationen, die zwar vom Üblichen abweichen, aber nicht negativ gewertet werden sollten, sind besondere Formen des *Koitus (Positionen)* oder des *Vorspiels* zu bezeichnen. Auch der Begriff Deviation enthält kein Werturteil: darunter sind Sexualformen zu verstehen, die zwar nicht den Koitus zum Ziel haben, die aber entweder nur gelegentlich ausgeführt werden (zum Beispiel *Fellatio*, *Anal*verkehr), oder die zu einer Partnerschaft mit gefühlsmäßiger Bindung führen (so etwa in vielen Fällen von *Homosexualität*). Die Perversionen dagegen folgen einem inneren Zwang, schließen eine andere als die jeweilige abartige Form mehr oder weniger aus, und sie machen infolge der vorgefaßten Wünsche des Perversen eine eigentliche Partnerschaft unmöglich.

Abortus,
Abgang einer noch nicht lebensfähigen Leibesfrucht in den ersten 28 Wochen der *Schwangerschaft* oder bei einer Länge unter 35 Zentimeter. Zu einem natürlichen Abortus (Fehlgeburt) kommt es bei krankhaften Zuständen des Eies (vgl. *Ovarien*) oder gewissen Krankheiten der Mutter, ferner bei direkten Verletzungen des Unterleibes oder bei Erschütterungen durch Sturz und ähnliches sowie bei starken seelischen Erregungen. Tritt ein natürlicher Abortus bei einer Frau mehrmals nacheinander ein (habitueller Abortus), ist dies ein Symptom für eine Allgemeinerkrankung der Frau.
Ein künstlicher Eingriff heißt Abtreibung. Nach strengster katholischer

Auffassung ist die Unterbrechung der Schwangerschaft durch einen Arzt nicht einmal dann statthaft, wenn sie vorgenommen werden müßte, um das Leben der Mutter nicht zu gefährden. Die bisherige Regelung, nach der nur die medizinische Indikation (= Berechtigung) zum Eingriff anerkannt war, hat unzählige Frauen zu Kurpfuschern getrieben und einem hohen Gesundheitsrisiko ausgesetzt. Das führte zu schweren sozialen Ungerechtigkeiten. Die Diskrepanz zwischen den wenigen Fällen, die bekannt wurden und verfolgt werden konnten, und der riesigen «Dunkelziffer» machte das Gesetz selbst zum Hohn. Ob man nun die Indikationen auf Fälle erweitern soll, in denen die Schwangerschaft die Folge einer *Vergewaltigung* ist, und auf solche, in denen die Geburt eines schwer mißgebildeten Kindes zu erwarten wäre, oder sogar noch auf solche, in denen die sozialen Verhältnisse der Mutter das Aufwachsen eines auch seelisch gesunden Kindes unmöglich machen würden, oder ob man auf ein für Rechtsunsicherheiten anfälliges Gutachter-System verzichten und grundsätzlich alle Schwangerschaftsunterbrechungen durch einen Arzt in den ersten drei Monaten zulassen soll (Fristen-Lösung), ist in vielen Ländern Europas noch umstritten. In der Bundesrepublik hat sich die Fristenlösung nicht durchsetzen lassen. Die Indikationen-

«Abartig» nannte man lange Zeit die verschiedenen Positionen · Skizzenblatt eines anonymen Künstlers

Lösung, die an ihre Stelle getreten ist, stößt in der Praxis noch auf große Widerstände und Schwierigkeiten.

Absteigequartier,
ein hotelartiges Unternehmen, das Paaren einen Schlafraum vermietet, ohne nach den Personalien zu fragen. Da diese Räume jeweils nur für einige Stunden in Anspruch genommen werden, so daß in einer Nacht mehrere Paare hintereinander sie ‹bewohnen›, spricht man auch von «Stundenhotels». Eine solche Gelegenheit zur ‹*Unzucht*›, d. h. zum außerehelichen Geschlechtsverkehr, wurde auch in den Zeiten offizieller *Prüderie* und trotz der *Kuppelei*-Paragraphen geduldet. In ihrer feinsten Form hießen diese Etablissements «Maison des Rendezvous». Noch heute sind sie für viele Liebende, besonders für manche junge Paare, der einzige Ort, an dem sie ungestört und intim beisammen sein können. Andererseits spielt das Absteigequartier eine Rolle für die *Prostitution*: Viele Dirnen, die selbst über keinen geeigneten Raum verfügen, nehmen ihre Kunden in ein «Stundenhotel» mit; dann bezahlt der Kunde außer der Dirne auch das Zimmer. Absteigequartiere befinden sich meist in der Nähe von großen Bahnhöfen, und zwar in Hinterstraßen. Ihre Ausstattung ist oft schäbig oder gar schmuddlig, und die Trübseligkeit ihres Milieus wie ihr schlechter Ruf tragen gewiß oft dazu bei, auch die Liebe schäbig zu machen, die sich hierher flüchten muß.

Abstinenz,
hier: die zeitweise oder dauernde se-

Die Pferdedroschke als «Absteigequartier» · Französisches Aquarell, um 1880

xuelle Enthaltsamkeit. Ein zeitweiser Verzicht kann angebracht sein vor großen Leistungsanforderungen. So mußten in manchen Naturvölkern die jungen Männer vor einer Jagd oder einer Stammesfehde enthaltsam bleiben. Beim Hochleistungssport spielt die Enthaltsamkeit vor wichtigen Wettkämpfen eine Rolle. Auch aus gesundheitlichen Gründen kann Abstinenz geboten sein.
Nach mehreren Monaten der Abstinenz erschlaffen in den *Hoden* die hormon- und samenbildenden Zellen. Häftlinge, die nach längerer Gefangenschaft entlassen werden, erleben deshalb zunächst ein sexuelles Versagen; erst allmählich stellt sich die *Potenz* wieder ein.

Eine dauerhafte sexuelle Abstinenz aus religiöser oder philosophischer Überzeugung heißt *Askese.* Der Begriff der Abstinenz bezieht sich immer nur auf das sexuelle Verhalten, also auf das, was man tut. Eine Ausschaltung sexueller Gefühle, die ja auch *unbewußt* bleiben können, gibt es nicht.

Adoleszenz,
die Altersperiode des «Heranwachsens» zwischen dem Ende der *Pubertät* und der vollen sozialen Selbständigkeit.

In frühen Kulturen galt der Jugendliche, der die volle Geschlechtsreife erlangt hatte, auch als «erwachsen». Man half ihm durch *Einweihungsriten* über den Einschnitt zwischen der Abhängigkeit wie Geborgenheit in der Familie und der Freiheit wie Verantwortung im selbständigen Leben hinweg. In allen komplizierteren Gesellschaften erstreckt sich der Übergang zwischen Kindheit und Erwachsenheit über mehrere Jahre, die unter anderem der Berufsausbildung dienen. In ihnen soll vor allem der junge Mann Erfahrungen sammeln können, ohne fest gebunden zu sein, aber auch ohne weitreichende Entscheidungen treffen zu können. Dies war der Sinn der «Wanderjahre». Das bezog sich auch auf die sexuellen Erfahrungen; als ehereif galt – zwar nicht ausdrücklich, aber doch stillschweigend – der Jüngling, der sich ‹die Hörner abgelaufen hatte›.

Die Sexualerfahrungen während der Adoleszenz sind auch deshalb wichtig, weil in diesem Alter noch eine starke Bindung ans eigene Geschlecht und eine gewisse Scheu vor dem anderen Geschlecht wirksam sind. In *Männerbünden,* so noch heute im Militärdienst, sollen die Beziehungen zum eigenen Geschlecht in kameradschaflichem Wettbewerb und Freundschaft ausgeformt werden, und die wachsende Sicherheit in einem Leben außerhalb der Familie soll die Möglichkeit schaffen, sich gleichsam versuchsweise dem anderen Geschlecht zu nähern.

Ähnliches galt für das Mädchen aus gutem Hause, das etwa in einem Pensionat aus dem engen Kreis der Familie heraustrat und das Dasein in einer größeren Gemeinschaft von zunächst Fremden erlebte, die Beziehungen zum eigenen Geschlecht erprobte und umgestaltete, das aber vom anderen Geschlecht fast völlig abgesperrt blieb.

Anders lagen die Verhältnisse für Jugendliche aus niederen Schichten, in denen man sich eine lange Berufsausbildung nicht leisten konnte und die darauf angewiesen waren, alsbald selbst ihren Unterhalt zu verdienen. In diesen Schichten ging, und geht zum Teil noch heute, der geschlechtsreife Jugendliche fast sofort in einen Erwachsenen-Status über und nimmt auch die entsprechenden sexuellen Rechte in Anspruch.

Die Erprobung der Sexualität in der Adoleszenz ist gehemmt einmal von der Tatsache, daß langdauernde Bindungen und Verantwortungen noch nicht eingegangen werden können, und zum anderen dadurch, daß die *Fortpflanzung* als Folge der Sexualität noch vermieden werden muß. Daraus ergeben sich als typische For-

Jugendliche Erforschung · Anonyme Zeichnung

men der Jugendlichen-Sexualität mehr oder weniger schnell wechselnde Flirts *(«Dating»)*, bei denen zwar körperliche Zärtlichkeiten gewechselt werden *(«Petting»)*, es aber noch nicht zum Koitus kommt. Versuche der Erwachsenen, in der Zeit der Flirts bereits eine Vorbereitung zur Monogamie zu etablieren, indem man langfristige und ausschließliche Zweier-Freundschaften begünstigt («Going steady»), haben zu einer eigentlich unerwünschten Intensivierung solcher ‹Vorehen› geführt und ein Ansteigen der *Teenager*-Schwangerschaften bewirkt.

Seit es für die Frauen die Möglichkeit gibt, sich sicher vor Schwangerschaft zu schützen, lernen sehr viele jugendliche Paare miteinander und aneinander die Liebe in einem vollen Sinne, nämlich als sexuelle und seelische Beziehung.

Die anerkannten Sitten und Institutionen für die besonderen Bedürfnisse der Adoleszenz sind in unserer modernen Gesellschaft verblaßt. Die Jugendlichen sind mehr und mehr darauf angewiesen, daß sie sich allmählich ‹anpassen›; denn das können sie nur, indem sie die Grenzen der Freiheit erproben. Es ist geradezu ihre Aufgabe, zu rebellieren, nicht nur, weil die neue Generation die Welt

weiterbringen muß, sondern auch um den natürlichen jugendlichen Überschwang auszuleben.
Die natürliche Rebellion der Jugend wird in der Gegenwart besonders heftig, weil sich die Zeitverhältnisse noch niemals so schnell geändert haben und sich die Kluft zwischen Erwachsenen und Jugendlichen dadurch ständig vergrößert. So haben sich die Voraussetzungen der Sexualität so stark geändert – unter anderem durch die Trennung zwischen Sexualität und Fortpflanzung –, daß die Moral der älteren Generation für die jungen Leute einfach nicht mehr überzeugend sein kann. Auch ist der Unterschied zwischen der sexuellen Erziehung und Erfahrungsmöglichkeit des jungen Mannes und der des Mädchens weitgehend aufgehoben. Endlich ist das Erlebnis der Adoleszenz nicht mehr so stark klassengebunden. Die Rebellion der Jugend wäre bei weitem nicht so heftig, wenn die Erwachsenen begreifen könnten, vor welchem Zeitenwandel die neue Generation steht, und ihr einfühlsam entgegenkämen.

Aggression,
«Angriffslust». Zusammen mit der *Destruktion*, der Zerstörungslust, entstammt die Aggression nach psychoanalytischer Auffassung einem *Trieb*, der den lebenserhaltenden Trieben entgegenwirkt, sich aber zugleich in den verschiedensten Mischungsverhältnissen mit ihnen vermengt. Nach anderen psychologischen Schulen soll die Aggression, also die kämpferische Auseinandersetzung mit anderen Lebewesen oder mit Mitmenschen, nicht aus einem Triebverlangen entstehen, sondern die Folge von *Frustrationen* (Versagungen und Enttäuschungen) sein. Aber da es kein Leben ohne Frustrationen geben kann, wäre Aggression stets unvermeidlich. Darüber hinaus ist leicht zu sehen, daß die Menschen ohne Kampfgeist nicht überleben könnten. Wie der Sexualtrieb so muß auch die Aggression im Interesse des Zusammenlebens eingedämmt und in gesellschaftlich nützliche Bahnen gelenkt werden. Die Vermengung der Aggression mit der Sexualität wird am deutlichsten im *Sadismus* und seinem Gegenpart, dem *Masochismus*, bei dem sich dann der Angriff gegen die eigene Person wendet. Der Mann kann seine sexuellen Funktionen sogar niemals ohne einen Anteil von Aggression erfüllen. So stellte Freud die Gefahren des Zuviel und Zuwenig gegenüber: «Ein stärkerer Zusatz zur sexuellen Aggression führt vom Liebhaber zum Lustmörder, eine starke Herabsetzung des aggressiven Faktors macht ihn scheu oder impotent.»

Akte
nennt man die Darstellungen des nackten menschlichen Körpers in der *Bildenden Kunst* oder *Fotografie*.
Die ersten Akte wurden in magischer Absicht geschaffen von Männern, um so das nach ihren Vorstellungen ideale Weib herbeizu«zaubern». In ähnlicher Weise stellten Männer ihr eigenes Geschlecht so dar, wie sie es verkörpern wollten. Namentlich in der antiken Kunst ist aber für den männlichen Künstler die Darstellung eines

Mannes, vor allem eines Jünglings, erotisch geradeso anziehend wie die einer Frau.
Die Funktion von Musterbildern haben die Aktdarstellungen immer und überall behalten. Jedes Bild, jede Plastik dieser Art spiegelt nicht nur das Schönheitsideal der Zeit und der Gesellschaft, in der sie entstanden, sondern auch etwas von den Beziehungen der Geschlechter zueinander, wie sie die jeweilige Moral vorgebahnt hatte. Das nackte Weib kann als unnahbare Schönheit, als erotisches Spielzeug, als Verführerin oder als Beute dargestellt sein; der nackte Mann als Heiliger oder als Held, als Höfling oder als Faun.
Auch der Ersatz eines wirklichen Mannes oder Weibes durch das Bild ist Motiv der Aktdarstellung geblieben. Besonders deutlich wird das einerseits bei Gefangenen, die Akte an die Wände ihrer Zellen kritzeln oder sich aus Brotresten einen Frauenleib formen, und andererseits bei den *«Pin-ups»*, den erotischen Spindbildern kasernierter Soldaten. Die Aktdarstellung hat der Wirklichkeit eine ideale Vollendung voraus, die genau den subjektiven Wunschvorstellungen entsprechen kann.
Anders als die Bildende Kunst scheint die Fotografie eine Möglichkeit zu eröffnen, einen nackten Menschen so darzustellen, wie er wirklich ist. In Wahrheit haben auch die meisten Aktfotografen verschönert, indem sie hübsche Modelle aussuchten, die sie vor der Kamera gefällige und verführerische Posen einnehmen ließen.
Die Amateurfotografie hat es inzwischen jedermann ermöglicht, Aktfotos zu schaffen. Über den Schaureiz hinaus können sie Erinnerungen festhalten oder jener Prahlerei dienen, die man *Kandaulesismus* genannt hat.

Akzeleration,
«Entwicklungsbeschleunigung». Seit einigen Jahrzehnten werden in allen Kulturstaaten die Kinder größer, und die biologische Reifung *(Pubertät)* ist markant vorverlegt. Als Ursachen für diese Erscheinung sieht man an einmal die Reizüberflutung, vor allem in den Großstädten, in denen die Akzeleration tatsächlich stärker ausgeprägt ist, und zum anderen die größe-

Wein und Weib · Buch-Illustration von Brunelleschi

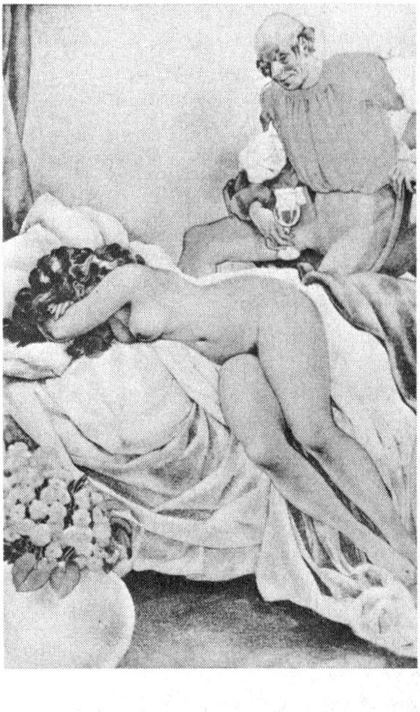

re Durchmischung der Bevölkerung und des Erbgutes, die entstand, weil heute Menschen weniger an ihren Heimatort gebunden bleiben. Durch die Akzeleration nimmt der leptosome *Typ* zu. Die charakterlich-seelische Reifung scheint mit der biologischen Pubertät nicht Schritt zu halten, aber das liegt mindestens zum Teil an den sozialen Schwierigkeiten der *Adoleszenz* und an Mängeln der Sexualerziehung.

Algolagnie,
zu deutsch «Schmerzwollust», eine von Schrenck-Notzing vorgeschlagene Bezeichnung für die gemeinsamen Ursachen und verwandten Erscheinungsformen von *Sadismus* und *Masochismus.* Tatsächlich gibt es keinen Sadismus ohne masochistische Züge, keinen Masochismus ohne seinen sadistischen Gegenpart, und in einzelnen Fällen sind die sadistischen und masochistischen Tendenzen gleich stark ausgeprägt. An Stelle der Gesamtbezeichnung «Algolagnie» verwendet man heute oft das Kombinationswort «Sadomasochismus».

Alkohol
«stärkt die Begierde und schwächt die Potenz», wie es in einem alten Merksatz heißt. In geringen Mengen genossen wirkt er anregend auf das vegetative Nervensystem und erweitert die Blutgefäße. Er unterbricht gewisse Nervenleitungen aus dem Großhirn und wirkt dadurch enthemmend.

Das Gelage · Illustration zu einem französischen Luxusdruck

Da unsere Kultur und Moral viele Hemmungen gegen die Sexualität aufgebaut hat, ist für manche Menschen und in manchen Situationen der Alkohol eine Art Schlüssel zu erotischer Freiheit. Aber durch ihn kann die Kontrolle auch in einem gefährlichen Maß vermindert werden. So werden im Rausch viele kurzfristige Geschlechtspartnerschaften eingegangen, die sonst nie zustande gekommen wären.
Weiter wird durch den Alkohol die Überwindung störender *Hemmungen* so leicht gemacht, daß viele auf dieses Hilfsmittel nicht mehr verzichten können und in ihren sexuellen Aktivitäten von ihm abhängig werden. Ja, der alkoholische Rausch kann völlig an die Stelle der erotischen *Ekstase* treten, die nicht ebensoleicht zu haben ist.
Seltsamerweise ist die innige Beziehung zwischen Sexualität und Alkohol niemals dadurch ernstlich beeinträchtigt worden, daß der Rausch am Ende einschläfert und die zum sexuellen Vollzug notwendige Konzentration unmöglich macht. Wer die Möglichkeiten des Alkohols für die Erotik beherrscht, wird sie zu schätzen wissen; wer sich vom Alkohol beherrschen läßt, wird die Freiheit auch in der Liebe verlieren.

Alter.
Der Mensch macht im Laufe seines Lebens eine körperlich-seelische Entwicklung durch, in der sich bestimmte Alters-Phasen deutlich und typisch abzeichnen. Sie folgen grob gerechnet einem 7-Jahre-Rhythmus, dem sich auch die sozialen Einschät-

zungen und Einrichtungen angepaßt haben. So wird mit 7 Jahren aus dem Kleinkind ein Schulkind, mit 14 stehen die Probleme der *Pubertät* im Vordergrund, mit 21 ist die körperliche Reifung abgeschlossen. Den Übergang von der Pubertät zur *Adoleszenz* betont die Gesellschaft durch *Einweihungsriten* wie die Konfirmation; die juristische Mündigkeit war vielfach an das Erreichen des 21. Jahres gekoppelt.

Während der nächsten 21 Jahre, die nicht mehr so deutlich unterteilt sind, stehen Mann und Frau auf der Höhe der körperlichen Leistungsfähigkeit. Vom 42. Jahr ab macht sich die Minderung der Körperkräfte allmählich steigend fühlbar, während die geistigen Fähigkeiten, vor allem dank der Erfahrung, noch wachsen, so daß sie den Schwund oft mehr als ausgleichen können.

Biologisch ist die sexuelle *Potenz* von der Produktion der Keimdrüsen abhängig. Beim Manne steigt die Produktion des Testosteron bis zum 25. Lebensjahr steil an und fällt dann allmählich ab. Aber die Hoden des gesunden Mannes erzeugen praktisch bis an sein Lebensende Samenfäden, und er bleibt zeugungsfähig. Bei der Frau jedoch reicht die Östrogen-Produktion von einem Zeitpunkt zwischen dem 45. und dem 50. Lebensjahr an nicht mehr aus, um ein Ei zur Reife zu bringen und den monatlichen Kreislauf zwischen Reifung und Ausstoßung des unbefruchteten Eies in Gang zu halten. Damit scheidet die Frau aus dem Fortpflanzungsprozeß aus, verliert jedoch nicht ihren Geschlechtstrieb.

Die Umstellungsperiode um 45 bringt neben körperlichen Beschwerden oft große seelische Schwierigkeiten mit sich, und zwar nicht nur für die Frau, sondern beinahe ebenso für den Mann, bei dem es doch einen vergleichbaren biologischen Einschnitt nicht gibt. Tatsächlich wird ja die sexuelle Reaktionsfähigkeit des Menschen entscheidend von den kulturellen und sozialen Verhältnissen mitbedingt, in denen er lebt. Obwohl der junge Mensch bis 25 «von Natur aus» über die stärkste Geschlechtskraft verfügt, sind die sexuellen Vollzugsmöglichkeiten in diesem Alter sozial begrenzt, die Vollzüge selbst durch allerlei Unsicherheiten beeinträchtigt. Wie ein Mann oder eine Frau die «Wechseljahre» erlebt, hängt unter anderem davon ab, welchen Wert die Umwelt der Altersperiode zubilligt, in die man nun eintritt. In einer Gesellschaft, die Jugendlichkeit und äußere Aktivität über alles andere stellt, kann der Abschied vom «mittleren Alter» tatsächlich wie ein Torschluß wirken, der eine entsprechende Panik auslöst und so die körperlichen Veränderungen mit seelischen Leiden koppelt, die ihrerseits wieder körperliche Krankheiten begünstigen.

So wird das *«Klimakterium»* zu einem «gefährlichen Alter». Ein Mann oder eine Frau fühlen sich getrieben, noch schnell möglichst viel zu «erleben». Namentlich die Frau sah traditionell ihren Wert so sehr von der Anziehungskraft als Sexualobjekt oder durch die potentielle Mutterschaft bestimmt, daß sie nach der *Menopause* und mit schwindender erotischer Schönheit nutzlos zu werden

Die Schaulust der alten Herren · Graphisches Blatt aus einem französischen Luxusdruck

fürchtete. Aber auch die Vorstellung vom Wert eines Mannes ist stark von seiner sexuellen Konkurrenzkraft mit anderen Männern abhängig, so daß er sich genötigt fühlt, auch als Älterer noch seine Virilität um jeden Preis zu beweisen. Da die sexuelle Reaktionsfähigkeit des Mannes noch stärker als die der Frau von Sinnesreizen mitbestimmt wird, spielt bei dem älteren Manne die Abstumpfung durch Gewohnheit oft eine potenzschwächende Rolle.

Andererseits hält die körperliche Potenz nicht Schritt mit der Begierde: ihre Befriedigung wird dann oft auf solchen Wegen gesucht, auf denen es die geringsten Hindernisse gibt. So wenden sich ältere Männer häufig ganz jungen Mädchen zu, selbst Kindern, deren Unerfahrenheit sie sich zunutze machen, und bei denen sie über die vergleichsweise unerfahrenen jungen Männer zu triumphieren hoffen. Der frische Reiz der jungen Frau wirkt zugleich gerade auf den älteren Mann natürlich viel stärker als das Äußere einer altersmäßig passenden Partnerin.

Oft treten in höherem Alter auch *Regressionen* ein, das heißt, es werden Formen einer im Grunde infantilen Sexualität wiederbelebt. Besonders auffallend ist die wachsende Schaulust *(Voyeurismus)*. Manchmal werden sexuelle Tendenzen, die bis dahin nie offenen Ausdruck gefunden hatten, nun manifest (sichtbar) verwirklicht, etwa indem ein Mann, der nie homosexuelle Beziehungen gehabt und sie auch nie bewußt gesucht hat, seine *Homosexualität* entdeckt und ausübt. Von allen *Inzest*-Kontakten stellen die alten Männer vermutlich den größten Anteil.

Wie schlecht oder wie gut der Übergang ins höhere Alter auf sexuellem Gebiet gemeistert wird, ist nicht zuletzt die Folge des Sexuallebens und der erotischen Einstellung bis dahin. Was man zur gehörigen Zeit versäumt hat, läßt sich in keinem Endspurt mehr nachholen. Besonders in einer lebenslänglichen Einehe, in der äußerlich gesehen der schwindende Reiz der Frau zusammen mit der schwindenden Reaktionsfähigkeit des Mannes zu einem Aufhören aller Erotik führen könnte, wird deutlich, daß im Laufe der gegenseitigen Beziehung eine Art der Zusammengehörigkeit aufgebaut werden müßte, die den bloß sexuellen Reiz überdauert. Dazu kann außer dem, was man «Liebe» nennt, durchaus eine erotische Bindung gehören, das heißt der gemeinsame und gegenseitige Genuß an der geistig verfeinerten und vertieften Sexualität.

Amazonen,
eigentlich «Brustlose», nach der griechischen Sage kriegerische Frauen, die sich die rechte Brust abgebrannt hatten, um den Bogen besser spannen zu können. In der Kunst jedoch werden die Amazonen stets mit beiden Brüsten dargestellt. Für die Fortpflanzung sollen die Amazonen-Völker gesorgt haben, indem sie Männer gefangennahmen, die nach der Begattung getötet wurden. Männliche Nachkommen mußten sterben, nur die Mädchen wurden aufgezogen.

Vermutlich geht diese Sage auf einen historischen Kern zurück: entflohene Sklavinnen mögen in abgelegenen Gebieten vergleichbare kämpferische Gemeinschaften gebildet haben. Aber die Überlieferung hätte niemals eine solche Bedeutung und Dauer gehabt, wenn sich in ihr nicht eine typische Entwicklung mancher Mädchen und eines der typischen Verhältnisse des Mannes zur Frau niedergeschlagen hätten. In den germanischen Sagen von den Walküren oder von Brünhilde zeichnet sich ein sehr ähnliches Muster ab.

Von der Frau her gesehen ist mit dem

Liebeskampf · Lithographie von Rudolf Schlichter (1890–1955)

Typ der Amazone ihr «Männlichkeitskomplex» ausgedrückt, der Wunsch also, es dem Manne in jeder Beziehung, auch in kriegerischen Leistungen, gleichtun zu können. Mit der Vorstellung von Amazonenstaaten wird zugleich die geschichtliche Erfahrung korrigiert, daß sich Frauen im allgemeinen nicht zu dauerhaften Gemeinschaften zusammenschließen können und es unter ihnen nichts gibt, was den *Männerbünden* entspricht.

Für Männer scheint die kämpferische Frau, die ihnen als gleich stark gegenübertritt, stets eine besondere Anziehungskraft besessen zu haben. Die Herrenreiterin etwa, die man ja auch «Amazone» nennt, war namentlich um 1900 ein erotisch sehr beliebter Typ. Nicht immer bedeutet diese Vorliebe, daß der Mann wünscht, die Amazone am Ende zu besiegen und ihr ‹den Herrn zu zeigen›, und nicht immer ist er überzeugt, daß jede Frau es lieben müßte, sich einem Stärkeren ergeben zu dürfen. Gerade schwache Männer zieht es oft zu einer Amazone hin, und Brünhilde war gewiß nicht die letzte starke Frau, die mit einem Schwächling die Ehe einging.

Ambivalenz,
die «Zwiewertigkeit» von Erfahrungen und Gefühlen, die das gesamte seelische Leben des Menschen durchzieht. Am auffallendsten ist das Um-

schlagen von Liebe in Haß oder umgekehrt, oder sogar ein Zusammenfallen beider Extreme als «Haßliebe». Vorgeprägt ist das Doppelgefühl in der Beziehung des Kindes zu seinen Eltern, die es überwinden will, und an denen es doch in Liebe hängt (ein Aspekt des «*Ödipus*-Komplex»). Typisch ist aber auch das Umschlagen von *Lust* in *Ekel*, von Ekel in Lust, und dann die Lust am Ekel. Ähnlich ist jede Neigung zu *Aggression*, *Destruktion*, Grausamkeit *(Sadismus)* innig verbunden mit einem Hang zum Leiden *(Masochismus)* – und wiederum auch umgekehrt. Nach psychoanalytischer Einsicht kennt das unbewußte Denken überhaupt keine Gegensätze oder, genauer gesagt, nicht deren Unvereinbarkeit. Das Kind muß erst lernen, die Gegensätze in der Ambivalenz voneinander zu sondern.

Formen der Gesäß-Erotik · Frontispiz zu René Michel Desergy: «Sous la tutelle», Paris 1932, von Jim Black

Anal,
auf den After (lateinisch: anus) bezogen. Der After liegt direkt hinter den Geschlechtsteilen und ist ihnen entwicklungsgeschichtlich verwandt. Die Öffnung ersetzt manchmal die weibliche Scheide. Der Afterverkehr oder die *Pedikation* gilt als die bevorzugte Form des Geschlechtsverkehrs zwischen homosexuellen Männern, ist dies aber nicht, und er kommt auch als *Deviation* des heterosexuellen Verkehrs vor.
Die sexuelle Bedeutung des Afters hängt mit dem *Gesäß* als erotischem Reiz und als *erogener Zone* zusammen, ist aber vor allem in der «analen Phase» der Kindheit begründet. Das kleine Kind durchläuft nach psychoanalytischer Erfahrung drei Stadien: nach dem *oralen*, in dem die sexuelle Lust mit der Nahrungsaufnahme gekoppelt ist, das anale, in dem sie sich mit der Lust an den Ausscheidungsvorgängen verbindet. Das kleine Kind kennt noch keinen Ekel vor seinen Exkrementen; im Gegenteil, es spielt gern mit ihnen. Es sieht in ihnen seine ersten ‹Leistungen› und ein ‹Geschenk›, das es der Mutter oder einer anderen Pflegeperson darbringt.
Aus diesem Zusammenhang erklärt sich die Beziehung der analen Erotik zum Geld, das man zwar ebenso wie

den Kot «dreckig» nennt, aber doch auch über seinen praktischen Wert hinaus liebt. Wer hätte nicht gern einen «Dukatenscheißer»?
Mit der Reinlichkeitserziehung wird die anale Lust zum größten Teil verdrängt, und es kommt zu Reaktionsbildungen wie dem *Ekel.* Besonders stark drückt sich das bei dem sogenannten Anal-Charakter aus, dessen Kennzeichen große Sauberkeit, oft Pedanterie, Sparsamkeit bis zum Geiz und Neigung zum Trotz sind. In perversen Entwicklungen wird die anale Sexualität überbetont, und sie überdeckt andere Tendenzen. Es kommt dann zu Erscheinungen wie *Mysophilie* (Schmutzliebe) und *Koprophilie* (Kotliebe).
Im normalen Bereich zeigt sich die nahe Verwandtschaft zwischen «anal» und sexuell vor allem in der Beliebtheit ‹unanständiger› Reden und *Witze*, die ebensooft den Exkrementen wie den sexuellen Organen und Vorgängen gelten. Psychologisch gesund ist nicht die Ausschaltung der analen Sexualität, sondern ihre Begrenzung nach den Geboten der Zivilisation und der Liebe.

Angst
ist die Reaktion auf unbestimmte, undurchschaubare Gefahren, anders als die Furcht, die von einer unmittelbaren Bedrohung ausgeht. Die Angst löst körperliche Symptome aus: Pulsbeschleunigung, Zittern, Schweißausbruch und Atemnot. Das Wort «Angst» ist mit «eng» verwandt. Die Psychoanalyse sieht in der Geburt des Menschen das Vorbild jeder späteren Angst; hier findet sich schon die

Franz von Bayros: «Sexualangst»

Umstellung des Atmens und vor allem die Unsicherheit in neuen Lebensumständen.
Auch die Angst vor äußeren Gefahren ist oft in Wahrheit Triebangst: die Angst davor, daß die eigenen Triebe ein vernunftgemäßes Verhalten unmöglich machen könnten und ein Triebvergehen die Strafe der Mitmenschen nach sich ziehen würde. Das Urbild dieser Art von Angst stammt aus den Triebwünschen des kleinen Kindes, deren Durchbruch mit Liebesentzug oder gar der *Kastration* bedroht zu sein schien. Während man sich einer äußeren Gefahr durch Flucht entziehen kann, kann man vor Triebgefahren nicht fliehen; hoffnungslose Versuche dazu können die Angst nur vergrößern.
Da die Triebangst stets mit einem Triebwunsch verbunden ist, lassen sich die angstvollen *Phantasien* und *Träume* nicht eindeutig von den lust-

vollen unterscheiden. Die Angstträume im Schlaf entstehen aus Wünschen, deren Erfüllung das Gewissen («Über-Ich») nicht einmal in der Phantasie zulassen will: so löst die «Traumzensur» das Angstsignal aus, und der Traum wird beendet.

Aphrodisiaka
sind Mittel, die liebevolle Zuneigung, sexuelle Erregung oder *Potenz* bewirken sollen. Ihr Name erinnert an Aphrodite, die griechische Göttin der Liebe.

Zu den Nahrungsmitteln, denen man eine erotische Reizwirkung oder eine Stärkung der Potenz zuschreibt, gehören traditionsgemäß Ei, Fisch, Austern, Kaviar, Artischocken, Sellerie, Spargel und eine Reihe von Kräutern. Viele dieser Lebensmittel sind durch den Gehalt an Eiweiß und Vitaminen gewiß stärkend, aber sie enthalten keine Wirkstoffe, die auf die Geschlechtsorgane oder die Sexualzentren des Nervensystems Einfluß hätten. Ihren Ruhm verdanken sie magischen Vorstellungen: entweder haben sie ihrer Form nach Ähnlichkeit mit den Geschlechtsorganen (Spargel, Muscheln), oder sie haben an sich etwas mit Fruchtbarkeit zu tun (Eier, Kaviar). Wenn sie wirklich die Erregung oder Potenz stärken, geht das auf die seelischen Vorgänge zurück, die die Überzeugung von ihrer Wirksamkeit auslöst. Der Glaube kann nicht nur Berge versetzen!

Medikamente, die als Aphrodisiaka angewandt werden, regen entweder die Geschlechtsorgane und Sexualzentren an, oder sie lähmen die Nervenzellen der Großhirnrinde, damit also das Bewußtsein, und schalten seelische Hemmungen aus.

So reizt das Cantharidin die Haut, und wenn man es als Salbe oder in Alkohol aufgelöst einmassiert, ruft es starken Blutandrang im männlichen Glied oder in der weiblichen Klitoris hervor. Es kommt zu einer *Erektion*, die lange anhalten und auch zu einer schmerzhaften Dauer-Erektion (Priapismus) führen kann. Dringt Cantharidin in den Blutkreislauf ein, erzeugt es schwere Nervenentzündungen. Schon in einer Dosis von 0,05 Gramm wirkt es tödlich. – Cantharidin ist der Wirkstoff der Spanischen Fliege, einer Käferart, die im Mai und Juni auf Flieder, Liguster und Eschen vorkommt.

Das Strychnin ist ein Alkaloid aus der asiatischen Brechnuß und der Ignatiusbohne. Es erregt jene Nerven im Sexualzentrum des Rückenmarks, die den Rückstrom des Blutes aus den Schwellkörpern des Penis blockieren. Strychnin führt schon in geringen Mengen unter furchtbaren Krämpfen zum Tode.

Das Yohimbim wird aus der Rinde eines afrikanischen Baumes mit gleichem Namen gewonnen. Es regt das Sexualzentrum im Mark des Kreuzbeines an und erweitert die Blutgefäße der Geschlechtsorgane, wodurch die Erektion gefördert wird. Yohimbim kann zu schweren Kreislaufstörungen und plötzlichem Tod führen.

Die Rausch- und Betäubungsmittel Heroin, Kokain, Morphium und Opium fördern zwar sexuelle Wunschvorstellungen, verhindern aber durch ihre lähmende Wirkung sexuelle Aktivität.

Das Marihuana oder Haschisch ruft Dämmerzustände, Unruhe, Sinnestäuschungen und den Verlust des Raum- und Zeitgefühls hervor. In Hochstimmung fühlt sich der Marihuana-Raucher mächtig und stark, besonders in sexueller Beziehung. Die enthemmende Wirkung macht Marihuana-Parties oft zu Sex-*Orgien.* Der Rausch endet mit schwerem Kater, mit Tobsuchtsanfällen und Selbstmordgelüsten.

Medikamente wie Adrenalin, Atropin und Scopolamin sind in geringen Mengen unwirksam, in wirksamen Dosen aber äußerst gefährlich, oft tödlich. Atropin und Scopolamin aus der Tollkirsche, dem Samen des Stechapfels, des Bilsenkrautes und der Alraun-Wurzel, waren die klassischen Aphrodisiaka der Antike.

Zu den enthemmenden Aphrodisiaka gehört auch der *Alkohol,* «der größte Kuppler».

Kein Mittel kann die Geschlechtskraft dauernd steigern. Die Potenzschwierigkeiten, die man künstlich beheben will, beruhen größtenteils auf seelischen Ursachen, die sich durch Drogen zwar betäuben, aber nicht beseitigen lassen.

Askese

heißt eigentlich «Übung», und Plato verstand darunter eine Disziplin, durch die sich die Seele immer mehr vom Leib und den Trieben löst. Sowohl die philosophische Askese der alten Griechen wie auch die religiöse Askese christlicher Strömungen sollen den Menschen von seinem animalischen Erbe befreien, das sich gerade in der Sexualität immer wieder so dringend meldet, und ihn von anderen Menschen unabhängig machen, statt ihn der Verführung durch die Liebe auszusetzen. Aber wie immer wir den Naturtrieb zu bekämpfen versuchen, er folgt uns: Unsere Abwehrmaßnahmen werden am Ende selbst sexuell. Philosophien erhalten eine sexuelle Färbung, vielleicht nur dadurch, daß sie in einem unvernünftigen Maße weiberfeindlich werden. Die Liebe zu Gott oder der religiöse Ritus nimmt sexuelle Formen an. Selbst die *Strafen,* die religiöse Fanatiker wegen ihrer Fleischeslust über sich selbst verhängten, lösten bei ihnen am Ende eine verschobene Sexuallust *(Flagellantismus)* aus. Nicht die

Von Gedanken an die Sünde verfolgt . . . · Aus der Mappe eines anonymen Künstlers

Askese schenkt Freiheit, sondern die bewußte Entscheidung, wann, wie und mit welchen Partnern man dem Sexualtrieb folgen, die Erotik kultivieren und die Liebe erfahren will.

Auditeure,
«Hörlustige», auch Ecouteure genannt. Wie der Voyeur, der Schaulustige, dem Anblick sexueller Reize und Vorgänge nachjagt, so will der Auditeur dem Sexualleben anderer lauschen. Den ersten Ansatz der Hörlust bildet die Erfahrung eines Kindes, das aus dem Schlafzimmer der Eltern die Laute während eines Beischlafes vernimmt. Der manische Auditeur ist auf eine Art der Sinneswahrnehmung versessen, die ihm erlaubt, sie durch eine bloße Vorstellung zu ergänzen. Ist die Hörlust das einzige oder vordringliche Sexualstreben, dann wird sie zu *Perversion.* Die Freude am Hören kurz vor der Liebesbegegnung – etwa, wenn es bei der Entkleidung raschelt – und während der Vereinigung ist ein natürlicher Bestandteil der Sinnenlust. Sie kann sich ausdehnen auf die Freude an sinnlicher *Musik* oder erotischen Worten.

Aufklärung
der Kinder über alle sexuellen Zusammenhänge sollte ein wesentlicher Teil der Erziehung sein. Von einem sehr frühen Alter an sind Begegnungen mit dem sexuellen Problem unvermeidlich: Kinder hören aus dem Schlafzimmer der Eltern die Geräusche der *Kohabitation* und schließen daraus auf einen aggressiven, sadistischen Akt; Kinder sehen die Kopulation von *Hunden* und bilden sich danach die Vorstellung vom menschlichen Koitus; Kinder beobachten die Veränderungen während einer neuen Schwangerschaft der Mutter und fragen sich dann, wie das kommende Geschwisterkind wohl in ihren Bauch gelangt sei und wie es von dort in die Welt gesetzt werde. Es setzt die kindliche Sexualforschung ein: als «Exhibitionist» präsentiert das Kind die eigene Geschlechtsausstattung in der Hoffnung, zum Dank dafür als «Voyeur» die Beschaffenheit des anderen Geschlechtes kennenzulernen. Wenn Knabe und Mädchen unvorbereitet entdecken, daß sie verschieden ausgerüstet sind, löst das den *Kastrationskomplex* aus, beim Knaben die Kastrationsangst, beim Mädchen den Männlichkeitskomplex oder *«Penis-Neid».* Wenn der unaufgeklärte Knabe dann in der *Pubertät* seine erste *Pollution* erlebt, wenn das unaufgeklärte Mädchen die erste *Menstruation* hat, müssen diese natürlichen Vorgänge als schmutzig empfunden werden, und damit wäre die innere Ablehnung der Sexualität für ein ganzes Leben begründet. Unaufgeklärte Kinder sind auch ungeschützt vor den Gefahren durch die sogenannten *«Kinderfreunde».* Wenn ihnen eine Aufklärung versagt wird, versuchen sie, sich selbst zu informieren, so durch Gespräche mit Spiel- und Schulkameraden. Dabei nehmen sie allerlei Prahlereien, abwertende Reden, Zoten und wirre Phantasievorstellungen auf und gewinnen ein völlig falsches Bild, das unbewußt noch weiter wirken wird, wenn sie als Erwachsene die Wahrheit bewußt

längst kennen. Nur eine planmäßige Aufklärung von allem Anfang an kann solchen Gefahren entgegenwirken.
Schon Zweijährige sollten wissen, daß es Jungen und Mädchen gibt und wodurch sie sich unterscheiden. Beide Geschlechter sollten erfahren, daß dem jeweils anderen Geschlecht etwas fehlt, was zum eigenen gehört, und daß sich das andere Geschlecht durch etwas auszeichnet, was dem eigenen fehlt. Mit fünf oder sechs Jahren sollten Kinder darüber aufgeklärt sein, daß sie aus dem Mutterleib kamen, und noch ehe die Pubertät eingesetzt hat, sollten sie über den Zeugungsvorgang und die Rolle des Vaters Bescheid wissen. Zugleich sollten sie auf die Ereignisse vorbereitet sein, die sie in der eigenen Pubertät erfahren werden.
Die bloß biologische Aufklärung macht aber noch keine wirkliche Sexualerziehung aus. Oft wird betont, daß die Kinder auch die ethischen, moralischen und sozialen Probleme der Sexualität kennenlernen müssen. Ebenso wichtig ist aber, daß sie die Beziehung des Geschlechtslebens zur Lebensfreude und zur Liebe begreifen. Worte werden dazu freilich kaum genügen; den Wert der Liebe und Ehe werden die Kinder nach dem bemessen, was sie in der Liebe und Ehe ihrer Eltern tatsächlich sehen.
Die sexuelle Aufklärung der Kinder ist noch immer ein Problem, weil die meisten Eltern in Verhältnissen aufgewachsen sind, in denen dieses Thema tabu war. Deshalb genieren sie sich, mit ihren Kindern darüber zu reden, oder wenn sie sich dazu überwinden, drücken sich ihre Hemmungen in dem Ungeschick aus, mit dem sie vorgehen. Da aber die sexuelle Aufklärung der Kinder eine soziale Notwendigkeit ist, übernimmt mehr und mehr die *Schule* diese Aufgabe. Manche Eltern, die noch in traditionellen Auffassungen befangen sind, sträuben sich dagegen und pochen auf das elterliche Erziehungsrecht, das ihnen meist verbrieft ist. Man wird kaum umhin können, die Rechte der Gemeinschaft über die einzelner Eltern zu stellen. Zwar ist richtig, daß die Sexualaufklärung in der Schule nicht alles erreichen kann, was eine familiäre Aufklärung von Anfang an bewirken würde, aber solange viele Eltern dafür nicht sorgen, ist die

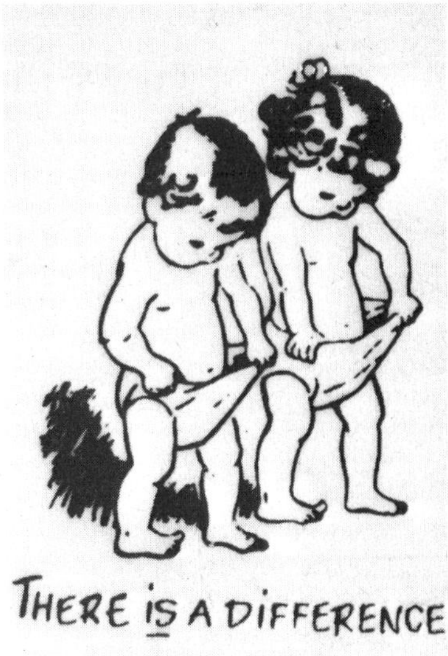

Selbstaufklärung · Bild auf einem Aschenbecher aus Dänemark

schulische Aufklärung unentbehrlich.
Letzten Endes ist die sexuelle Aufklärung der Kinder abhängig von der Aufgeklärtheit der Erwachsenen. Sie ist bei weitem noch nicht so fortgeschritten, wie man meist annimmt.

Augen
sind nicht nur Sinnesorgane, die erotische Eindrücke visuell aufnehmen können, sondern auch *erogene Zonen*, die für Berührungen hoch empfindlich sind. Zugleich spiegeln sie durch Verfärbung, Verengung und Erweiterung innere Erlebnisse wider: sie sind «der Spiegel der Seele». Ihre *Farbe*, ihr Schnitt und die Art des Blickes gehören zu den Anziehungspunkten, die die erotische Aufmerksamkeit und die Liebeswahl mitbestimmen. Dabei wirken typische Vorurteile mit. So gelten bei uns blaue Augen als Zeichen eines treuen Charakters, grüne Augen als Zeichen der seelischen Kälte.
In der Antike galt als schön die «kuhäugige» Frau, was wir schwerlich noch nachempfinden können. Im Orient wurde einst die «mandeläugige» Frau gepriesen, aber im modernen Japan lassen viele Frauen unter dem starken Einfluß der amerikanischen Zivilisation ihre Schlitzaugen operieren. Ein leichtes Schielen, der sogenannte Silberblick, gilt vielen als reizvoll. Ein verhangener, träumerischer Blick wird so sehr als Ausdruck des erotischen Verlangens (vor allem einer Frau) empfunden, daß er «Schlafzimmerblick» heißt. Das Verdrehen der Augen wird als Zeichen der Ekstase verstanden. Selbst blaue Ränder unter den Augen scheinen eine erotische Versprechung zu sein: sie wirken als Beweis einer regen Sexualtätigkeit, also beim Manne auch einer starken *Potenz*. Bemerkenswerterweise können selbst Augenfehler zu Reizen werden; es gibt Männer und Frauen, die sich gern in Brillenträger verlieben. Und Männer mit einer Augenklappe erobern Frauenherzen nach Piratenmanier.

Augenjagd
nennt man eine besondere Ausdrucksform des *Voyeurismus*. Die «Beute» ist ein erotischer Anblick, vor allem unter alltäglichen Umständen. So «jagten» in früheren Zeiten manche Männer und Knaben nach dem Anblick von Schlüpfern unter wehenden Röcken von Radfahrerinnen. Andere typische Jagdgebiete waren Sportplätze, Jahrmärkte, aber auch die Schaufenster von Miedergeschäften. Doch noch in unserer Zeit einer größeren Schau-Freiheit gibt es leidenschaftliche «Augenjäger». Ihre Manie erwächst fast immer aus einem *Fetischismus*. Sie suchen die Art erotischer Schaureize, die ihrer *Fixierung* entspricht. Ein *Leder*-Fetischist etwa mag ein Motorrad-Rennen besuchen nur wegen der Rennkleidung; ein Stiefel-Liebhaber mag durch einen Park mit Reitwegen schlendern, nur um Damen in hohen Stiefeln zu erblicken. Und im Extremfall sehen Augenjäger nichts anderes mehr als das, was sie suchen.

«Und wie sagen wir's meiner Mutter?» Witzzeichnung aus dem «Simplicissimus»

Auto.
Von allem Anfang an war das Kraftfahrzeug nicht nur ein Verkehrsmittel, sondern ein Symbol, zunächst gewiß ein Zeichen der Modernität, der Freiheit von Vorurteilen, und dient noch heute weitgehend einer Darstellung des sozialen Status. Der Fahrer beweist sich und anderen Fähigkeiten, die durch die Maschine riesenhaft vergrößert werden und die er endlich als seine eigenen empfindet. Der Gedanke an diese ‹Potenz› assoziiert sich mit der sexuellen *Potenz*, vor allem beim Manne, dessen Geschlechtlichkeit zum Teil von einer Reaktionsfähigkeit und einer Aggressivität abhängt, wie sie auch beim Autofahren zum Ausdruck kommen. Entsprechend wurde die Frau am Steuer lange als Eindringling in männliche Bereiche empfunden, und viele der Autofahrerinnen begriffen sich denn auch selbst als ‹*Amazonen*›. Das Fahren kann zu einem Rausch werden, der der sexuellen Ekstase nahekommt. In der Sprache der *Symbolik* waren Fahren und Fliegen ja immer schon Anspielungen auf den sexuellen Verkehr. So wurde das Auto selbst zum Sexualsymbol. Die Beziehung des Autofahrens zur Sexualität birgt eine Gefahr: ein Mangel an Mut und Erfolg auf sexuellem Gebiet führt manche Menschen dazu, unbewußt einen Ausgleich als Fahrer zu suchen, ihre Möglichkeiten zu überschätzen und die Vernunft zu vergessen.

Freie Fahrt · Amerikanisches Foto, um 1940

Seit das Auto nicht mehr ein Luxusgegenstand für wenige ist, sondern ein beinahe selbstverständlicher Besitz für sehr viele, hat es auch die Sexualsitten direkt beeinflußt. Für das «*Dating*» und «*Petting*», wie es sich zunächst in den Vereinigten Staaten herausbildete, wurde es wesentlich, daß ein junger Mann über ein Auto verfügte. Das bewies nicht nur seinen Status und seine Modernität oder zeitgerechte Kompetenz, sondern das Fahrzeug bot dem Paar auch die Möglichkeit, sich aus dem Bereich moralkritischer Augenzeugen zu entfernen, und einen geschlossenen Raum, in dem es intime Liebkosungen tauschen konnte. Gewiß haben sich auch die Formen des Pettings nach der Begrenzung des Raumes im Auto entwickelt. Weiter verschaffte das Auto den jungen Männern eine neue Mobilität, so daß sie sich Partnerinnen auch fern vom Heimatort suchen konnten. Die Vermi-

Die Narzißtin · Zeichnung von Max Brüning, etwa 1925

schung der Bevölkerung, eine der Ursachen der *Akzeleration*, und die Angleichung der Sitten von Land und Stadt sind auch eine Folge der Automobilisierung.
Sogar neue Formen der *Prostitution* hat das Auto geschaffen: so die Autobahn-Prostitution oder das Angebot von Luxusdirnen, die in eleganten und auffallenden Wagen auf den *Strich* fahren, wie das Rosemarie Nitribitt tat.

Autoerotik
heißt jede Aktivität, durch die am eigenen Körper sexuelle Befriedigung erreicht werden soll. So ist ein wichtiges Stadium der kindlichen Sexualität autoerotisch. Autoerotisch sind letztlich alle Ersatzhandlungen, wenn kein Partner verfügbar ist, so ganz typisch die *Masturbation* während der *Pubertät* oder in Zeiten ohne einen Partner. Statt ein Ersatz kann die Autoerotik aber auch Ausdruck der sexuellen Selbstliebe, des *Narzißmus*, sein.
Manchmal unterscheidet man zwischen Autoerotik und Monosexualität. Der Monosexuelle ist danach zwar mit sich allein, aber seine «Liebe» bezieht sich auf die Vorstellung eines Partners. Doch diese Vorstellung ist immer noch ich-bestimmt.

Bacchanal,
ursprünglich ein religiöses Fest zu Ehren des Bacchus, des römischen Gottes der Fruchtbarkeit und des Weines, der dem griechischen *Dionysos* entspricht. Es war ein Fest der Frauen, die um das Standbild des Gottes tanzten und sich dabei in sexuelle Ekstase versetzten. Dem Bacchus wurde ein lebendes Wesen geopfert, das die Bacchantinnen in Stücke rissen und verschlangen. Auf diese Weise glaubten sie, die Liebeskraft und Fruchtbarkeit des Gottes in sich aufnehmen zu können. In späteren Zeiten erzwangen sich die Männer die Teilnahme an den Bacchanalen, und sie arteten mehr und mehr zu öffentlichen *Orgien* aus.

Bad.
Die körperlichen Empfindungen, die das Eintauchen ins Wasser auslöst, die Körperpflege durch das Bad und die notwendige Entblößung bedingen die mannigfaltigen Beziehungen zur Erotik. Das Bad zu Hause, in der Badewanne, kann zu einer Befreundung mit der eigenen leiblichen Beschaffenheit, ja zu einem narzißtischen Genuß führen. Es kann eine gleichsam beiläufige, wie zufällige Schaustellung vor dem Partner sein oder zur wie unbeabsichtigten Werbung ausgenutzt werden. In einzelnen Fällen wird das häusliche Bad sogar zu einer Art erotischem Spielplatz für ein innig vertrautes Paar. Das Bad im Freien, in einem See, einem Fluß oder im Meer ist meist ein Gemeinschaftserlebnis. Es dient unter anderem beiden Geschlechtern dazu, die Beschaffenheit vieler anderer fast hüllenlos kennenzulernen, so sich selbst mit Rivalen des eigenen Geschlechtes zu vergleichen und sich über die individuellen Unterschiede zwischen Personen des anderen Geschlechtes zu orientieren. Das sportliche Spiel, die Erholung der Freizeit, die Entledigung von der Kleidung tragen alle zu einer Freiheitlichkeit

Freundinnen in den Wellen. Französische Buch-Illustration

bei, die ein erotisches Spiel (etwa im Sinne von Flirt) beflügelt.
Dies war auch der Hintergrund der Badesitten des Mittelalters. In den öffentlichen Badestuben plätscherten Männer und Frauen, Mädchen und Jünglinge, Mönche und Nonnen einträchtig miteinander. «Badedirnen» und «Badeknechte» übernahmen Massagedienste. Das Bad geriet immer mehr in Gefahr, zum *Bordell* zu entarten. Erst die Verbreitung der *Syphilis*, und damit die Furcht vor der Ansteckung, machte dieser Entwicklung ein Ende.
Im Rokoko kam das Baden völlig aus der Mode. Erst die Turnbewegung und die militärische Ausbildung entdeckten das Freibad in unserem Sinne. Doch Männer und Frauen mußten streng getrennt baden. Die Frauen mußten hochgeschlossene Badekleider tragen, und in den Seebädern des viktorianischen England wurden sie mit Karren ins Wasser gefahren, damit kein Männerblick sie treffen konnte. Natürlich brachte diese Abkapselung einen fast schon manischen *Voyeurismus* hervor. Knaben und Männer, die ihr Auge an ein Astloch im Zaun um das Damenbad preßten, waren Lieblingsobjekte aller Karikaturisten. In freimütigen Memoiren aus dieser Zeit erfahren wir von den frechen Liebesaffären in den Badekarren und Umkleidekabinen. Die Badekleidung, so wenig in ihr von der Frau zu sehen war, erhielt einen fetischistischen Reiz.
Nur sehr allmählich setzte sich das «Familienbad» durch. Zugleich wurde die Badekleidung Schritt um Schritt freier. Das Nacktbaden wurde zunächst von einer besonderen Freikörperkultur-Bewegung propagiert (*«Nudismus»*). Nach dem Zweiten Weltkrieg haben nahezu alle Seebäder westlicher Länder «textilfreie» Strände eingerichtet («Abessinien»), die für jeden zugänglich sind, der sich auch selbst entkleidet hat.
Das Bad, in der Wanne oder im Freien, ist ein besonders beliebtes Motiv erotischer Geschichten und Bilder. Die Maler lieben die Schaustellung, die das Bad wie selbstverständlich ermöglicht, und die erotische Andeutung, die noch nicht in erotische Aktivität übergegangen ist: so hat die Phantasie des Beschauers noch viel Spielraum. Die Geschichtenerzähler gehen meist weiter, und den Höhepunkt stellt der Bericht eines «Casanova» aus dem 19. Jahrhundert dar, in dem wir von den Schwierigkeiten eines Liebespaares erfahren, im Wannenbad miteinander den Koitus zu vollziehen.

Bajaderen,
indische und malaiische Tempeltänzerinnen, die durch religiöses Gelübde verpflichtet waren, sich Männern gegen Bezahlung hinzugeben. Die Gebühren kamen in die Tempelkasse. Auch in anderen Kulturen gab es eine vergleichbare religiöse *Prostitution.*

Bart,
ein sekundäres *Geschlechtsmerkmal* des Mannes, das sich während der Pubertät entwickelt, durchschnittlich im 14. Lebensjahr. Seine Stärke und Beschaffenheit sind erblich bedingt. Ausgelöst wird der Bartwuchs durch das männliche Geschlechtshormon

Androgen. Dennoch ist ein starker Bartwuchs keineswegs eine Garantie für besondere Männlichkeit in anderer Beziehung oder ein Zeichen hoher sexueller *Potenz*.
Männer schworen «bei meinem Barte». Ägyptische Herrscherinnen mußten sich in offizieller Funktion einen Zierbart umhängen. Die Mode des glattrasierten Kinns kam zum erstenmal um 450 v. Chr. in Rom auf. In Teilen Europas brachte die Christianisierung im 7. Jahrhundert das Rasieren mit sich. Seitdem haben bärtige und bartlose Zeiten miteinander abgewechselt. Künstler und Gelehrte hoben sich gern durch Bärte ab, wenn das Rasieren Mode war, und gingen glattrasiert, wenn die Bürger Bärte trugen. Einen ähnlichen Protest-Charakter hat heute die Bartmode unter den jungen Leuten.
Die Form des Bartes hat mit der Mode vielfältig gewechselt. Besonders Herrscher wie Napoleon III., Kaiser Franz Joseph oder Wilhelm II. und noch Fidel Castro haben zahllose Nachahmer gefunden. Wie die Bartpflege, so kann auch das Rasieren zu einem Männlichkeitskult werden, den die Werbung fleißig schürt. Mit ihrer Barttracht haben Männer sich häufig in eine bestimmte soziale Klasse oder Berufsschicht eingereiht, so mit dem Schnauzbart der Gendarme. Bezeichnend in diesem Sinne ist auch die Schifferkrause.
Die erotische Anziehungskraft des Bartes auf die Frauen wechselt gleichfalls mit der Mode. In den Backfischromanen des vorigen Jahrhunderts wurde das Kitzeln des Bartes beim Kuß oder Handkuß als besondere Wonne beschrieben.
Anflüge von Bartwuchs gibt es auch bei manchen Frauen, besonders in den romanischen Völkern. Ein leichter Bartschatten auf der Oberlippe gilt vielen Männern als «pikant». Die Bartdame freilich war nur auf dem Jahrmarkt als Monstrum interessant.

Bartholinsche Drüsen,
weibliche Geschlechtsdrüsen an der Innenseite der großen Schamlippen, die in den Scheideneingang münden. Sie wurden von dem dänischen Anatomen Caspar Bartholin († 1738) entdeckt. Im Zustand der sexuellen Er-

Der Badekarren · Illustration aus einem französischen Erotikon, um 1935

regung sondern sie ein klares, flüssiges Sekret ab, das dem männlichen Glied das Eindringen in die Scheide erleichtert. Es schützt zugleich durch seine chemische Beschaffenheit den Samen vor der Säure der Scheide. Die Ausscheidungen dieser Drüse dürfen nicht mit Ausflüssen *(Fluor)* verwechselt werden, die durch Infektionen hervorgerufen werden. Oft werden sie fälschlich als ein Äquivalent des männlichen *Sperma* angesehen; viele Männer schwärmen von einer «weiblichen *Ejakulation*», die es nicht gibt. Die Bartholinschen Drüsen entsprechen etwa den *Cowperschen Drüsen* beim Manne.

Becken

und Kopf sind die Teile des Skeletts, die bei der Entwicklung zum Menschen die größte Umwandlung erfahren haben. Durch den Aufrechtgang verlagerte sich die Last des Rumpfes, die beim Vierbeiner von Schultern und Becken gemeinsam getragen wird, allein auf das Becken. Das hatte wesentliche Folgen für die vom Becken geschützten Genitalien und für die in seinem Schutz ruhenden Fortpflanzungsorgane der Frau.

Aus statischen Gründen wurde das Kreuzbein, das beim Vierbeiner gestreckt ist, gekrümmt; zwangsläufig verengte sich dadurch der Beckenausgang. Der relativ große menschliche Schädel und der verengte Beckenausgang machen es notwendig, daß der Mensch in einem früheren Entwicklungsstadium geboren wird als die meisten Säugetiere.

Die Geburtswege der Frau mußten sich im Laufe der Entwicklung den anatomischen Veränderungen anpassen: der Eingang der Scheide verschob sich weiter nach vorn. Dadurch ist die geschlechtliche Vereinigung von Angesicht zu Angesicht möglich geworden. Zugleich aber wurde die «Führungslinie» bei der Geburt, die beim Vierbeiner gestreckt ist, beim Menschen gekrümmt, wodurch der Geburtsakt erschwert ist.

Da das Becken der Frau außer den Verdauungsorganen und der Harnblase auch Gebärmutter und Eierstöcke *(Ovarien)* aufnimmt und als Geburtspforte dient, ist es ausladender als das Becken des Mannes. Die breiteren Hüftbeine der Frau gehören zu ihren sekundären *Geschlechtsmerkmalen* und machen einen Teil ihrer sexuellen Anziehungskraft auf den Mann aus. Zugleich glaubt man danach die Gebärtüchtigkeit beurteilen zu können.

Es gibt aber Männer, deren Becken fast weiblich gerundet ist, und Frauen mit knabenhaft wirkenden Hüften. Der Konstitutionsforscher Willhart Schlegel hat aus Beckenmessungen weitreichende Folgen im Sinne einer *Zwischenstufen*-Theorie gezogen: die «Beckenausgangsweite» (der Abstand der unter dem Sitzfleisch deutlich fühlbaren Sitzhöcker) soll anzeigen, wie stark ein Mann feminin, eine Frau maskulin ist, sich fühlt und sich sexuell verhält.

Befriedigung

kann sexuell nach dem *Orgasmus* eintreten, dem Höhepunkt der Lust mit Samenentleerung *(Ejakulation)* beim Manne und konvulsivischer Entspan-

Nachher . . . · *Radierung von Frans van Geteere*

nung der Unterleibsmuskulatur bei der Frau. Dann klingt die Erregung ab und schlägt um in wohlige Müdigkeit bei normalem Pulsschlag und Blutdruck, in Reizunempfindlichkeit der Nerven und Denkunwilligkeit des Gehirns. Das alles teilt sich den Partnern als Befriedigung mit.
Doch haben Menschen seit alters her immer wieder die Erfahrung machen müssen, die die alten Römer in dem Satz ausgedrückt haben: «Omne animal post coitum triste», «nach dem Koitus ist jedes Tier traurig». Auch heute ist in Berichten und Geschichten von sexuellen Erlebnissen viel öfter und eindringlicher von der hochaufgestauten Erregung die Rede, die im Orgasmus gipfelt *(«Klimax»)*, als von einer «Befriedigung», so daß man den Eindruck gewinnt, auf den Höhepunkt folge ein Abfall in traurige Leere. Diese Enttäuschung tritt aber nur ein, wenn der Geschlechtsakt einzig der körperlich-sexuellen Entspannung dient, und nicht, wenn die körperliche Vereinigung zugleich Ausdruck einer partnerschaftlichen Gemeinsamkeit war.
Die Befriedigung ist nur vollständig, wenn sie eine Befriedung ist. Zu einem Frieden finden zwei Menschen nur dann miteinander, wenn sie gewiß sein können, daß sie zueinander gehören. Wie die Erregung den Höhepunkt des sexuellen Reizes vermittelt, so schenkt die Befriedigung eine Erfüllung der Sehnsucht nach Geborgenheit.

Befruchtung,
die Verschmelzung einer männlichen Geschlechtszelle (Spermium) mit einer weiblichen (Ei) zu einer Neuzelle (Zygote), die sich durch fortgesetzte Zellteilung zu einem selbständigen Lebewesen entwickelt.
Eine Befruchtung kann bei jeder Frau nur an einem der Tage zwischen zwei Monatsblutungen erfolgen, weil die Eierstöcke *(Ovarien)* nur einmal während des weiblichen Zyklus ein reifes Ei abstoßen.
Von einer künstlichen Befruchtung spricht man, wenn der Samen nicht im Verlaufe eines Koitus in die Scheide gelangt, sondern mit Hilfe von Tampons oder Spritzen eingeführt wird. Diese Methode, die zuerst in der Tierzucht angewandt wurde, wird bei Menschen benutzt, wenn der Ehemann zum Beischlaf unfähig ist, die Ehefrau aber ein Kind empfangen möchte. Produziert der Ehemann trotz der Unfähigkeit zum Beischlaf fruchtbaren Samen, kann eine «homologe» Besamung stattfinden. Ist der Ehemann auch zeugungsunfähig, mag er einer «heterologen» Besamung zustimmen, das heißt der Befruchtung mit dem Samen eines fremden Mannes. Unter Aufsicht von Ärzten werden als Samenspender gesunde Männer ausgesucht, deren Erbeigenschaften zu der Empfängerin passen. Der Spender soll nicht erfahren, welche Frau mit seinem Samen befruchtet wird, und also auch keine Beziehung zu ‹seinem› Kind eingehen können. Über die moralischen und juristischen Konsequenzen der künstlichen heterologen Besamung ist man sich noch nicht schlüssig geworden. Der Unterschied zu einer ehelichen «Untreue» ist offenkundig: der biologische Vater des Kindes und die Mutter haben niemals ein sexuelles Erlebnis geteilt.

Beine
haben oft die erotische Aufmerksamkeit in einem besonderen Maße erregt. Ihre Bedeutung hängt einerseits mit den Gründen zusammen, die den *Fetischismus* für *Fuß und Schuh* so stark begünstigen, zum anderen aber leiten die Beine den Blick zu Geschlechtsregion und Gesäß. Diese Beziehung schwang auch in jenen Zeiten mit, in denen die Beine geradezu als ‹unanständig› verhüllt werden mußten. Vielleicht waren die Männer niemals so sehr auf die Schönheit der Beine versessen wie in den zwanziger Jahren, als die Röcke kürzer zu werden begannen. Seit dem Siegeszug des Minirocks ist von den Beinen, deren Anblick so selbstverständlich geworden ist, viel weniger die Rede. Fast vergessen ist jedoch, daß einst die Schönheit der Beine des Mannes viel wichtiger war als bei denen der Frau. Um neunzehnhundert schwärmten Backfische von den hübschen Waden, die Schauspieler in Kostümstükken präsentierten. Wie die Beine eines Mädchens aussehen sollten, ob schlank oder füllig, ob gerade oder mit einer Neigung zum O, wird sich ‹objektiv› nie ausmachen lassen.

Beischlaf
nennt man im gehobenen Deutsch, vor allem im medizinischen und juristischen Bereich, den *Koitus*, die Einführung des männlichen Gliedes in

Beischlaf · Radierung von Frans van Geteere

die weibliche Scheide. Das Wort ist ein Beispiel für die merkwürdige Schwierigkeit der *Sprache*, sexuelle Gegebenheiten unmißverständlich und korrekt, ohne Prüderie wie ohne Obszönität, zu bezeichnen. ‹Beim Wort genommen› bedeutet Beischlaf ja etwas anderes als den Koitus, nämlich die anschließende Befreiung vom Triebverlangen und die wunschlose vertraute Gemeinschaft eines befriedigten Paares.

Beißen

ist als Ausdruck oder Steigerung der sexuellen Ekstase recht verbreitet. Der Liebesbiß kann von der zärtlichen Andeutung bis zur ernsthaften Verwundung reichen. *Schmerzen* werden in der Erregung dennoch meist nicht empfunden. Der Liebesbiß drückt nicht nur eine Leidenschaft aus, die gewisse Hemmungen überwunden hat. Er folgt auch nicht nur den aggressiven Trieben, die sich mehr oder weniger regelmäßig mit den sexuellen vermischen. Er ist zugleich ein Ausdruck der *oralen* Sexualität und deutet die Einverleibung an. Er macht die Redensart wahr: «Ich hab dich zum Fressen gern!»

Beruf,

Berufswahl und Berufswelt können auf mannigfaltige Weise mit der Sexualität, insbesondere mit der sexuellen *Konstitution* des einzelnen, zusammenhängen. Oft ist diese Beziehung nicht offenkundig oder den einzelnen nicht bewußt.
Freilich gibt es Berufe, die in einer erkennbaren Weise direkt der Sexualität und Erotik dienen: ein Teil des Bekleidungsgewerbes, die kosmetische Industrie, das Schmuckhandwerk, das Schaugewerbe und die Unterhaltungsindustrie, zu einem erheblichen Teil die künstlerischen Berufe, mit vielen ihren Leistungen die Medizin und sogar die Jurisprudenz, ein Teil des Gastgewerbes und natürlich das *«Sex Business»* und die *Prostitution.*
Zu dem Einfluß der Sexualität auf das Wirtschaftsleben tragen die offen und versteckt erotischen Reize der *Reklame* das Ihre bei. Gewiß ist auch das ‹Betriebsklima› in einem Unternehmen von erotischen Strömungen, bis hin zu offenen Flirts und sogar Liebschaften, nicht unabhängig.
Was die individuelle Sexualveranlagung mit der Berufswahl zu tun hat, wird am deutlichsten in jenen Berufen, die homosexuelle Männer bevorzugen: man findet sie als Friseure, Kosmetiker, Dermatologen, Frauenärzte, in der Modeindustrie, als Innenarchitekten, als Artisten, Sänger, Schauspieler und Tänzer, aber auch als Diener, Kellner, Zuckerbäcker und Köche. Es geht dabei nicht so sehr um die *Homosexualität* selbst, als um Charakterzüge und Vorlieben, die mit den homosexuellen Neigungen korrespondieren, und zwar auch dann, wenn diese Neigungen sich nicht in einem homosexuellen Verhalten manifestieren.
Entsprechendes gilt für andere Sexualtendenzen, die auch dann die Berufswahl beeinflussen können, wenn sie sich im Verhalten nicht als *«Perversion»* ausdrücken. Männer mit stark sadistischen Tendenzen wählen vielleicht einen Beruf, in dem sie mit

Tieren zu tun haben, oder sie werden Ärzte; auf niedrigerem Niveau findet man sie als Holzfäller, Steinmetzen, Bergarbeiter, als Berufssoldaten, Turnlehrer und Masseure; auch das Gerichtswesen, die Polizei und der Strafvollzug ziehen sie an (nach Paul Reiwald). Stark voyeuristisch-exhibitionistische Tendenzen werden im Schaugewerbe, bei Künstlern, Forschern und Detektiven zu finden sein. Eine Anlage zum *Fetischismus* dürfte häufig stark unter Menschen sein, deren Beruf etwas mit Sammeln zu tun hat. *Anal*-Charaktere suchen den Umgang mit Geld oder eine Arbeit, die ihren pedantischen Neigungen entgegenkommt. *Orale* Menschen sind in Berufen zu finden, in denen das Reden wichtig ist.

All dies heißt natürlich nicht, daß alle Vertreter der genannten Berufe in die betreffende erotische Kategorie gehören, und es heißt auch nicht, daß die Berufswahl je einzig von den erotischen Neigungen bestimmt wird. In jedem einzelnen Falle wirken die verschiedensten Faktoren mit, unter denen jedoch die erotischen nicht übersehen werden sollten.

In einigen Berufen erzwingen die Arbeitsbedingungen ein vom Durchschnitt abweichendes Sexualleben. Der Seemann, der Legionär und noch der Handelsreisende können kaum eine geregelte *Ehe* aufrechterhalten. Seeleute und Soldaten leben vorzugsweise in einer rein männlichen Welt, und die meisten Frauen, denen sie begegnen können, sind für Liebesbindungen wenig geeignet. Man fragt sich allerdings auch hier, ob das Sexualleben bei Angehörigen solcher Berufe sich erst aus dem Berufsmilieu ergab, oder ob nicht unbewußt das Berufsmilieu gewählt wurde, weil sie ihrer Anlage und Entwicklung gemäß zu dem entsprechenden Sexualleben neigten.

Beschneidung

heißt die Entfernung der Vorhaut des männlichen Gliedes. Bei vielen orientalischen Völkern (den alten Ägyptern, den Juden, den Moslems) wird die Beschneidung bei allen männlichen Kindern von der Religion vorgeschrieben. Bei den Juden erfolgt sie kurz nach der Geburt, bei den Moslems zwischen dem 10. und 12. Lebensjahr. Die Beschneidung versinnbildlichte die Zugehörigkeit zu dem betreffenden Volk und Glauben. Die Psychoanalyse sieht in ihr eine Andeutung der *Kastration.* Danach mahnen die beschnittenen Juden die Männer ihrer Wirtsvölker an die Kastrationsgefahr, eine Erinnerung, die zum Antisemitismus beiträgt.

Heute macht man für die Beschneidung hygienische Gründe geltend. An der Innenseite der *Vorhaut* liegen Drüsen, die eine zähe Substanz, das sogenannte *Smegma*, absondern. Angesammeltes Smegma zersetzt sich und ruft dann eine Entzündung der *Eichel* (Balanitis) hervor. Durch den Geschlechtsverkehr können Krankheitskeime auf die Frau übertragen werden und bei ihr ebenfalls zu Entzündungen führen.

Auffällig ist auch, daß in Indien unter den Hindus, die keine Beschneidung kennen, der Krebs des *Penis* viel weiter verbreitet ist als unter den Moslems. Bei den orthodoxen Juden ist

der Peniskrebs so gut wie unbekannt. Eine medizinische Notwendigkeit zur Beschneidung liegt vor, wenn die Vorhaut über der Eichel zusammengewachsen ist (Phimose).
Die Auswirkungen der Beschneidung auf die sexuellen Empfindungen sind umstritten. Manche behaupten, die Reizung der bloßgelegten Eichel sei so stark, daß Beschnittene sexuell besonders aktiv sind. Andere glauben, die freigelegte Eichel werde durch dauernde Berührung allmählich weniger reizempfindlich. Vielfach wurde eine Beschneidung empfohlen, um Reizungen zu vermeiden, die durch die Ablagerungen unter der Vorhaut ausgelöst werden, und um so die Versuchung der heranwachsenden Knaben zur *Masturbation* zu vermindern. Zeugnisse von Betroffenen und ihren Partnerinnen legen die Vermutung nahe, daß der Unterschied der Empfindungen eher von den Assoziationen bedingt wird, die die Beschneidung auslöst, als von der Beschneidung selbst.

Beschneidung der Frauen
gibt es heute noch in Ägypten, Abessinien, Neu-Guinea, Australien, Südeuropa, Südamerika und bei einigen islamischen Völkern. Dabei wird die *Vorhaut* der *Klitoris* entfernt, die sich am kleinen, penis-ähnlichen Schwellkörper oberhalb der Gabelung der inneren Schamlippen befindet. Durch die Beseitigung der Klitoris-Vorhaut wird die Ausdehnungsfähigkeit des Schwellkörpers und damit seine Reizempfindlichkeit gesteigert.
Bei anderen Völkern wurde und wird die Klitoris radikal entfernt, um das am stärksten erregbare Sexualorgan der Frau zu beseitigen und ihre eheliche Treue zu garantieren.

Bestialität,
mißverständliche Bezeichnung für die sexuelle Tierliebe oder *Zoophilie.*

Bett
und Tisch machen, nach einer stehenden Formel, die *Ehe* aus. Das Bett ist nicht nur der Ort der Ruhe, der Geborgenheit, des Schlafens und der Träume, sondern auch die Stätte der Zeugung, der Geburt, der Krankheit, des Todes und der Liebe. Es ist also mit allen entscheidenden Stadien des Lebens verbunden, und zwar gerade mit jenen, in denen der Mensch mit sich allein ist oder eine besonders innige Beziehung zu einem zweiten Menschen eingeht, sich also von größeren Gemeinschaften und von der Gesellschaft absondert. «Miteinander ins Bett gehen» ist geradezu zur Umschreibung für die Aufnahme sexueller Kontakte geworden.
Sitte, *Mode* und *Moral* haben sich in vielfältiger Weise mit dem Bett beschäftigt. So war es früher in manchen Kreisen üblich, nach der ersten Ehenacht das blutbefleckte Laken herauszuhängen, um zu beweisen, daß die Frau als Jungfrau in die Ehe gegangen ist und der Gatte tatsächlich mit Erfolg den Beischlaf vollzogen hat. Es gab sogar öffentliche Beilager.
Das traditionelle bürgerliche Eheschlafzimmer demonstrierte zwar die Zusammengehörigkeit der Eheleute, war aber kaum dazu angetan, die sinnliche Freude am Liebesvollzug

zu fördern. Zwischen Eheschlafzimmer, bei getrennten oder nebeneinanderstehenden Betten oder dem Doppelbett, oder aber getrennten Schlafzimmern gibt es Unterschiede mit psychologischen Folgen, die viel diskutiert worden sind. Das dauernde enge Zusammensein soll zur Abstumpfung, ja zum *Ekel* vor den intimsten Körperlichkeiten des Partners führen, oder aber es soll das Bewußtsein der Gemeinsamkeit fördern. Getrennte Schlafzimmer sollen jede intime Begegnung zu einem neuen Erlebnis machen können, oder aber sie sollen zu einem bloßen Nebeneinander- und sogar Auseinanderleben der Gatten führen. Getrennte Betten in einem gemeinsamen Schlafzimmer haben nach Balzac von beiden Möglichkeiten die Nachteile und von keiner der beiden die Vorteile; aber auch darüber werden viele Leute anderer Meinung sein.

Prunkvolle Doppelbetten der Renaissance, des Barocks und des Rokokos wurden zu Tummelplätzen phantasievoller Liebesspiele und Liebeskämpfe. *Spiegel* an der Decke verschafften die Illusion einer riesigen

Das Bett · Zeichnung aus einer Mappe mit erotischen Bildern

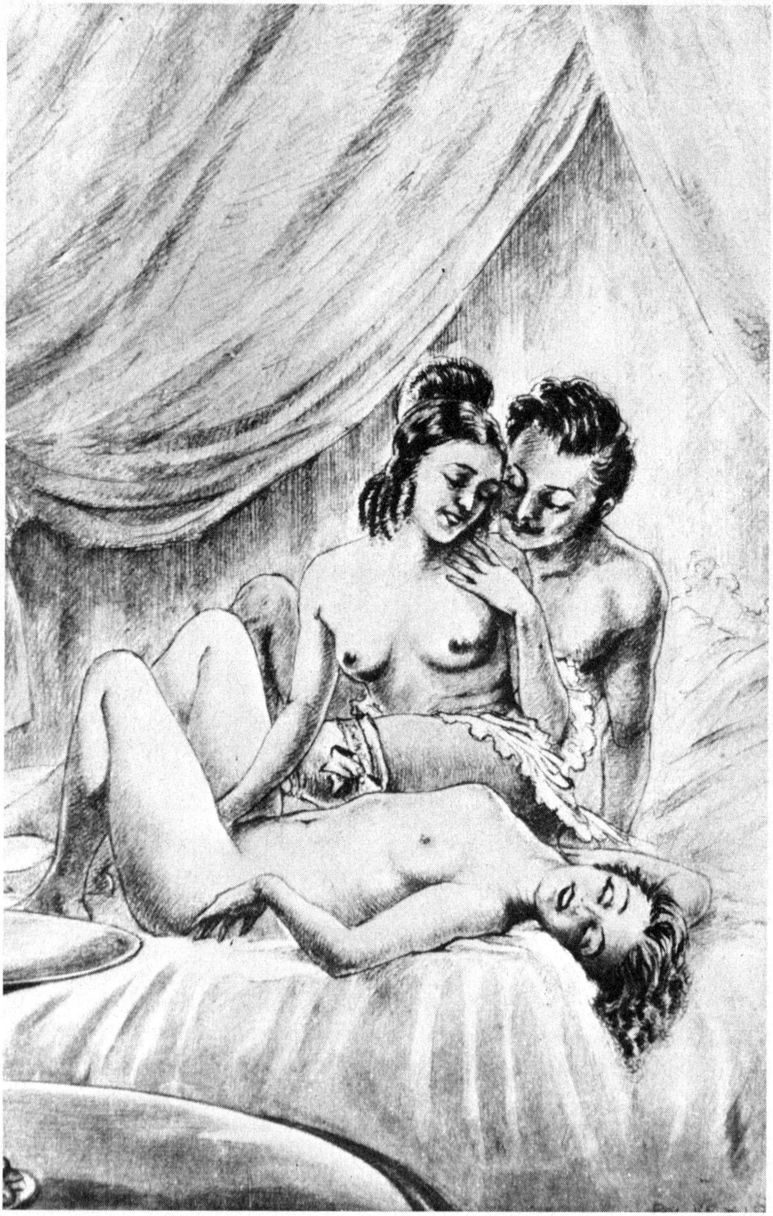

Das Himmelbett · Illustration zu einem französischen Luxusdruck

Zofendienste · Kupferstich aus einem französischen Erotikon des 18. Jahrhunderts

Liebesarena und dienten der Lust, sich zu zeigen und alles zu sehen.
Umgekehrt haben viele Liebende entdeckt, wie reizvoll es sein kann, ausnahmsweise einen anderen Ort als das Bett zum Schauplatz der Liebe zu machen. Das Bett mag zwar ein Symbol für die Lust wie für die Geborgenheit in der Liebe sein, aber einen Alleinanspruch darauf sollte man ihm gewiß nicht einräumen.

Bidet,
Sitzbadebecken, vor allem für Waschungen des Unterleibs. Das Bidet, das in Frankreich einen selbstverständlichen Teil des hygienischen Komforts darstellt, wurde bei uns lange so stark mit sexuellen Vorgängen assoziiert, daß es als Symbol «*französischer* Lasterhaftigkeit» angesehen wurde. Allmählich schwindet dieses dumme Vorurteil, und auch bei uns lernt man das Bidet schätzen.

Bigamie,
Doppelehe, zum Unterschied auch von der Vielehe *(Polygamie)*. Nach der Neufassung im bundesdeutschen Strafrecht «wird mit Freiheitsstrafe bis zu drei Jahren oder mit Geldstrafe bestraft», «wer eine Ehe schließt, obwohl er verheiratet ist, oder wer mit einem Verheirateten die Ehe schließt».
Das Delikt ist selten. In den Jahren 1945 bis 1948 kam es in den kriegführenden Ländern häufiger vor, und zwar vor allem bei Soldaten, Flüchtlingen und Evakuierten. Schuldig sind vorwiegend die Männer, während ihre zweite Frau die Ehe meist im guten Glauben eingegangen war, daß der Mann unverheiratet sei. Tragische Konflikte ergaben sich oft, wenn rechtmäßig für tot erklärte Ehemänner aus der Gefangenschaft heimkamen und die Frau wiederverheiratet fanden.
Einigen Fürsten ist die Bigamie ausdrücklich gestattet worden. Dem Landgrafen Philipp von Hessen gab Luther selbst den Segen zu einer zweiten Ehe. Auf diese Entscheidung berief sich das Konstitorium der preußischen Landeskirche, als Friedrich Wilhelm II. mit der Hofdame Julie von Voss «zur linken Hand» getraut wurde.
Da nach katholischer Auffassung die Ehe unauflösbar ist, war oder ist noch in einigen katholischen Ländern eine *Scheidung* auch zivilrechtlich nicht möglich. Als die italienische Schauspielerin Sophia Loren den in Mexiko geschiedenen Produzenten Carlo Ponti heiratete, galt diese Ehe in Italien noch als «Bigamie».

Bildende Kunst,
die Plastik so gut wie die Malerei und die Graphik oder die Kleinkunst, hat immer und überall erotische Motive geliebt. Das beginnt mit der Darstellung schöner nackter Männer und Frauen *(Akte)*, schließt Szenen aus erotischen Geschichten zwischen «Leda» und «Salome» ebenso ein wie «Sittenbilder» aus dem Liebesleben der jeweiligen Zeitgenossen, und steigert sich bis zum Schwelgen in erotischen Spielereien und Finessen, wie sie die Wirklichkeit nur selten bietet. Einige große Künstler haben durch ihre erotisch faszinierenden Werke

besonderen Ruhm erlangt: so Tizian und Rubens, Fragonard und Watteau, Renoir und Toulouse-Lautrec, Rodin und Maillol. Sehr viel kühner in ihrer Thematik waren Aubrey Beardsley, Félicien Rops, Franz von Bayros, um nur einige der Meister zu nennen, denen man besonders häufig *«Pornographie»* vorwarf. Recht freimütig waren auch Zeitschilderer, deren Kunst in die *Karikatur* überging, so unter den neueren Heinrich Zille und George Grosz. In der Kunst der Gegenwart nehmen erotische Motive u. a. im Werk von Hans Bellmer und Paul Wunderlich einen großen Raum ein. Zwischen Kunst, Artistik und «Pop» stehen die *Pin-ups* von Vargas und die wie aus Frauenkörpern gebildeten Möbel von Allan Jones. Selbst in erotischen *Comic strips* wie «Barbarella» verrät sich hohes Können und ein ästhetischer Sinn.

Die Intimität der Klein- und Gebrauchskunst eröffnete ihr besonders reiche Möglichkeiten zur erotischen Darstellung. Auf Vasen und Tellern, Medaillen und Medaillons wurden Koitus-*Positionen*, *Orgien*-Szenen und alle jene *Deviationen* dargestellt, die man allzu verallgemeinernd pervers nennt. Hier vermischte sich oft die Pikanterie mit dem Scherzhaften.

Ähnlich wie die *Musik* kann auch die Architektur sexuell-erotische Themen nicht unmittelbar und unmißverständlich ausdrücken. Die sexuelle *Symbolik* ihrer Türme und Säulen, ihrer runden und spitzen Bögen war den meisten Baumeistern so unbewußt, wie sie es den meisten Beschauern bleibt. Das Mittelalter liebte es jedoch, seine Dome und Rathäuser mit Kleinplastiken auszustatten, die eine ‹verbotene› Sexualität (zum Beispiel die *anale*) sehr drastisch verkörperten.

Bisexualität,
«Zwiegeschlechtlichkeit». Jeder Mensch trägt die Anlagen beider Geschlechter in sich. Jede einzelne Zelle unseres Körpers ist bisexuell. Bei der Befruchtung des Eies im Mutterleib wird je nach Art des Samenfädchens (Spermium) die Entwicklung eines männlichen oder weiblichen Wesens aus der zwiegeschlechtlichen Anlage bestimmt. Die männlichen oder weiblichen Geschlechtsorgane und sekundären *Geschlechtsmerkmale* prägen sich unter Einwirkung der männlichen bzw. weiblichen Geschlechtshormone aus, die von den Keimdrüsen (*Hoden* bzw. *Ovarien*) ins Blut gelangen. Im weiblichen Körper werden aber auch männliche *Hormone* produziert, und umgekehrt, wenn auch in geringerer Menge und mit abgeschwächter Wirkung. Der Mann besitzt mit den Brustwarzen Rudimente eines weiblichen Organs, die *Klitoris* des Weibes ist als ein verkleinertes Äquivalent des männlichen *Penis* anzusehen. Die sekundären Geschlechtsmerkmale wie der weibliche *Busen* und der männliche *Bart* bilden sich erst während der *Pubertät* aus. In höherem Alter gleichen sich die Körperformen, die typisch männlich oder weiblich sind, zum Teil wieder an.

Die individuelle Stärke der weiblichen Anlagen eines Mannes und der männlichen Anlagen einer Frau ist zwar von Geburt an bestimmt, aber

Der Maler und sein Modell · Radierung des ungarischen Malers Mihaly Zichy (1827–1906)

wie sich diese Anlagen auswirken, hängt von Umwelteinflüssen, von Kindheitseindrücken und von der Erziehung ab. Im allgemeinen werden beim Knaben die weiblichen Züge unterdrückt, die männlichen herausgefordert. Das Umgekehrte gilt für das Mädchen. Unter besonderen Umständen können aber auch gerade die weiblichen Züge eines Knaben oder die männlichen eines Mädchens begünstigt werden. Dabei wird die Auffassung, was männlich oder weiblich sei, weitgehend von gesellschaftlichen Verhältnissen bestimmt, nach denen die *«Geschlechtsrollen»* von Mann und Frau festgelegt sind.

Die Freundinnen · Radierung von F. Rops

Aus der unterschiedlichen Stärke der männlichen und weiblichen Anlage und ihrer umwelt- und erlebnisbedingten Ausprägung sind verschiedene Theorien über die *Zwischenstufen* zwischen Mann und Frau entwickelt worden.
Infolge der bisexuellen Beschaffenheit des Menschen ist auch ein jeder zur erotischen Reaktion auf das eigene Geschlecht ebenso fähig wie zur Reaktion auf das andere Geschlecht. Normalerweise werden die homosexuellen Tendenzen von der Erziehung unterdrückt oder zu Freundschaften sublimiert, die heterosexuellen Tendenzen gefördert. Neben den ausschließlich Homosexuellen gibt es Bisexuelle im engeren Sinne, das heißt Menschen, die mehr oder weniger regelmäßig sowohl zu heterose-

xuellen wie zu homosexuellen Geschlechtsbeziehungen fähig sind und neigen.
Viele Zeichen sprechen dafür, daß in jüngster Zeit die offen ausgedrückte Bisexualität in diesem Sinne zunimmt. Die starken *Tabus* gegen die *Homosexualität* sind ebenso im Schwinden wie gewisse heterosexuelle *Hemmungen*, die eine Entwicklung zu ausschließlicher Homosexualität begünstigen können.

Blut
ist auch im Bereich der Sexualität, Erotik und Liebe «ein ganz besonderer Saft». Im Zusammenhang mit der *Menstruation* erweckt es Scheu. Die Blutzeichen der *Defloration* scheinen zwar Beweiskraft zu haben, hängen aber auch mit *Aggression* und *Destruktion* zusammen und bewirkten so die alten *Virginitäts*-Tabus. Vollends mit dem *Sadismus* verbündet sich die Bedeutung des Blutes, wenn es mit einer Flagellation oder durch *Stechen* hervorgerufen werden soll. Sein Rot übt im Kontrast mit der weißen Haut einen starken Farb-Reiz aus. Zugleich wird das Aufbrechen des Blutes als Eindringen in das Innere verstanden und damit als Zeichen der Besitzergreifung. In ähnlichem Sinne kann Blut deshalb auch eine unverbrüchliche Gemeinschaft besiegeln, wie die Sitten der «Blutsbrüderschaft» zeigen. Hier spielen also magische Vorstellungen mit.

In Formen der «Triole» drückt sich die Bisexualität besonders deutlich aus · Illustration zu einem französischen Luxusdruck

Blutschande,
abwertende, unsachliche Bezeichnung für den *Inzest*, die verbotenen Geschlechtsbeziehungen zwischen nahen Blutsverwandten, vor allem zwischen Vater und Tochter, Mutter und Sohn oder Bruder und Schwester. Das *Tabu* gegen den Inzest ist keineswegs nur im «Blut» begründet, sondern ebenso in der innigen Gemeinschaft des familiären Zusammenlebens.

Bordell,
auch *«Lupanar»*, *«Freudenhaus»* oder vulgär «Puff» genannt, ein Haus, in dem Zimmer zum Geschlechtsverkehr vermietet werden und Prostituierte bereitstehen. Bei einem Bordell im engeren Sinne sind die Dirnen Angestellte des Bordellwirtes oder der «Madame». Daraus ergab sich früher eine Art Schuldsklaverei der Prostituierten, aus der sie sich nicht mehr befreien konnten. Deshalb hat die Frauenbewegung gegen Ende des vorigen Jahrhunderts die Auflösung der Bordelle gefordert (Abolitionismus). Da die *Prostitution* in den Bordellen polizeilich und hygienisch leichter zu kontrollieren ist als die Straßenprostitution *(«Strich»)*, ist man jedoch mehr und mehr auf bordellähnliche Institutionen zurückgekommen: auf «Dirnenwohnheime», in denen den einzelnen Prostituierten nur ihr Wohn- und ‹Arbeits›-Raum und gewisse Dienstleistungen zur Verfügung stehen, sie aber im übrigen freie ‹Unternehmerinnen› sind («Eros-Center»).
Bordelle gab und gibt es von den primitivsten bis zu den luxuriösesten

Die Madame stellt vor . . . · *Anonymes Aquarell*

Formen. Man findet sie in größeren Städten, in Badeorten, in Garnisonen. Vielfach unterhalten die Bordelle einen besonderen Salon, in dem der Besucher verschiedene Dirnen kennenlernen kann, ehe er seine Wahl trifft. In der Pionierzeit des Wilden Westens erfüllten die Bordelle außer ihrem ‹eigentlichen› Zweck auch noch die Funktion eines Clubs. Polly Adler, eine New Yorker Bordellwirtin der zwanziger Jahre, war die Vertraute von Kommunalpolitikern und Gangstern. Sie erzählt aber auch, daß ihr junge Männer aus gutem Hause anvertraut wurden, die sie durch die Wahl einer geeigneten Partnerin «in die Liebe einführen» sollte.

Größere Bordelle sind auch auf die Befriedigung abartiger Sexualwünsche eingerichtet. Man hat sie deshalb als Stätten der Verführung zur *Perversion* angesehen. Jedoch kann ein erwachsener Mann zu keiner Form der Sexualität verführt werden, die ihm nicht schon vorher «liegt». Die Befriedigung abartiger Wünsche im Bordell, oder überhaupt durch die Prostitution, stellt eher einen Schutz aller anderen Frauen dar.

In Großstädten hat sich mit der sogenannten «Salon-Prostitution» eine neue Form des Bordells entwickelt. Hier wird eine Art Club-Atmosphäre geschaffen; es gibt Vorführräume und Bäder zu gemeinsamer Benutzung; und in jeder Beziehung wird ein gewisser Luxus gepflegt. Man hat diese «Salons» als Ausdruck einer Enttäuschung über die Liberalisierung des *Sex*, vor allem auch in der *Ehe*, betrachtet. Man meint, so sei das Gefühl der «Besonderheit» verlorengegangen, das einst die «Erotik» begleitete; die Bordell-Salons scheinen es wiederherzustellen. Sie huldigen wieder dem Reiz, den einst die Verbote beigesteuert haben.

Briefe
waren – und sind wohl immer noch – ein wichtiges Mittel der Liebeswerbung, und Liebende erhalten mit ihrer Hilfe die Gemeinsamkeit auch in Zeiten der äußeren Trennung aufrecht. Briefe haben die Entwicklung einer Liebesbeziehung so sehr bestimmt oder doch widergespiegelt, daß einige Dichter Liebesromane in Form erfundener Korrespondenzen verfaßt haben. Nicht immer beschränken sich Liebesbriefe auf die Wiedergabe zärtlicher Gefühle. In ihnen werden manchmal auch sexuelle Vorgänge bis ins einzelne beschrieben, entweder um die Erinnerung an Liebesstunden lebendig zu erhalten, oder um einen Vorgeschmack auf spätere Begegnungen zu bieten. Das Schreiben und Lesen kann so starke Wirkungen ausüben, daß es Korrespondenzen gibt, deren Partner sich niemals wirklich treffen. Besonders häufig sind solche Brief-Verhältnisse zwischen Leuten, die abartige Sexualwünsche miteinander teilen wollen. Die Schilderungen in derartigen Briefen gehen oft weit über das hinaus, was die Schreiber wirklich tun oder auch nur tun wollen, ja gelegentlich über das, was überhaupt möglich wäre. Die *Phantasien* werden so in eine Art Scheinrealität erhoben, ohne daß sich die Komplikationen der Wirklichkeit einstellen könnten.
Manchmal etablieren sich über Korrespondenz-Suchanzeigen in Sex-Magazinen usw. ganze Briefzirkel, in denen an jedem Brief eine ganze Reihe von Lesern nacheinander Anteil nehmen können: die Korrespondenz wird zum fiktiven *«Gruppen-Sex»*. Andererseits gibt es Schreiber, die sexuelle Briefe anonym an Unbekannte richten, um so eine imaginäre Beziehung zum Adressaten aufzunehmen oder ihn zu schockieren. So phantastisch manche Einzelheiten in Sex-Briefen auch sein mögen, sie geben psychologisch doch so etwas wie Wirklichkeit wieder, die Wirklichkeit sonst geheimer Wünsche und Ängste.

Brunst,
bei fast allen Tierarten periodisch wiederkehrende sexuelle Aktivität beider Geschlechter, die mit der Befruchtung der weiblichen Tiere erlischt. Die Brunstzeiten sind vom Klima abhängig und liegen so, daß in der für die Aufzucht günstigsten Jahreszeit geboren wird. Die Brunst wird vom Nervensystem und den Geschlechtsdrüsen gesteuert.
Bei vielen Haustierarten steht infolge der künstlichen Lebensbedingungen die Brunst in keinem Zusammenhang mit der Jahreszeit mehr. Männliche Haustiere sind das ganze Jahr hindurch sexuell bereit und zeugungsfähig. Weibliche Haustiere wie Stute,

Kuh, Schaf und Sau werden, wenn sie in der Brunst nicht erfolgreich gedeckt worden sind, nach Art und Rasse in verschiedenen Abständen mehrmals im Jahr brünstig.
Eine Ausnahme von den Brunstregeln machen die Affen. Die Eierstökke wildlebender Affenweibchen bringen mehrmals im Jahr ein reifes Ei hervor; die Tiere sind jedoch auch außerhalb dieser Zeit sexuell empfänglich. Die Sexualität wird also bei den Affen nicht mehr allein durch den biologischen Rhythmus gesteuert, sondern auch von den höheren Regionen des Affengehirns beeinflußt.
Die Sexualität des Menschen ist keinen Brunstzeiten mehr unterworfen. Die Hormonproduktion der männlichen Hoden ist immer gleich. Ein Rest der Periodizität hat sich beim Weibe erhalten, das unmittelbar nach der Monatsblutung sexuell am leichtesten ansprechbar ist. Die kulturbedingte Abwehr gegen die *Menstruation* verschleiert diesen Zusammenhang weitgehend.
Die ständige Bereitschaft des Menschen zur Sexualität hat wohl wesentlich zur Institution der *Ehe* beigetragen, durch die der Mann stets eine Geschlechtspartnerin bei sich hat.

Brüste,
das bedeutendste sekundäre *Geschlechtsmerkmal* der Frau. Jedoch ist die Anlage zur Brustdrüse bereits im unbefruchteten Ei enthalten, also beim Mann genauso wie bei der Frau. Bis zur *Pubertät* unterscheidet sich die weibliche Brust nicht von der männlichen. Erst wenn die Keimdrüsen die Produktion von Geschlechtshormonen aufnehmen, treten bei beiden Geschlechtern die Brustwarzen stärker hervor. Um sie herum bildet sich in der Vorpubertät deutlich ein Warzenhof heraus. Mit Einsetzen des Wachstumsschubs, also um das 12. Lebensjahr, entwickelt sich beim Mädchen die Brustknospe, und durch Bildung von Fettgewebe beginnt die Brust selbst sich vorzuwölben. Doch gibt es auch bei manchen Männern eine Entwicklung von ‹Brüsten›, die in einzelnen Fällen sogar Milch absondern können; und bei manchen Frauen bilden sich keine sichtbaren Brüste heraus.
Die Brust besteht aus der Milchdrüse, aus Bindegewebe und Fett. Ihre Fähigkeit, Milch zu erzeugen, hat der Klasse der Säugetiere den Namen gegeben. Auch für das menschliche Kind wäre in den ersten Lebensmonaten die Muttermilch die gegebene Nahrung. Unter dem Einfluß der bürgerlichen Kultur haben die Brüste ihre Funktion als Nahrungsquelle weitgehend eingebüßt, und ihre Bedeutung als Sex-Symbol ist gestiegen. Beim Menschen haben die Brüste einen ästhetischen Wert erhalten; ihre Form bestimmt weitgehend den Begriff von weiblicher Schönheit. Dabei wechseln die Maßstäbe nach der jeweiligen Kultur und Mode. Entscheidend sind dabei: wie hoch oder tief die Brust angesetzt ist; die Form der einzelnen Brüste (Apfel-, Schalen-, Knospen-, Birnenbrust); die Fülle; der Abstand (also die Kluft oder ‹der

Der Liebesbrief
Französische Lithographie, um 1840

Busen›); die Größe der Brustwarze; die Größe und Farbe des Warzenhofes.

Man hat die Brüste zu den «Schlüsselreizen» gezählt, deren Anblick sexuelle Begierde oder erotische Sympathie auslösen, und soweit sich die ‹*Verliebtheit*› derart erklären läßt, sind gewiß die Brüste ein Reiz, der besonders ins Auge fallen muß. In der erotischen Kunst, in *Pin-ups* und Magazinfotos sowie in der Bild-*Pornographie* spielt die Darstellung der weiblichen Brüste eine entsprechend große Rolle. Ihre Bedeutung als Schaureiz wurde bis vor kurzem wesentlich dadurch gesteigert, daß die primäre Geschlechtszone der Frau nicht gezeigt werden durfte.

Die Verliebtheit indessen wird wohl meist nicht so sehr durch die Brüste an sich, sondern durch einen besonderen Formtyp ausgelöst, der dem «Geschmack» eines bestimmten Mannes entspricht. Dieser Geschmack dürfte stärker von Muster-Erlebnissen und Assoziationen bestimmt sein als von ästhetischen Werten. Bei vielen Männern gehört eine gewisse Ausbildung der Brüste zu den *«Liebesbedingungen»*, ohne die eine erotische Sympathie nicht zustande kommen könnte.

Der Wert der Brüste für Erotik und Liebe wird weitgehend durch unbewußte Erlebnisse und Wünsche aus der frühen Kindheit bestimmt. Die erste Phase in der kindlichen Sexualentwicklung ist die *orale*; in ihr ist die sexuelle Lust mit der Nahrungsaufnahme gekoppelt: «An der Frauenbrust treffen sich Liebe und Hunger» (Freud). Die unbewußte Erinnerung an diese doppelte Befriedigung leitet den Mann bei seiner Liebe zur weiblichen Brust. Dabei spielen auch Berührungs-Erlebnisse der frühsten Lebenszeit und natürlich die Erfahrung der Geborgenheit am mütterlichen Busen mit. Diese Motivationen sind aber auch und oft gerade dann sehr stark, wenn dem Kind die Mutterbrust oder gar die mütterliche Geborgenheit überhaupt versagt geblieben ist; die Beziehungen des erwachsenen Mannes zu der Frauenbrust gleichen dann manchmal einer Jagd nach dem Ersatz für das Entbehrte.

Zugleich ist die Brust bei beiden Geschlechtern eine *erogene Zone*. Vor allem die Brustwarzen sind reich an berührungsempfindlichen Nerven. In den Brustwarzen befinden sich Muskeln, die sich auf Nervenreize hin zusammenziehen, wodurch die Warzen sich aufrichten und starr werden. Zur Andeutung einer solchen *Erektion* kommt es auch bei manchen Männern. Nicht immer ist die Erektion sexuell bedingt; so tritt sie oft durch Kältereiz ein. Die absichtliche Berührung der Brustwarzen leitet aber häufig die sexuelle Erregung ein oder steigert sie. Auch ohne Berührung, einzig aus der inneren Erregung, erleben besonders sensible Frauen eine Erektion der Brustwarzen. Der Anblick dieser Erektion ist für viele Männer deshalb so wichtig, weil sie ihnen als untrügliches Zeichen für die eigene Fähigkeit vorkommt, die Partnerin sexuell zu erregen. Die Erektion der Brustwarzen wird so geradezu zum Gegenstück der Erektion des *Penis*; und oft genug

wird sie in diesem Sinne stark überschätzt.
Viele Frauen können allein durch Reizung der Brustwarzen zum Orgasmus gelangen. Deshalb gibt es auch so etwas wie Brüste-*Masturbation.* Besonders intensiv wirkt das Saugen des Partners an den weiblichen Brustwarzen. Manche stillenden Mütter empfinden auch das Saugen ihrer Babies als erotischen Reiz. Gewiß trägt dazu die sichtbare Lust des Säuglings in ähnlicher Weise bei, wie es die Lust des erwachsenen Mannes im *Liebesspiel* tut.
Die erotische Bedeutung der Brüste zeichnet sich auch in den Formen ihrer Bekleidung und Ausschmückung ab. Die Bekleidung *(Büstenhalter, Korsett)* wird oft so gewählt, daß die Form der Brüste zu sehen ist und die Neugier auf das geweckt wird, was nicht zu sehen ist. Manchmal werden die Brüste, besonders die Brustwarzen, geschminkt. Ganz selten einmal werden die Brustwarzen sogar durchbohrt, um Ringe, Ketten oder anderen Schmuck anbringen zu können. Andererseits gibt es Formen eines speziellen Brüste-*Sadismus*: Wenn in der Phantasie, gelegentlich auch in der Realität, gerade die Brüste gequält werden, spiegelt sich auch darin der starke Reiz, den sie auslösen, der jedoch in diesem Fall abgelehnt und ‹bestraft› wird.
Obwohl sich *Symbole* kaum eindeutig übersetzen lassen, darf man sagen, daß der Apfel, mit dem Eva nach der Legende vom Sündenfall ihren Adam verführte, eine ihrer Brüste gewesen ist.

Busen
heißen die beiden weiblichen *Brüste* als Einheit, die auch als «Brüste» oder mit der Einzahl «Brust» bezeichnet wird. Manchmal wird mit dem Wort «Busen» insbesondere die Kluft zwischen den Brüsten angesprochen, wie das noch in der Bezeichnung «Meerbusen» anklingt. Der Busen wird vielfach als Ort der Geborgenheit empfunden, so in dem Vergleich «am Busen der Natur». In dem Unterschied der Namen «Brüste» und «Busen» liegt so der alte Streit zwischen Sexualität und Liebe.
Die ehrbare Frau früherer Zeiten hatte zwar einen Busen, aber von ihren Brüsten sprach man nicht. Um 1900 wurde in der bürgerlichen Schicht ein «stattlicher Busen» gepriesen, ein Zeichen für die matronenhafte Würde, die eine Dame zeigen sollte. Um 1920 schrieb die *Mode* dagegen eine knabenhafte Figur mit plattem Busen vor, eine Entwicklung, die man vielfach als Angst vor der vollentwickelten Frau oder als Ausdruck homosexueller Tendenzen gedeutet hat. Im Laufe der Zeiten haben jedoch diese Schönheitsideale immer wieder gewechselt, als läge in dem Wandel eine Art naturgesetzlicher Rhythmus.
Die «Busomanie» in Amerika scheint wirklich auf die starken Mutterbindungen in Familien zurückzugehen, in denen der Vater kaum noch eine Rolle spielt. Neuerdings ist sogar ein Hang zu übergroßen Brüsten zu beobachten, der aus einer Angst vor Verlassenheit und Versagung kommen mag.
Andererseits ist eine besondere Fülle des Busens oft als Degradierung der

Frau zum bloßen Sexualobjekt oder zu einer ‹nährenden Kuh› oder aber als Ausdruck ihrer starken eigenen Sexualbedürfnisse verstanden worden. Als Reaktion darauf verlangte die Mode in verschiedenen Kulturen und Zeiten, daß Mädchen und Frauen (etwa durch das Auflegen schwerer Platten) die Brüste zurückdrängten. Das gleiche wird aus manch einem Nonnenkloster berichtet, in dem so die ‹fleischliche Lust› unterdrückt werden sollte.

Im Gegensatz dazu dienten viele *Korsett*-Moden durch Einschnüren der *Taille* der Betonung des Busens. Erst durch die moderne Technik des *Büstenhalters* wurden die beiden Brüste einzeln herausgehoben, manchmal sogar die Brustwarzen markiert. Die straffe Formung oder gar die Aufpolsterung durch Schaumgummi-Einlagen schufen einen ‹Schau›-Busen, dessen Enthüllung enttäuschen mußte.

Solche Modediktate lösten dann den Protest freiheitsdurstiger Frauen aus, die im Namen der *Emanzipation* ihre Büstenhalter öffentlich verbrannten. Unter weichen Pullovern frei schaukelnde Brüste stellen in gewissem Sinne den Untergang des «Busens» dar.

Obwohl die körperliche Beschaffenheit der Brüste und ihre Funktionen die sexuellen Begierden und Erfüllungen viel unmittelbarer betreffen, spricht man doch meist von einem Busen- und nicht von einem Brüste-*Fetischismus*, so sehr wird das Brüste-Paar als zusammengehörig empfunden. Die fetischistische Busen-Verliebtheit kann so weit gehen, daß neben diesem Körperteil alle anderen Eigenheiten der Frau oder ihre Person gleichgültig werden. Erst dann kann man von einer Perversion sprechen. Die relative Vorliebe für den Busen dagegen ist so verbreitet, daß sie in den Bereich normaler Varianten gehört.

Die Entblößung des Busens konnte in der klassischen Kunst wie in den Vorläufern und Anfängen des *Striptease* für die Entblößung der Frau schlechthin stehen. Das Gegenstück dazu liegt in der häufigen Verlagerung der Busen-Verliebtheit auf einen Büstenhalter-, Korsett- oder *Wäsche*-Fetischismus: erotisch anziehend wird nun die Verschleierung des Erotischen.

Ein Liebender dichtete einmal ein Streitgespräch der beiden Brüste seiner Geliebten. Ein Kritiker sah darin einen fundamentalen Irrtum, da es ja nicht um die Brüste, sondern um den Busen gehe. Doch eigentlich haben sie beide recht.

Büstenhalter

sollen den *Brüsten* Halt und Form geben. «Brustgürtel» gab es schon im alten Rom, aber die dienten vor allem dazu, bei jungen Mädchen das Wachstum der Brüste zu behindern. In neuerer Zeit fassen die Büstenhalter die Brüste eher zu einer imposanten Form zusammen, oder sie täuschen eine solche Form und Fülle durch Polster sogar vor. Während Büstenhalter der viktorianischen Zeit wie Panzer aussahen, die die Frau einengen und den Mann abwehren sollten, bedeckt der Oberteil eines «Tanga»-Bikinis gerade nur die Kuppen. Es gibt modische Büstenhalter aus durchsichtigem Stoff, die ‹das Geheimnis› zugleich offenbaren und verschleiern, und die *Farbe* des Stoffes schafft vielleicht einen Kontrastreiz zum natürlichen Teint. Endlich gibt es Büstenheben, neuerdings auch «Nacktbüstenhalter» genannt, die den Busen zwar formen, aber die Brüste selbst, vor allem die Brustwarzen, freilassen und durch die umgebende Verhüllung betonen. Der Busen-*Fetischismus* äußert sich häufig als Büstenhalter-Fetischismus, schon deshalb, weil der künstliche Fetisch sich von jeder menschlichen Beziehung lösen läßt. Auch für die Frau selbst kann der Büstenhalter zu einer Art Amulett werden, zu einem Gegenstand, der ihr Selbstsicherheit und das Gefühl der Geborgenheit verleiht.

Dazu hat die Büstenhalter-*Reklame* das Ihre getan. Vor einigen Jahren ließ eine amerikanische Firma eine Anzeigen-Serie erscheinen, die unter der Schlagzeile stand: «Ich träumte ... in meinem Maidenform»; nur der Traum war jedesmal ein anderer. Das Büstenhalter-Modell schien alle Möglichkeiten des Reichtums, des Abenteuers und der Liebe zu eröffnen. Während sonst ein Fetisch den Geschlechtspartner darstellt, wurde hier das Selbstbewußtsein an einen «Fetisch» gekoppelt, und zwar das erotische Selbstbewußtsein, ganz entsprechend der *«Geschlechtsrolle»*, die man der Frau vorschrieb. Doch ist die Meinung, der Verzicht auf den Büstenhalter bedeute schon Freiheit, wohl auch nur ein Aberglaube.

Call-Girl,
Prostituierte, die sich weder auf der Straße noch in besonderen Lokalen oder im Bordell anbietet, sondern nur telefonisch erreichbar ist. Ihre Telefonnummer wird von Hotelportiers, Liftboys, Kellnern, Taxifahrern an die potentiellen Kunden vermittelt. Oft schließt sie sich einem Call-Girl-Ring an, der diese Vermittlung und einen gewissen Schutz gegen die Polizei oder gegen die Konkurrenz übernimmt, sie aber auch in Abhängigkeit hält. Es gibt ganze Call-Girl-Kataloge, die die einzelnen Mädchen nach Aussehen, Garderobe, Bildungsgrad und Preis aufführen. Das Call-Girl sucht den Kunden in seiner Wohnung oder seinem Hotel auf oder empfängt ihn bei sich. Heute findet man Inserate von Call-Girls, die sich «Modelle» nennen, in vielen Zeitungen.

Viele Call-Girls gehen einem Beruf als Sekretärin, Verkäuferin, Hostess, Fotomodell, Schauspielerin usw. nach und sind nur zeitweise erreichbar. So sind viele von ihnen nicht nur als Sexualpartnerinnen interessant. Mit vielen dieser Mädchen kann sich ein angesehener Geschäftsmann auch in guten Lokalen, im Theater und vor Bekannten sehen lassen. Manche Firmen vermitteln ihren Geschäftsfreunden Call-Girls als ‹Werbegeschenke›. Auch für politische und Werk-Spionage sind sie eingesetzt worden.

Schon das Honorar, das ein Call-Girl erwartet, sichert eine Auswahl ihrer Kunden, ganz im Gegenteil zur Wahllosigkeit, die ein *Strich*mädchen praktiziert. In einer Untersuchung über Call-Girls von Harold Greenwald fällt auf, daß von ihnen besonders solche erotischen Leistungen erwartet werden, die man bei einer ‹anständigen› Frau für unpassend hält.

Das Call-Girl-Wesen ist zwar eine gehobene Form der *Prostitution*, bringt aber zugleich eine erhöhte Gefahr bezüglich der Verbreitung von

Geschlechtskrankheiten mit sich, da es kaum kontrollierbar ist. Call-Girls fallen nicht so auf wie die Straßenmädchen; um so größer ist dann das Aufsehen, das ein Skandal wie einst um Christine Keeler erregt.

Carezza,
eine besondere Form des *Coitus reservatus.* Nach Einführung des erigierten Penis in die Vagina verhält sich das liebende Paar bewegungslos und verharrt lange Zeit in dieser Situation, ohne einen *Orgasmus* anzustreben. Die Partner sollen sich ganz dem Gedanken an ihre Liebe und Verbundenheit hingeben, ‹schöne Gespräche› führen, meditieren oder sogar lesen, bis sich durch das Erschlaffen des Gliedes die Vereinigung von selbst löst oder der Mann sich zurückzieht, weil er das Eintreten des *Orgasmus* und die *Ejakulation* befürchtet. Diese Aufrechterhaltung einer wenn auch geminderten Spannung, auf die keine Lösung folgt, kann ähnlich wie *Petting* oder der *Coitus interruptus* zu schweren nervlichen Schäden führen.
Die Fürsprecher der Carezza bezeugen durch eine schwärmerische Sprache, daß diese Praxis bei ihnen einer ideologischen, nahezu religiösen und gewissermaßen sektiererischen Haltung entspricht, im Grunde einer Ablehnung der Triebbefriedigung.

Cervix,
der Gebärmutterhals, das untere, verjüngte Drittel der *Gebärmutter.* Die Cervix ist ein derbes, etwa 3 Zentimeter langes und 1,5 Zentimeter dickes Rohr, das mit einer abgerundeten Kappe in die hintere Scheidenwand hineinreicht. Der Cervixkanal ist mit einer Schleimhaut ausgestattet, die ein zähes Sekret ausscheidet. Dieser Schleim füllt den Gebärmutterhals und bildet einen Pfropf, der den äußeren Muttermund gegen die Scheide und die dort vorhandenen Bakterien abdichtet. Im Verlauf des monatlichen Zyklus verändert das Sekret seine Beschaffenheit und wird dünnflüssiger, so daß die männlichen Samenfäden in die Gebärmutter aufsteigen und das Ei befruchten können. Bleibt diese Veränderung infolge von Störungen aus, ist keine Befruchtung möglich. Bei der *Menstruation* wird der Schleimpfropf aufgelöst und mit dem Menstruationsblut ausgeschwemmt. Trotz entgegengesetzter Behauptungen löst sich dieser Pfropf jedoch nicht beim *Orgasmus,* und die Berührung der Cervix löst bei ihr auch keinen Gefühlshöhepunkt aus. Wie die Scheide ist die Cervix nervenarm. Wenn eine Frau dort im Orgasmus heftige Empfindungen zu haben scheint, beruht das auf einer Fehlschaltung des Nervensystems.

Charme,
entspricht nur ungefähr den deutschen Wörtern «Anmut» oder «Liebreiz». Sehr viele der berühmten Liebhaber und Liebhaberinnen waren weder schön noch eigentlich hübsch: sie wirkten durch ihren Charme. Es gehört zu diesem Begriff, daß er sich kaum definieren läßt. Vermutlich geht der Charme nicht auf eine bestimmte Eigenschaft, etwa auf ein besonderes Fluidum zurück, sondern stellt eine Fähigkeit dar, die sich unter

glücklichen Umständen entwickelt hat. Der Charme scheint von der Flexibilität abzuhängen, mit der sich ein Mensch auf eine bestimmte Situation und auf die Eigenschaften der jeweiligen Mitmenschen einstellen kann, indem diejenigen Möglichkeiten des eigenen Wesens herausgehoben werden, die gerade Sympathie und Beschwingtheit auslösen, und anderes beiseite gelassen wird, was stören könnte. Charme äußert sich in Bewegungen, Stimme, Gesichtszügen, kurz in einer Fülle von Kleinigkeiten, die jede für sich kaum auffallen würden, die aber korrespondieren und sich summieren. Charme ist eine Art von Disziplin, die so vollkommen und selbstverständlich beherrscht wird, daß sie nicht mehr als Disziplin wirkt –, etwa so wie der Charme, den ein Tänzer ausstrahlt, der über die notwendige Körperbeherrschung nicht mehr nachdenken muß. Charme ist letztlich ein geistiger Reiz, und so könnte man sagen, «Charme» sei ein Schlüsselwort der eigentlichen Erotik.

Chromosomen,
Erbkörperchen im Kern der lebenden Körperzellen. Die menschliche Zelle besitzt 46 Chromosomen, von denen je zwei sich in Form und Größe entsprechen und von denen je 23 vom Vater bzw. von der Mutter stammen. Jedes Chromosom enthält eine sehr große, unbekannte Anzahl von Genen, den Trägern der Erbeigenschaften.

Die Chromosomenzahl 46 ist beim Menschen in allen Körperzellen vorhanden, außer in den Geschlechtszellen, also nicht in dem reifen Ei und dem reifen männlichen Samenfaden (Spermium). In ihnen sind die Chromosomen 1 bis 23 jeweils nur einmal vorhanden. Bei der Befruchtung bilden die 23 mütterlichen und die 23 väterlichen Chromosomen den Zellkern des neuen werdenden Menschen. Die Chromosomen ordnen sich darin paarweise zueinander, und die neue Zelle teilt und vermehrt sich von da an ständig in neue Zellen, von denen jede zwei mit der ersten Zelle völlig identische Sätze von 23 Chromosomen besitzt.

Es kommen jedoch Abweichungen vor. Ungefähr ein Viertel der nicht ausgetragenen Kinder *(Abortus)* haben Chromosomenfehler, die unter dem Mikroskop ohne weiteres erkennbar sind. Es werden aber auch durchaus lebensfähige Menschen geboren, deren Körperzellen eine Chromosomen-Abweichung aufweisen. So ist bei mongoloiden Menschen das Chromosom Nr. 21 dreimal statt nur zweimal vorhanden. Besonders häufig stellen sich Abweichungen der geschlechtsbestimmenden Chromosomen X und Y heraus.

Im männlichen *Sperma* kommen zwei verschiedene Arten von Samenfäden vor. Die Spermien mit den größeren runden Köpfen enthalten das männliche X-Chromosom, die Spermien mit kleinerem, elliptisch verjüngten Kopf das weibliche Y-Chromosom. Trifft ein X-Samenfaden auf ein weibliches Ei (vgl. *Ovarien*), dann entsteht bei der Paarung der Sexualchromosomen die Kombination XX = weiblich. Bleibt im Wettlauf der Samenfäden ein Y-Spermium

siegreich, ergibt sich die Kombination XY = männlich.
Sind die X- und Y-Chromosomen schon in den Zeugungszellen verstümmelt, fehlen sie oder sind doppelt und dreifach vorhanden, dann entstehen geschlechtliche Sonder- und Fehlformen.

Cisvestismus,
ein Hang zu Verkleidungen, durch die nicht, wie beim *Transvestismus*, das Geschlecht scheinbar gewechselt wird, sondern das Alter oder die soziale Zugehörigkeit. Im normalen Bereich äußert sich dieser Hang auf «Böse-Buben-», «Gesinde-» oder «Apachen-» wie auf Kostüm-Bällen überhaupt. Zur *Perversion* wird der Cisvestismus, wenn die Verkleidung die Voraussetzung des sexuellen Vollzuges oder erotischer Selbstzweck ist.
Wenn Männer sich wie Knaben, Frauen sich wie kleine Mädchen kleiden, im Extremfall sogar die Rolle eines Babies spielen, ist das ein Ausdruck der Sehnsucht nach der Kindheit, eine Form des psychischen *Infantilismus*. Die Verkleidung nach Art eines höheren Standes kann das Selbstbewußtsein heben und auch erotisch das Gefühl einer besonderen Macht verleihen. Setzt man sich durch Kostüme im Stande herab, drückt man dadurch den Wunsch nach einer Freiheit von der Disziplin aus, die der reale Sozialstatus erfordert, so ganz kraß beim Verbrecher-Kostüm. Ähnliches gilt für folkloristische Verkleidungen; besonders beliebt sind zum Beispiel Tiroler Trachten – denn ‹auf der Alm, da gibt's ka Sünd› – oder Zigeunerkostüme, weil ‹die Liebe vom Zigeuner stammt›. Historische Kostüme erleichtern die Assoziationen, die an die entsprechenden Zeitalter geknüpft sind, etwa an die Galanterie des Rokokos oder die Orgien des alten Rom. In dieser Assoziationshilfe durch tote Gegenstände erinnert der Cisvestismus an den *Fetischismus*, in den er oft übergeht. Die Verkleidung nach Art der Tiere nennt man *Zoomimik*. Magnus Hirschfeld hat Transvestismus, Cisvestismus, Zoomimik und andere Formen des «Rollenwechsels» unter dem Begriff *«Metatropismus»* zusammengefaßt.

Coitus a tergo,
auch «Coitus a posteriori», Form des Beischlafs, bei der der Mann hinter der Frau kniet, sitzt, liegt oder steht. Anders als bei der *Pedikation*, also dem Einführen des Penis in den After, ist der Coitus a tergo eine biologische normale Vereinigung. Alle wirklichen oder vermeintlichen (unbewußten) Erinnerungen an eine Zeugenschaft beim elterlichen Koitus in der Kindheit (die sogenannte «Urszene») beziehen sich auf einen Coitus a tergo: nur in dieser *Position* sind die Geschlechtsorgane beider Partner während des Aktes zu sehen, und sie entspricht der Kopulation von Tieren, deren Beobachtung das Kind zum Muster seiner Vorstellungen von der menschlichen Vereinigung nimmt. Wegen dieses animalischen Vorbilds hat man gelegentlich den Coitus a tergo als die ‹natürlichste› Form bezeichnet, oder aber ihn deshalb verdammt. Er ist eine nahelie-

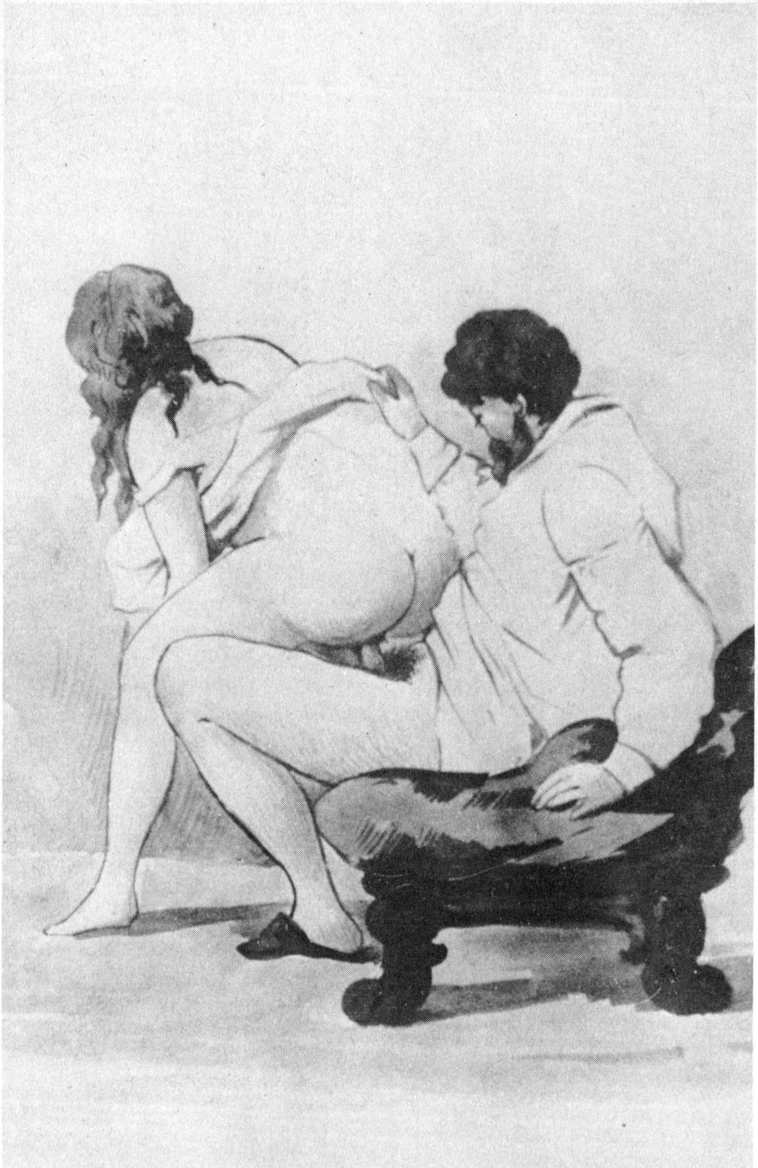

Coitus a tergo · Aus einer volkstümlichen Illustrationen-Serie

gende *Variation*, nicht mehr und nicht weniger. Zur Wahl dieser Position können sowohl der sexuelle Reiz des *Gesäßes* wie die besonderen Möglichkeiten des *Liebesspiels* beitragen.

Coitus in anum,
der Afterverkehr oder die *Pedikation*, also keine Vereinigung der Geschlechtsorgane.

Coitus in os,
Ejakulation in den Mund des Sexualpartners, eine vollendete Form der *Fellatio*.

Coitus inter femora,
eine Form des Sexualaktes, bei der die Frau den Penis des Mannes zwischen ihre Schenkel preßt, um dort die Ejakulation hervorzurufen. Dies ist also strenggenommen keine Vereinigung, sondern eine Art gegenseitiger *Masturbation*.

Coitus intermammarius,
die Reibung des männlichen Gliedes zwischen den Brüsten der Frau bis zur *Ejakulation*. Auch dies ist eine Art gegenseitiger *Masturbation*, die zwar durchaus ein gemeinsames Erlebnis bewirken kann, aber keine Vereinigung ist.

Coitus interruptus,
unterbrochener Beischlaf, umgangssprachlich als «Rückzieher» bezeichnet. Wenn der Mann den Höhepunkt der Erregung nahe glaubt, zieht er den Penis aus der Scheide zurück, um eine Befruchtung zu vermeiden, und die *Ejakulation* findet dann außerhalb der Scheide statt. Der Coitus interruptus ist die älteste und auch heute noch am häufigsten angewandte Form der *Empfängnisverhütung*. Schon Onan vollzog sie; die Bezeichnung *«Onanie»* für die *Selbstbefriedigung* ist also falsch. Die katholische Kirche sieht den Coitus interruptus als Mißbrauch des Samens, als Verstoß gegen den (vermeintlichen) Sinn der Ehe und als Sünde an.
Als Methode der Empfängnisverhütung ist der Coitus interruptus unzuverlässig. Nicht nur verpassen manche Männer den richtigen Zeitpunkt, sondern es können auch bei rechtzeitiger Unterbrechung Samenfäden in die Scheide gelangen. So sondern die *Cowperschen Drüsen* vor dem *Orgasmus* an der Mündung des Samenleiters in die Harnröhre einige Tropfen einer klebrigen Flüssigkeit ab, in der man mikroskopisch Samenfäden festgestellt hat. Es kommt auch vor, daß am Glied Spermien haftenbleiben, die dann beim nächsten Beischlaf in die Scheide gelangen. Eine Statistik ergibt: Wenn sich hundert Frauen ein Jahr lang auf den Coitus interruptus verlassen, muß man mit etwa zwanzig ungewollten Befruchtungen rechnen.
Da hierbei der Spannungsverlauf eines Geschlechtsaktes schon durch die besorgte Aufmerksamkeit des Mannes und die Angst der Frau beeinträchtigt ist, die Auslösung selbst nicht im gegebenen Augenblick erfolgen darf, und im Orgasmus sich die Partner bereits getrennt haben, hat der Coitus interruptus als ständige Praxis sehr negative psychologische Folgen. Auch die Unsicherheit,

ob nicht doch eine Befruchtung erfolgt ist, wird die erotischen Beziehungen eines Paares belasten. In manchen Fällen entwickeln sich aus der Praxis nervöse Störungen und Angstneurosen.

Coitus prolongatus,
der verlängerte Beischlaf. Die Bewegungen werden vermindert, man sucht Ablenkungen durch Gespräche, vielleicht werden sogar Pausen eingeschaltet, während derer der erigierte Penis die Scheide verläßt, um nach einiger Zeit von neuem einzudringen. Diese Praxis erfordert vom Manne physische und psychische Beherrschung, und sie setzt eine vertraute Partnerbeziehung voraus ohne durch lange Entbehrung gesteigerte Begierde, bei gutem körperlichem und seelischem Zustand beider Partner. Der «verlängerte» Beischlaf im eigentlichen Sinne endet mit der *Ejakulation* in die Scheide. Aber der Terminus «coitus prolongatus» wird oft im gleichen Sinne benutzt wie «coitus reservatus».

Zwischen den Brüsten · Vignette von Karl Maria Diez in «Hundertzwanzig Tage von Sodom» des Marquis de Sade, 1909

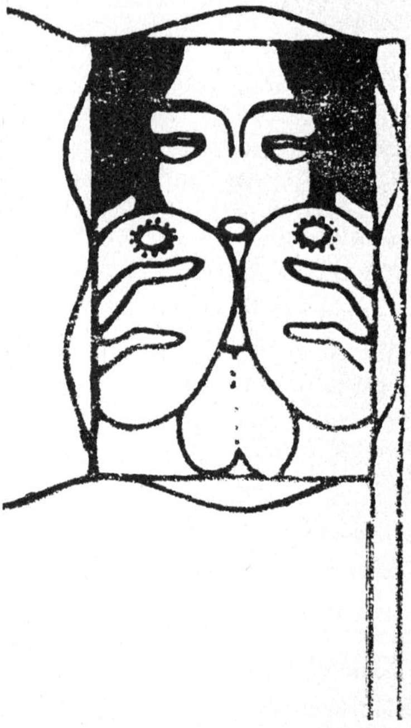

Coitus reservatus,
«Geschlechtsvereinigung mit Vorbehalt». Der Mann enthält sich durch Willenskraft der *Ejakulation*, während sein Glied oft stundenlang in erigiertem Zustand in der Scheide verbleibt. Im Zusammenhang mit ideologischen Begründungen und in gewissermaßen zeremoniellen Formen wird aus dieser Praxis die *Carezza*.
Als Methode der *Empfängnisverhütung* ist der Coitus reservatus noch unsicherer als der *Coitus interruptus*. Da in seinem Verlaufe mehrmals Ejakulationen unterdrückt werden, kann es auch mehrmals zur Absonderung des sogenannten «Vortropfens» aus dem Glied kommen, und damit erhöht sich die Gefahr, daß Samenfäden in die Scheide gelangen.

Comic strip,
Bildergeschichte, deren Handlung in Einzelmomente zerlegt ist und die durch erklärende Textkästen und durch Dialoge in «Sprechblasen» er-

Unter Freundinnen · Anonyme Illustration zu einer Casanova-Ausgabe

gänzt wird. Da ihr Reiz ein optischer ist, spielt sie auch oft mit der erotischen Schaulust. Ihre Helden werden zu Sex-Idolen. Das gilt selbst für die spießig-dümmliche «Blondie», die sich ja nach amerikanischem Geschmack «sexy» macht; und so ist es kein Wunder, daß ihre Gestalt in einem obszön-pornographischen Strip parodiert wiedererscheint. Besonders häufig finden sich fetischistische und sadomasochistische Tendenzen, so selbst in den anspruchsvollen Strips «Barbarella» und «Valentina», und einseitig herausgestellt wurden u. a. sie in «Sweet Gwendoline».

Couvade,
Männerkindbett. Bei manchen Naturvölkern legt sich der Vater des Kindes vor und bei der Geburt zu Bett, ahmt das Stöhnen der Kreißenden nach und unterwirft sich während des Wochenbettes denselben Diät- und Reinlichkeitsvorschriften wie die Mutter.

Man hat diese seit der Antike bezeugte Sitte mit dem Matriarchat in Verbindung gebracht, das dem Vater im Grunde kein Anrecht auf sein Kind einräumte, so daß er mit der Couvade dieses Anrecht geltend machte. Andere Forscher meinen, daß der Mann damit die Dämonen, die die Gebärende bedrohen, von ihr ablenken wollte. Vermutlich spielen auch Schuldgefühle eine Rolle, weil es ja der Mann war, der die Leiden der Gebärenden verursacht hat. Endlich kann man wohl eine Art Neugier auf das Geheimnis annehmen, das Männer nie teilen können, und eine Art Neid auf die weibliche Schöpferkraft. Motive der Couvade bestimmen noch die sprichwörtliche Nervosität der Männer während der letzten Phase der Schwangerschaft ihrer Frauen bis zum Abschluß der Geburt. In jüngster Zeit sind manche junge Paare dazu übergegangen, daß der Mann den Geburtsvorgang bei seiner Frau als Zeuge miterlebt, so daß ein Höchstmaß der Gemeinsamkeit auch in dieser Stunde erreicht wird.

Cowpersche Drüsen,
zwei erbsengroße männliche Drüsen, die unterhalb des Eintritts der Samenleiter in die Harnröhre münden. Sie sind nach ihrem Entdecker, dem englischen Anatomen William Cowper, benannt. Sie sondern in der Erregung ein glasiges Sekret ab, das die Harnröhre schlüpfrig macht und die Rückstände des Harns neutralisiert. Diese Ausscheidung erfolgt beim Manne an dem gleichen Punkt der Erregungskurve wie die Ausscheidung der *Bartholinschen Drüsen* bei der Frau.

Cunnilingus,
Berührung der weiblichen Geschlechtsorgane mit dem Mund und der Zunge eines Partners. Wie die *Fellatio*, das Saugen am Penis, kann der Cunnilingus zu einer besonders innigen Liebkosung werden. Nicht nur für die passive Frau kann er die Erregung steigern, sondern auch dem aktiven Partner ein starkes Erlebnis

Liebesdienst · Nach einer Zeichnung aus einem Mappenwerk von Margit Gaal

bieten. Manche Männer empfinden den Cunnilingus einseitig als Dienst an der Frau, ja als Demütigung, die dann masochistisch gesucht wird. Aber das liegt nicht an der Handlung selbst, sondern an der Einstellung. Für andere Männer ist der Akt eine Befriedigung unbewußter Neugier. Der *Geschmackssinn*, der sonst gegen den Gesichts- und Gehörsinn zurückgetreten ist, spielt oft mit. Was zwischen Liebenden erlaubt ist, können nur sie beide entscheiden, und niemand hat ein Recht, ihnen Vorschriften zu machen. Psychologisch bedenklich wird der Cunnilingus, wenn er vornehmlich oder ständig an die Stelle der Vereinigung im Koitus tritt.

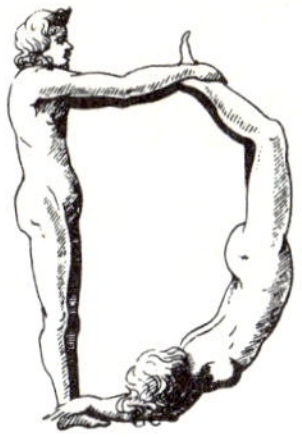

Damm,
medizinisch: Perineum; die Körperzone zwischen der Scheide und dem After, seitlich begrenzt durch den Ansatz der Oberschenkel. Beim Manne entspricht das sogenannte «Mittelfleisch» diesem Bereich. Bei Mann und Frau ist diese Körperzone mit empfindlichen Nerven ausgestattet, deren Reizung zur geschlechtlichen Erregung wesentlich beiträgt: sie ist eine der besonders *erogenen Zonen.* Diese Empfindlichkeit macht der Frau das Gebären so schmerzlich und schwierig.

Dating,
die moderne, amerikanisierte Form des «Stelldichein» oder «Rendezvous». In den USA sind Verabredungen, «dates», schon für Jungen und Mädchen von 12 oder 13 Jahren üblich. Die Mädchen beweisen damit sich, ihren Eltern und ihren Kameradinnen, wie beliebt sie sind; die Jungen demonstrieren ihre ‹Männlichkeit›. Zu diesem Schema gehört es, daß die Partner oder Partnerinnen der ‹dates› häufig gewechselt werden, eben um die vielseitige Beliebtheit zu zeigen, aber auch, um eine halb-spielerische Form der Partnerbeziehungen zu erproben, ehe man die ‹richtige› Partnerschaft gefunden zu haben meint. Der Wechsel soll zugleich Intimitäten verhindern, wie sie bei einer ständigen Paar-Beziehung («going steady») beinahe unvermeidlich werden.
Der Inhalt der ‹dates› folgt oft einem bestimmten Steigerungs-Modus. Trifft man sich zum erstenmal, so geht man miteinander ins *Kino*, in eine Eisdiele, oder man unternimmt eine gemeinsame *Auto*fahrt. Was der Junge für seine Partnerin ausgibt, soll sowohl seinen sozialen Status wie seine Wertschätzung für das jeweilige Mädchen ausdrücken. Das Mädchen muß sich aber auch revanchieren, und sei es zunächst nur mit einem Abschiedskuß. Beim nächsten Treffen

wird sie ihm schon mehr gewähren müssen. Es setzt das *Petting* ein, der Austausch von Liebkosungen.

Das Dating ist von Soziologen kritisiert worden, weil es eine Einübung der Liebe und Erotik nach dem Muster eines Geschäftes ist, und weil es noch im intimen Bereich einen großen Konformitätsdruck ausübt.

Eine besondere Form des Dating sind die «double dates», bei denen sich zwei Paare treffen. Sie sind zugleich oft «blind dates», das heißt, daß sich mindestens eines der Paare vorher nicht kannte. Die Beziehungen der beiden jungen Männer oder der beiden jungen Mädchen zueinander entsprechen dem für die *Adoleszenz* typischen Nebeneinander von homosexuellen und heterosexuellen Tendenzen.

Die Sitten des Dating sind ein Versuch, das Dilemma zu bewältigen, daß einerseits die volle Geschlechtsreife heute früher eintritt *(Akzeleration)*, andererseits durch die verlängerte Ausbildungszeit die soziale Selbständigkeit und die Ehe immer weiter herausgeschoben wird. Im Zeichen der «Pille», die eine Schwangerschaft sicher verhüten kann, verliert auch die «Moral» des Dating und Petting allmählich an Bedeutung.

Defloration,

eigentlich «das Pflücken der Blüte», die Entjungferung, also das Zerreißen des *Hymens*, meist durch den ersten Geschlechtsverkehr. Dieser Vorgang ist nie ganz schmerzlos, meist fließt auch ein wenig Blut. Wie unangenehm er von dem Mädchen empfunden wird, hängt von der Erwartung oder der inneren Abwehr, von der Einstellung zur Sexualität und zur eigenen Weiblichkeit, von der besonderen Beziehung zum Partner und auch von dessen Einfühlsamkeit und Geschick ab.

So stiftet die Defloration manchmal eine tiefe Beziehung der Frau zu dem ersten Manne, die die tatsächliche Partnerschaft lange überdauern mag. Ziemlich häufig wird die Entjungferung als eine Art technischer Vorgang erlebt, der zwar nicht besonders angenehm, jedenfalls nicht lustvoll, aber eben notwendig ist, so daß erst bei einem späteren Koitus die erotische Liebe beginnt. Läßt eine Frau die Defloration widerwillig über sich ergehen, ist ihr Partner gleichgültig, ungeschickt oder brutal, dann werden der körperliche Schmerz und der Verlust überstark empfunden, und in extremen Fällen kann der Schock der Entjungferung das ganze künftige Sexualleben beeinträchtigen und zu einer *Frigidität* beitragen. Die negative Wirkung der Defloration hat auch mit der «narzißtischen Kränkung» zu tun, «die aus der Zerstörung eines Organs erwächst», und zwar «in dem Wissen um die Herabsetzung des sexuellen Wertes der Deflorierten» (Freud). In frühen Kulturen hat man den Haß des Weibes gegen den Zerstörer ihrer *Virginität* dem Ehemanne ersparen wollen und die Defloration den Priestern oder anderen Männern mit einer gewissermaßen väterlichen Autorität übertragen, eine Sitte, die zugleich der ersten heterosexuellen Liebesbindung des Mädchens, an den Vater, Tribut zollt. Ein Nachklang dieser Sitten und Anschauun-

Kultische Defloration: Ein junges Mädchen opfert dem Gott Priapos seine Jungfräulichkeit. Ihr Verlobter, auf den sich der Hohepriester stützt, wohnt resigniert der Zeremonie bei. Im Hintergrund bringen Nymphen und Satyrn im Triumphzug das nächste Opfer herbei. Graphik von Dominique Vivant Denon (1745–1825)

gen war das *«Jus primae noctis»* in feudalen Sozialordnungen. Wenn dem Ehemanne die Defloration abgenommen wurde, entsprach das aber auch der Blutscheu, wie sie ähnlich die *Menstruation* umgibt. Noch heute scheuen sich viele Männer vor der Defloration. In modernem Gewande führt das Virginitäts-*Tabu* manchmal zur Übernahme der Entjungferung durch den Arzt.

Heute haben z. B. in der Bundesrepublik siebzig Prozent aller Bräute ihre Defloration schon vor der Hochzeitsnacht erlebt. Damit ist der gesellschaftliche Wert der Virginität wesentlich gesunken, und so hat sie auch viel von ihrer psychologischen Bedeutung eingebüßt. Aber schon lange hätte klar sein können, daß die sexuellen Erlebnismöglichkeiten eines Mädchens nicht erst mit der Defloration beginnen und daß andererseits die Frau ihre sexuelle Erfüllung oft viel später erfährt.

Dekolleté,

der Hals- oder der Rücken-Ausschnitt der weiblichen Kleidung (von französisch collet = Kragen). Was eine Frau zeigen darf und was nicht, hängt von der Kultur und der Gesellschaft ab, in der sie lebt. Während eine voll geschlossene Kleidung den Körper der Frau zu einem unzugänglichen Geheimnis macht und eine völlige Nacktheit nichts zu rätseln übrigließe, bietet das Dekolleté Andeutungen, die die Phantasie reizen. Bald wird so ein Einblick in den Busen gegönnt, bald darf das Auge ein Stück den Rücken hinuntergleiten. Die Freigebigkeit, mit der Frauen einen Körperteil zeigen durften, widersprach oft seltsam den Verhüllungsgeboten, die andere Regionen betrafen: Königin Luise etwa durfte zwar sehr viel Busen, aber kaum etwas von ihren Beinen zeigen. Oft galt die Erlaubnis zu einem großzügigen Dekolleté auch nur für die Festkleidung auf Empfängen, im Theater oder auf einem Ball, nicht aber für den Alltag, und auch nur für die gehobenen Stände (oder nur für die Halbwelt) im städtischen Bereich. Der Halsausschnitt ging gelegentlich so weit, daß noch die Brustwarzen enthüllt waren, und der Rückenausschnitt kreuzte manchmal noch die Gesäß-Spalte. Der Wechsel der Ausschnitte, ihres Umfangs und ihrer Form, ist im Grunde eine Neckerei mit immer wieder anderen Versprechungen.

Demi-Vierges,
«Halbjungfern», also Mädchen, die sich die körperliche Unversehrtheit des Hymens erhalten haben, in anderen sexuellen Praktiken als dem Koitus, z. B. gegenseitiger *Masturbation* und *oralen* Akten, aber schon mehr oder weniger erfahren sind. Die Moral des *Petting*, bei dem alles geschehen darf, was nicht den Hymen verletzt, entspricht genau dem Verhalten der Demi-Vierges, wie es der französische Schriftsteller Marcel Prévost in seinem Sittenroman mit diesem Titel 1894 beschrieb. Doch verstand er unter dem selbstgeschaffenen Begriff auch die Mädchen, die auf ihre Jungfernschaft stolz sind und im Ehemann eine Art Hohepriester sehen, dem als einzigem das Recht zusteht, sie zu deflorieren und zur Mutter zu machen, und die «Weißen Gänschen», die unaufgeklärt und ohne eigenen Antrieb in eine von der Familie arrangierte Ehe gehen, in der *Hochzeits*nacht praktisch vergewaltigt werden und so zwar die körperliche Jungfräulichkeit verlieren, die lustvolle sexuelle Erfüllung aber nie oder erst außerhalb der (ersten) Ehe erfahren. Die Gestalt der Demi-Vierge entspricht einer Überschätzung von Aktivitäten und Äußerlichkeiten und einer Vernachlässigung der psychischen Momente.

D'Eonismus,
von Havelock Ellis vorgeschlagene Bezeichnung für den *Transvestismus*, den Hang zur Verkleidung nach Art des anderen Geschlechtes. Der Chevalier Charles Geneviève Louis Auguste d'Eon de Beaumont verbrachte von den 83 Jahren seines Lebens (1727–1810) 49 Jahre als Mann und 34 Jahre als Frau. In weiblicher Rolle leistete er Ludwig XV. am russischen Hofe große Dienste, als Mann war er

Das bewahrte Gelübde · Illustration zu einer Boccaccio-Ausgabe von Brunelleschi (1940)

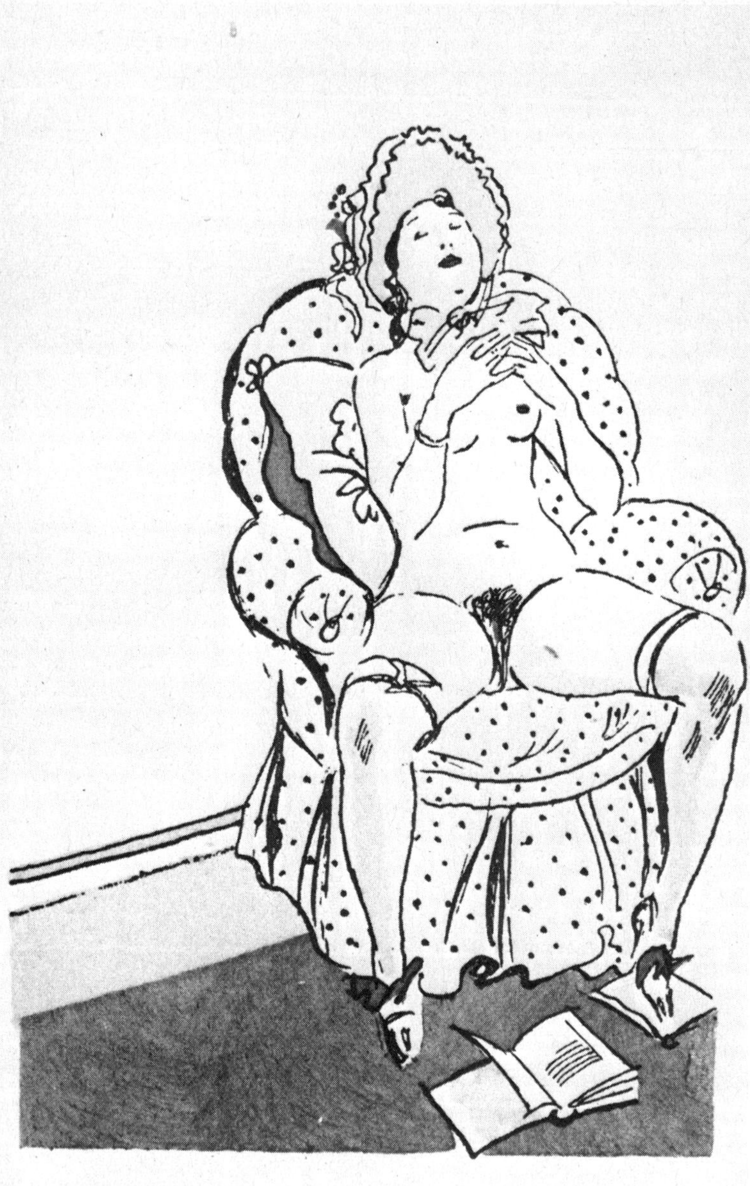

ein tüchtiger Offizier. Es gab damals hohe Wetten, ob er in Wahrheit ein Mann, eine Frau oder ein Zwitter sei. Bei der Untersuchung auf dem Totenbett stellte sich seine Männlichkeit heraus.

Destruktion,
«Zerstörungslust», im engeren Sinne (anders als die *Aggression*) gegen Sachen gerichtet. Freud nahm einen Destruktionstrieb an, der sich letzten Endes gegen die eigene Existenz wendet und so zum «Todestrieb» wird. Diese Auffassung, die Freud selbst spekulativ nannte, ist nahezu allgemein abgelehnt worden, da sie den Erfahrungen der Biologie widerspricht. Indessen ist die Lust zu Aggression und Destruktion nicht zu leugnen. Die Destruktion ist sogar eine Voraussetzung des menschlichen Lebens. Jeder Bauer, der seinen Pflug durch die Erde zieht, und jeder Siedler, der ein Stück Urwald rodet, ist «destruktiv». Und der Zugang der Frau zur vollen Sexualität setzt die Zerstörung ihres *Hymens* voraus.

Detumeszenz,
die körperliche und seelische Entspannung durch das Abschwellen der Geschlechtsorgane nach dem Orgasmus. Albert Moll, einer der Pioniere der frühen Sexualforschung, sah in dem Detumeszenz- oder «Ausstoßungs»-Trieb und dem *Kontrektations*- oder «Umschlingungs»-Drang die beiden Komponenten des Geschlechtstriebes. Aber damit wird die Fülle der Faktoren nicht erfaßt.

Erotische Lektüre · Anonyme Buch-Illustration, Paris 1932

Deviation,
«Abweichung». In der neueren sexualwissenschaftlichen Literatur, vor allem amerikanischer Herkunft, tritt der Ausdruck «Deviation» mehr und mehr an die Stelle der Bezeichnung *«Perversion»*. Man will damit das moralische Verdammungsurteil vermeiden, das dem Namen «Perversion» noch immer anhaftet. Deviationen im engeren Sinne sind sexuelle Handlungen, die nicht der koitalen Vereinigung dienen können: also *Masturbation, orale* Akte bis zum Orgasmus, homosexuelle Akte sowie Befriedigungen der Schaulust, des *Fetischismus*, des *Sadismus* und *Masochismus*, wenn sie nicht *Vorlust* bleiben, sondern das eigentliche Sexualziel sind. Abweichungen, die nur das Vorspiel, die Nebenumstände oder die äußere Form des Koitus betreffen, heißen *Variationen*: denn das Wesentliche ist hier unverändert. Deviationen mögen lediglich der Abwechslung dienen, d. h. von Menschen vollzogen werden, die im allgemeinen den *Koitus* anstreben.
Eine Deviation wie die *Homosexualität* kann durchaus zu einer menschlich wertvollen Partnerbindung führen. Ein moralischer Vorwurf wäre also hier wirklich unangebracht. Dennoch sollte man auf die Bezeichnung «Perversion» nicht verzichten, sie aber auf solche Entwicklungen beschränken, durch die eine Deviation zum Ziel einer Sucht geworden ist. Die eigentliche Perversion engt das Sexualleben krankhaft ein, sie folgt

vorgefaßten Zielen und macht so jede wirkliche Partnerschaft unmöglich.

Dildo,
angloamerikanische Bezeichnung für den künstlichen Penis, sonst meist *Godemiché* oder auch Olisbos genannt. Das Wort «Dildo» wird zurückgeführt entweder auf delight = Entzücken oder dilate = Erweitern (der Scheide).

Dionysos,
griechischer Gott der Fruchtbarkeit und des Weines, entspricht dem römischen Bacchus. Nach der Legende ist er ein Sohn des Göttervaters Zeus und der thebanischen Königstochter Semele. Er wurde von der eifersüchtigen Frau des Zeus, Hera, erbittert verfolgt, die ihn am Ende mit Wahnsinn schlug. Doch er entdeckte den Wein und bereiste mit einem Gefolge aus Satyrn und Mänaden die ganze damals bekannte Welt. Seine Großmutter Rhea weihte ihn in die *Mysterien* ein: die Geheimnisse des Lebens und der Wiederauferstehung. Mit Krieg und Mord, mit Wein und entfesselter Sinnlichkeit setzte er seinen Kult in Griechenland durch.
Nach Darstellungen auf Tonvasen und Schalen haben beim Dionysos-Kult Mänaden nackt oder in durchsichtiger Kleidung getanzt, Satyrn jagten ihnen mit aufgerichtetem Glied hinterher und vereinigten sich mit ihnen in den verschiedensten Formen. Mit der sexuellen Entfesselung und der Enthemmung durch den Wein wurde aber im Grunde die Wiederauferstehung der Natur und des Menschen gefeiert. Der Frühlingsanfang wurde mit feierlichen Prozessionen begrüßt.
Den Höhepunkt bildete für die Öffentlichkeit die theatralische Aufführung der Dionysos-Legende. Nur für Eingeweihte fand dann im Tempel das eigentliche Mysterium statt, das im *Bacchanal* weiterlebte. Aus der theatralischen Darstellung der Dionysos-Legende hat sich das Drama entwickelt, die Tragödie wie die Komödie – das Satyrspiel. Auch in Volksfesten wie dem *Karneval* haben sich Elemente des Dionysos-Kultes erhalten.
«Dionysisch» nennt man die Freude am rauschhaft Wilden, im Gegensatz zur «apollinischen» Neigung zu Klarheit und Schönheit nach Maß und Ordnung. Die sexuelle Ekstase mag einzig dem Gott Dionysos untertan sein, in die Herrschaft über Erotik und Liebe muß er sich mit Apollo teilen, der jedoch in diesen Bereichen niemals allein regiert.

Dirne,
gebräuchlichste schriftsprachliche Bezeichnung für die Prostituierte. «Dirne» hieß ursprünglich jedes junge Mädchen, besonders aus bäurischem Stande; entsprechend noch heute das «Dirndl». Den Wertverlust des Wortes erklärt man sich damit, daß sich Mädchen niederen Standes in den Häusern Reicher verdingen mußten und ihr Dienst oft sexuelle Dienstleistungen beim Hausherrn einschloß.
Man hat sich von der Dirne ein Bild gemacht, das den wirklichen Verhältnissen in der *Prostitution* nicht entspricht. Die Vorstellung schreibt der

Dirne eine unersättliche Sexualgier und eine ungehemmte Freude am Sexualvollzug zu. In Wahrheit sind die meisten Dirnen frigide, außer allenfalls in ihrem Verhältnis zum Freund oder *Zuhälter*. Als Wunschbild ergänzt die Dirne der Phantasie die Wunschbilder von der Mutter oder der reinen Jungfrau, als Angstbild nähert sich die Vorstellung der Furcht vor dem Weib, das den Mann aussaugt *(«Vamp»)* oder kastriert. Von der Verherrlichung bis zur Verachtung reichen denn auch die Namen, die man ihr im Umgangsdeutsch gibt. So heißt sie schönfärberisch «Freudenmädchen», nach Berliner Muster schon unfreundlich «Nutte» oder gar vollends gehässig «Hure».

Don-Juanismus,
die Verhaltensweise von Männern, die dauernd auf der Jagd nach neuen «Eroberungen» sind. Dabei ist «Don Juan», der Titelheld des Dramas «Der Spötter von Sevilla», das der Spanier Tirso de Molina 1630 schrieb und das u. a. den Stoff für Mozarts Oper «Don Giovanni» abgab, als ein Gegentyp zu «Casanova» als dem liebenswerten Liebhaber aufzufassen. Für den Don Juan geht es nicht darum, die Frauen zu lieben, sondern darum, sie zu besiegen. Seine Erfolge sollen ihm selbst und aller Welt seine Männlichkeit und seine Potenz beweisen, und das heißt, daß er beides insgeheim in Frage stellt. So stellt der Don-Juanismus oft eine unaufhör-

Der doppelte Dildo · Anonyme deutsche Zeichnung aus dem 20. Jahrhundert

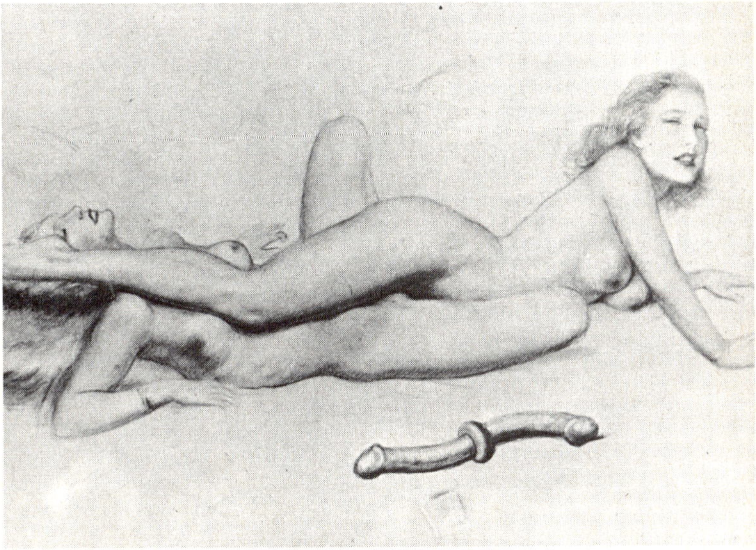

liche Flucht vor der eigenen latenten *Homosexualität* dar. Don Juans Antrieb ist zugleich Haß gegen die Frauen, die er demütigen und zerstören will. Nach dem Sieg interessieren ihn seine Eroberungen nicht mehr, und jede Frau, die sich ihm hingegeben hat, ist in seinen Augen ein neuer Beweis für die Minderwertigkeit ihres Geschlechtes.

Dreieck,
gleichzeitige erotische Beziehung eines Mannes zu zwei Frauen oder einer Frau zu zwei Männern. Diese Art der Parallelität oder Spaltung rührt daher, daß nicht immer alle erotischen Strebungen auf einen einzigen Partner gerichtet sein oder von ihm befriedigt werden können. Besonders deutlich wird das dadurch, daß die Maßstäbe einer Ehewahl sich oft von denen einer Liebeswahl unterscheiden.

Das Dreieck zwischen Mann, Ehefrau und Mätresse oder zwischen Mann, Ehefrau und Hausfreund war zugleich die Folge der Konventions-, Standes- und Geldehen, die zustande kamen, ohne daß Liebe oder gar sexuelle Erfüllung zu erwarten gewesen wären.

In einer bürgerlichen Kultur, die dem Mädchen aus gutem Hause und dann der Ehefrau eine eigene Sexualbegierde verbot und ab-erzog, haben viele Gattinnen dann auch das Verhältnis ihres Mannes zu einer *Mätresse* geduldet oder gefördert, weil die andere ihnen die ‹ehelichen Pflichten› weitgehend abnahm. Ähnlich war es für manche ältere Männer, die eine sehr junge Frau geheiratet hatten, eine Erleichterung, wenn ein Hausfreund die Gattin ‹bei Laune hielt›. Einen etwas anderen Gehalt hat das Dreieck, wenn der Mann bei einer der beiden Partnerinnen geistige Bedürfnisse stillen möchte, so etwa wie ein Ehemann im alten Griechenland, dessen Gattin kaum eine Erziehung genossen hatte, das intellektuelle Gespräch bei einer hochkultivierten *Hetäre* suchte, oder wie ein Manager von heute die Beziehung zu seiner Sekretärin ins Erotische fortsetzt, weil sie anders als die Ehefrau seine Berufsleistung kennt und seine Berufsinteressen teilt. Ähnlich geistig gefärbt sind die Beziehungen der Gattin eines nüchtern-bürgerlichen Mannes zu einem Liebhaber aus der Welt der Künstler.

Zum Dreieck gehört nicht notwendig, daß die ‹Mittel›-Person zu beiden Partnern sexuelle Beziehungen unterhält. Eine der Partnerschaften kann durchaus *«platonisch»* bleiben, sich also auf eine sublimierte Erotik beschränken.

Eine neue psychologische Dimension erhält das Dreieck, wenn die beiden Partner einer Frau oder die beiden Partnerinnen eines Mannes voneinander wissen, sich gegenseitig dulden, einander kennen und zueinander in Beziehung treten. Dann kann jeder Partner des Dritten am Erleben des anderen teilhaben, und zwischen den beiden Partnern können deren homosexuelle Tendenzen sich auswirken.

Freuden zu dritt · Illustration zu einer französischen Ausgabe der Memoiren des Casanova, um 1870

Für den Mann folgt das Dreieck mit einem zweiten Manne, und für die Frau das mit einer zweiten Frau, (unbewußt) der infantilen Erfahrung; es wiederholt die Situation des Kindes zwischen Vater und Mutter.
Kommt es in einem Dreieck zu sexuellen Aktivitäten, an denen die drei Partner dann zugleich teilnehmen, spricht man von einer *Triole.*

Dunkelheit
während der geschlechtlichen Vereinigung wird nach Kinsey von 55% aller Frauen, aber nur von 35% aller Männer bevorzugt. Man leitet diesen Unterschied von der Tatsache ab, daß Männer durch den Anblick des weiblichen Körpers und die Beobachtung des Liebesaktes stark erregt werden, während die Gesichtsreize für die Frauen eine geringere Bedeutung haben. Aber das ist wohl weitgehend die Folge kultureller Einflüsse, insbesondere des langdauernden Einflusses einer *Moral*, die es der ehrbaren Frau verbot, sexuelle Lust zu empfinden – oder doch, sie zu zeigen. Doch nicht immer ist der Liebesvollzug im Dunkeln eine geschämige Flucht vor der ‹nackten› Körperlichkeit. Die Dunkelheit kann das Gefühl der gemeinsamen Abgeschlossenheit vor der Welt ringsum verstärken. Durch die Ausschaltung des *Gesichtssinnes* können die ‹Sinne der Nähe›, vor allem das Tastgefühl, sich unerhört steigern. Auch Worte und Laute können eine neue Intensität erlangen. Der Wechsel der Liebe zwischen Hell und Dunkel gehört zu den *Variationen*, die das Liebeserlebnis in ein immer wieder anderes ‹Licht› setzen.

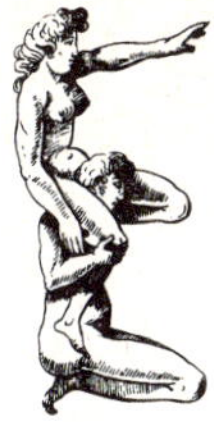

Ehe,
das von der Gesellschaft geschützte dauerhafte Zusammenleben von Mann und Frau.

Jede Form der Ehe schränkt das Sexualleben, vor allem die sexuelle Wahlfreiheit ein. Eine *Promiskuität* war niemals «Sitte». Auch eine Vielehe *(Polygamie)* sichert eine gesellschaftliche Ordnung und schützt die Aufzucht der Kinder. Aber jede Art der Polygamie vermindert die Bedeutung des Verhältnisses zwischen zwei individuellen Menschen.

Der Hauptgrund für die Ehe als Institution liegt jedoch in der Sicherung des Nachwuchses. Vor allem die Frau braucht den Schutz der Ehe – für die Zeit der *Schwangerschaft* und des Gebärens sowie im Interesse des kleinen Kindes, das auf sie als Quelle der Nahrung, der Fürsorge und Liebe so dringend angewiesen ist. Der Mann ist im allgemeinen nicht so stark an einer dauerhaften Bindung interessiert. Daraus hat sich die Auffassung ergeben, daß die Frau monogam, der Mann aber polygam ‹veranlagt› sei. In dem Maße, in dem sich die Frauen von den Risiken der Schwangerschaft und damit auch von den im Einzelfall oft unerwünschten Pflichten der Mutterschaft befreien können, mag sich erweisen, daß auch diese weibliche Eigenschaft keine elementare, sondern eine Folge-Erscheinung ist. Auch der wirtschaftliche Schutz durch den Mann, den die Frau traditionell in der Ehe suchte, ist ja durch die Möglichkeiten der weiblichen Berufstätigkeit heute nicht mehr so wichtig.

Doch auch für den Mann ist der Schutz des Nachwuchses bedeutsam, weil er in seinen Kindern, vor allem in seinen Söhnen, sich selbst fortsetzen und seine soziale Stellung, sein Eigentum, seine Leistung über das eigene Leben hinaus sichern möchte. Wenn ihm die Ehefrau keine Kinder, insbesondere keinen Sohn gebären konnte, hat er oft außereheliche Kinder gezeugt und die ‹Bastarde› sogar in den eigenen Familienverband aufgenommen. Davon zeugt noch heute die Redensart «mit Kind und Kegel», das heißt mit dem ehelichen und dem unehelichen Kind. Andererseits war er (und ist noch) sehr darauf bedacht, daß ihm die Gattin keine Bastarde anderer Männer in die Familie bringt. Dies ist ein Hauptgrund für die bürgerliche Doppelmoral, die dem Manne sehr viel größere sexuelle Freiheiten einräumte als der Frau. So bemühte sich die patriarchalische Gesellschaft, die Sexualbegierde der Frauen einzudämmen – oder schlichtweg zu leugnen.

In einer monogamen Kultur folgen Mann wie Frau bei der Entscheidung für die Ehe, weitgehend auch bei der Gattenwahl und Eheführung, (unbewußt) den Vorbildern, die sie in der Kindheit bei Vater und Mutter erlebt haben. Auch negative Elternvorbilder beeinflussen Gattenwahl und Eheführung, nämlich in dem Sinne, daß dann gerade das Kindheits-Muster um jeden Preis vermieden werden soll. In der neuen Ehe geben Mann und Frau für ihre Kinder erneut das Vorbild für Männlichkeit, Weiblichkeit und Ehe ab.

Die Beziehung des Kindes zu der einen Mutter und dem einen Vater erleichtert es dem jeweils geschlechtsgleichen Kinde, seine Geschlechtsidentität zu finden und sich in seine *Geschlechtsrolle* zu fügen, dem jeweils andersgeschlechtlichen Kinde, sich ein Bild vom Gegengeschlecht zu machen, und den Kindern beider Geschlechter, deren Verhalten zueinander zu ‹lernen›. Die Intensität der Einzelbeziehungen zwischen den Kindern und dem Elternpaar kann die Intensität einer späteren Geschlechtspartnerschaft und Liebe vorbereiten, freilich auch die Gefahren einer Abhängigkeit, einer Geschlechtsscheu und einer Vereinzelung hervorbringen.

Außer dem Grundstock für die Familie ist die Ehe eine Wirtschaftsgemeinschaft. Besonders deutlich wird das in Bauern-, Handwerker- und Einzelhändler-Ehen, in Verhältnissen also, in denen beide Gatten die Erwerbsarbeit unmittelbar teilen. Auch in einer Ehe mit mehreren Kindern, in der die Frau den Haushalt führt und die Kinder versorgt, während der Mann den Lebensunterhalt für alle verdient, ist die Arbeitsteilung noch sichtbar.

Mit der Verminderung der Kinderzahl, teils auch durch die technischen Erleichterungen der Hausarbeit, entsteht für die Frau die Gefahr, sich unausgelastet, ja nutzlos zu fühlen. In der modernen Konsumwelt sind immer häufiger beide Ehepartner voneinander unabhängig berufstätig, aber wenn sie noch kleinere Kinder haben, bringt das oft eine Überlastung der Frau und eine, mindestens seelische, Vernachlässigung der Kinder mit sich.

Während langer Kulturperioden wurden die Ehen nicht eigentlich von den Partnern geschlossen, sondern von deren Familien und Sippen angebahnt. Für die Ehewahl waren oft

Braut und Bräutigam · Lithographie von Eugène Reunier, um 1925

Standeszugehörigkeit und Reichtum wichtiger als die Harmonie der Partner oder deren Sympathie füreinander. In bäuerlichen Verhältnissen etwa achtete man noch darauf, daß der künftigen Bäuerin eine gute Haushaltsführung zugetraut werden konnte, und wichtig war natürlich, daß ein reicher und gesunder Nachwuchs von ihr zu erwarten war. Die Liebes-Ehe im heutigen Sinne ist eine relativ neue Errungenschaft.

Zwar geht die vorherrschende Moral unserer Zeit von der Idealvorstellung aus, daß eine Ehe der freien und überlegten Liebeswahl beider Partner folgt. Aber zu vielen Heiraten kommt es nur, ‹weil es eben passiert ist›: das Mädchen ist schwanger geworden, ihr Liebhaber kann oder will sie nicht sitzenlassen. Dann wird die Liebe oft als Köder empfunden, und mit dem Heiratszwang ‹ist die Falle zugeschnappt›. Natürlich spielen nach wie vor Fragen des Standes, der Familie und des Geldes eine große Rolle.

Da sich oft erweist, daß die Liebe, die eine Ehe zu stiften schien, nur eine *Verliebtheit*, ein kurzer Rausch oder eine Illusion war, haben die Verfechter einer Verstandesehe, vor der nüchtern überlegt wird, wie die Partner wohl miteinander auskommen werden, recht gute Argumente. Diese Argumente gehören zu den Grundlagen der professionellen Heiratsvermittlung und der Eheanbahnung durch Heiratsanzeigen. In Ehen, die so zustande kommen, bewahrheitet sich oft die Behauptung, mit der man früher Konventions-, Standes- und Geldehen gerechtfertigt hat: «Die Liebe kommt später».

Der entscheidende Einwand gegen die Ehe, besonders gegen die lebenslange Einehe, bezieht sich auf die Tatsache, daß die sexuelle Erregung und der sexuelle Vollzug bis zur Befriedigung spontane und kurzfristige Erscheinungen sind, die jeder Dauer widerstreben. Besonders die Erregung und die *Potenz* des Mannes ist mitabhängig von Reizen, deren Wirkung durch Gewohnheit abgestumpft ist. Nehmen der Geschlechtsdrang und die Reizempfänglichkeit mit steigendem *Alter* ab, läßt auch der sexuelle Reiz der mitalternden Frau nach, statt daß neue Reize dem Schwund entgegenwirken könnten. In einer guten Ehe wird der Verlust durch die Fülle der persönlichen Beziehungen, durch einen Übergang von der Sexualität über die Erotik zur Liebe wettgemacht.

Problematisch für die Ehe ist aber auch, daß die Eigenschaften, die einen verläßlichen Mann, einen guten Wirtschafter, einen sorgenden Vater oder eine treue Frau, eine tüchtige Haushälterin, eine liebevolle Mutter auszeichnen, selten mit den Vorzügen zu vereinbaren sind, die ein Mann von einer einfühlsamen und leidenschaftlichen Liebhaberin, eine Frau von einem solchen Liebhaber erwünschen. In der Ehe muß jeder Partner mehrere Rollen zugleich beherrschen, und die Ehe selbst könnte man als ‹Mehrzweck-Einrichtung› bezeichnen. Das heißt aber auch, daß meist die eine oder die andere Seite der Ehe zu kurz kommt.

Im Verlauf der Ehe ändern sich die Partner und damit ihre Beziehungen zueinander. Für den Zusammenhalt ist es entscheidend, daß jeder Partner den anderen an seinem Eigenleben so weit teilnehmen läßt, daß sich beide miteinander entwickeln können, statt sich auseinanderzuleben. Einige moderne Ehereformer meinen, daß jeder Mensch in der Lage sein sollte, mehrfach im Leben eine neue Ehe einzugehen, die seinen jeweiligen neuen Bedürfnissen entspricht. In einem solchen System würden jedoch die meisten Männer immer wieder etwas jüngere Frauen heiraten wollen, so daß die geschiedenen älteren Frauen vereinsamen müßten. Mit den Schutzfunktionen der Ehe ist eine solche Idee nicht vereinbar.

Es ist unbestreitbar, daß es zu Ehe-Irrtümern und Fehlentwicklungen kommt, die durch eine Ehe-*Scheidung* korrigiert werden müßten, soll nicht beiden Partnern ein oft unerträgliches Leid zugemutet werden. Dennoch ist das Prinzip der lebenslangen Dauer ein wichtiger Faktor der Ehe. Da beide Partner wissen können, welche Verpflichtung sie eingehen, können sie auch in allem Ernst die Entscheidung treffen. Da sie sich nicht einfach wieder trennen können, lernen sie, Meinungsverschiedenheiten friedlich auszutragen und zu überwinden. Sie lernen, auf den Partner auch in solchen Dingen einzugehen, die zuerst nicht verstanden und geschätzt werden. Durch den Einfluß des anderen entdeckt jeder in sich Möglichkeiten, die bisher nicht entwickelt worden waren. Dem anderen zuliebe kann jeder Partner lernen, Eigenheiten zurückzustellen, die stören würden. Die Eheleute prägen einander, gleichen sich an, werden zu einer Einheit. All dies würde nicht geschehen ohne die Verpflichtung zur Dauer, die allerdings freiwillig eingegangen worden sein müßte.

Der Begriff der Ehe ist auch auf jene dauerhaften Partnerschaften angewandt worden, die nicht von der Kirche oder dem Staat sanktioniert wurden. Eheähnliche Verhältnisse kommen selbst zwischen zwei homosexuellen Männern oder zwei homosexuellen Frauen vor.

Die gesellschaftliche Bedeutung der Ehe als Institution und ihre Rolle bei der Sicherung und Erziehung des Nachwuchses haben lange ihre sexuelle Seite verdunkelt, behindert oder geradezu ausgelöscht. Männer, vereinzelt auch Frauen, glaubten sexuelle Erfüllung und erotische Freude nur außerhalb der Ehe finden zu können. Erst in unserem Jahrhundert begannen Reformer wie van der Velde, eine Erotisierung der Ehe zu befürworten. Viele seiner Ratschläge wurden als rein technische Rezepte verstanden, obwohl es mehr auf die Einstellung ankommt, aus der heraus man sich auf ein *Liebesspiel* einläßt, als auf dessen Formen.

Mit der Behauptung, Ehen retten oder doch erneuern zu können, werden neuerdings *Partnertausch* und *Gruppensex* propagiert. Aber die Lösung des Eheproblems liegt nicht in neuen oder alten Institutionen, wie etwa der *Prostitution*, sondern in der gemeinsamen Eheleistung der Partner.

Weil die Dauer der Ehe der spontanen Sexualleidenschaft im Grunde entgegengesetzt ist, weil in ihr die Gewohnheit vorherrschend wird, weil sie so viele andere, ‹alltägliche› Aufgaben hat und weil andererseits die Liebe im seelischen Sinne ohne eine Beziehung zu sinnlichem Erleben, ohne eine auch körperliche Verbundenheit so leicht verdurstet, ist gerade für die Ehe die Erotik als Verfeinerung und Vergeistigung, als Kunst der Einstimmung, als Möglichkeit der *Variationen* so wichtig.

Eichel,
der etwas verdickte vordere Teil des männlichen *Penis* oder der weiblichen *Klitoris*; wissenschaftlich «Glans» genannt.

Eifersucht,
«ist eine Leidenschaft, die mit Eifer sucht, was Leiden schafft» (Schleiermacher). Sie entsteht aus dem Wahn, ein Mensch könne einem anderen ‹gehören›, oder alle Liebesstrebungen eines Menschen könnten dauernd auf einen einzigen Partner gerichtet sein. Wenn im Zeichen einer patriarchalischen Moral ein Ehemann seine Gattin als ‹Besitz› auffaßt, verteidigt er gegen Rivalen weniger seine Liebe als sein Eigentum – wie er jedes andere Eigentum verteidigen würde –, und weiß doch im Grunde, daß es im Bereich der Gefühle keine Sicherungen gibt. Zum Symbol für diese Unsicherheit wurde der *Keuschheitsgürtel* und die Erfahrung, daß der doch bloß die Herstellung von Nachschlüsseln förderte.
Die Eifersucht des Mannes ist letzten Endes der Zweifel am eigenen Liebeswert, an der eigenen *Potenz* und an der Achtung, die er als Mann bei anderen Männern genießt. Das wird auch in Shakespeares großer Tragödie der Eifersucht deutlich: «Othello» ist ein Mohr, ein Fremder unter den venezianischen Patriziern, ein Söldner, und wegen seiner Unsicherheit reagiert er so leidenschaftlich auf den von seinem Feinde konstruierten Verdacht gegen Desdemona.
Die Eifersucht der Frau ist mitbedingt durch die Sorge, daß das Interesse ihres Mannes für eine andere ihre Versorgung gefährden könnte, und auch sie wird vom Zweifel am eigenen Liebeswert geplagt, besonders wenn sie in höherem Alter ihre Schönheit schwinden sieht. Eifersüchtig sind Frauen freilich oft auch auf die beruflichen oder geistigen oder Steckenpferd-Interessen ihrer Männer, die ihre eigene Bedeutung schmälern könnten.
Solche Zweifel sind nie ganz zu widerlegen, deshalb kann die Eifersucht auch immer einen Grund finden. Die Anlage zur Eifersucht ist ein Teil des Charakters, und ausgebildet hat sie sich vor allem bei Menschen, deren frühe Erfahrungen ihnen die Unsicherheit der Liebe und die Fragwürdigkeit des Eigenwertes gelehrt haben.
In den Eifersuchtskämpfen mit einem bestimmten Rivalen wird zugleich eine Beziehung zu diesem Rivalen hergestellt, in die homosexuelle Tendenzen einmünden, nur daß sie hier in Aggression umschlagen.
Der Eifersucht entgegen wirkt das Gefühl, daß der ‹Besitz› des Partners oder der Partnerin um so wertvoller sei, je mehr andere diesen Besitz er-

Die Ungetreue · Illustration aus einem Erotikon, um 1900

streben. Der Herr des *Harems* sperrt zwar seine Schönen ein, aber er möchte sie – wie *Kandaules* – auch zeigen, um beneidet zu werden. Eine Frau, die entdecken müßte, daß sich keine andere für ihren Mann interessiert, müßte glauben, sie habe sich mit einem Versager verbunden. Da sich der Wert eines Geschlechtspartners letztlich erst im Sexualvollzug erweist, geht der Wunsch nach einer Bestätigung des Wertes der Partnerwahl manchmal so weit, daß eine ‹Untreue› geduldet oder sogar gefördert wird. Heutzutage geschieht das z. B. mit den Sitten des *Partnertauschs* und des *Gruppensex*, die eine außereheliche Bindung in Liebe ausschließen sollen. Wieder wird zu dem dritten eine quasi homosexuelle Beziehung aufgenommen.

Nicht zuletzt wegen dieser *Ambivalenz* steigert sich die Eifersucht so oft zur Manie. Ihre Vehemenz wird als Zeichen für die Stärke der Liebe angesehen, und so wird oft die Eifersucht des Partners bewußt provoziert. In Eifersuchts-Duellen und Eifersuchts-Morden scheinen Sexualität und Liebe ihre ganze ungezügelte Wildheit wiedergewonnen zu haben, und sie folgen dennoch einem monogamen Prinzip. In romanischen Ländern zeigen sogar die Gerichte für

Verbrechen aus Eifersucht immer wieder ein fast liebevolles Verständnis.

Aber wahre Liebe zeigt sich nicht in Eifersucht, sondern in der Bemühung um Gegenliebe und in Vertrauen.

Einweihungsriten
gehen oft der Aufnahme eines neuen Mitglieds in eine Gemeinschaft voraus. Am bedeutsamsten waren sie für die Knaben, seltener gab es sie für die Mädchen, die die Geschlechtsreife erlangt hatten. Einen Nachklang dieser Sitten gibt es heute bei der Konfirmation und der Jugendweihe. Auch in Handwerksgilden und Studentenvereinigungen gibt es Einweihungsriten. Vielfach gehört zu ihnen eine Probe der Ertragensfähigkeit von *Schmerzen.* Diese Züchtigungen sollen zugleich dem Probanden deutlich machen, wie gering er vor dem Eintritt in die Gemeinschaft ist. Sie sind der Preis, der ihm den neuen Rang um so kostbarer macht. Er wird erst nach Schmerzen und Demütigung in Liebe aufgenommen. Dieser Aspekt der Einweihungsriten hat zu den Erscheinungen des *Flagellantismus*, der erotisch bedingten Schlage-Lust, nicht unwesentlich beigetragen.

Wer ist die Schönste im Land? · Vignette von Erik Godal

Eitelkeit
ist der Stolz auf die eigene Anziehungskraft, also ein Ausdruck des *Narzißmus*, oder die Bemühung, sich anziehend zu machen, also eine «Gefallsucht». Die Eitelkeit ist einer der Antriebe für *Mode*, *Kosmetik* und *Schmuck*.

Das gilt nicht nur für die Frauen, für die die Schönheit ein Haupttrumpf im Lebenskampf so lange war und wohl noch ist. Es gab auch Zeiten, in denen sich der Mann auffallend schmückte oder sogar künstlich das Verhältnis so vieler Tierarten, bei denen die Männchen ‹das schöne Geschlecht› sind, wiederherstellte: er war eitel ‹wie ein Pfau›. Erst im Siegeszug des Bürgertums wurde sein Aussehen grau; seine Eitelkeit verlangte von ihm, auf äußere Zeichen der Eitelkeit zu verzichten und so den Rang seiner inneren Werte zu ‹beweisen›. Die *Geschlechtsrollen* waren so vorgeschrieben, daß ein Mann, der sich schmückte, als feminin galt. Aber manche Frauen haben in der männlichen Vernachlässigung des Äußeren auch den Hochmut gewittert. Erst in jüngster Zeit wird den Männern wieder eine Buntheit der Kleidung gestattet, vor allem den Jüngeren, und vorerst nur in der Freizeit. Eine Erotik ist ohne irgendeinen Anteil von Eitelkeit bei beiden Geschlechtern undenkbar.

Ejakulation,
das Herausschleudern des männlichen Samens (Ejakulat) im Höhepunkt des sexuellen Vollzuges, des *Koitus* oder der *Masturbation.* Bei Knaben und jüngeren Männern kommt es zu unfreiwilligen Samenergüssen im Schlaf (*Pollution*).
Die Ejakulation verläuft in zwei Stadien. Zunächst ziehen sich die Ausführungsgänge der *Hoden* pulsartig zusammen, und diese Bewegungen pflanzen sich über die Nebenhoden bis zu den Samenleitern fort. Dadurch steigt in den Nebenhoden der Samen aufwärts in die Samenleiter und sammelt sich in der Höhe der Harnblase. Jetzt erreichen die pulsierenden Bewegungen die Vorsteherdrüse *(Prostata).* Sie zieht sich mehrfach zusammen und ergießt Samenflüssigkeit in die Harnröhre, deren Abfluß jedoch zunächst durch den äußeren Schließmuskel der Harnblase verhindert wird. Die Zusammenziehungen der Vorsteherdrüse werden vom Mann als Vorboten der nahenden Ejakulation empfunden. Beim *Coitus interruptus* wäre dies der Moment des Zurückziehens. – Etwa zwei bis drei Sekunden später entspannt sich der äußere Schließmuskel der Harnblase, und das angestaute Samengemisch wird unter sich fortpflanzenden Kontraktionen der Harnröhre hinausgeschleudert.
Die Ejakulation ist beim Manne mit den höchsten Lustgefühlen gekoppelt, die sich dem ganzen Nervensystem mitteilen *(Orgasmus).*
Die Fähigkeit zur Ejakulation bleibt beim gesunden Manne bis ins hohe *Alter* erhalten. Störungen sind sehr oft auf seelische Gründe zurückzuführen.
Eine solche Störung ist die Ejaculatio praecox, der vorzeitige Samenerguß. Sie kann «ante portas» (vor den Toren) erfolgen, also ehe das männliche Glied in die Scheide eingeführt worden ist, oder in einem zu frühen Zeitpunkt der Vereinigung. Ihre Ursache kann eine hochgespannte Erwartung sein oder auch eine *Hemmung*, Angst vor Infektion, *Ekel*, moralische Bedenken und ähnliches. Zu einem solchen Fall von Potenzstörung schrieb Prof. Victor E. Frankl: «Das Glied des Patienten war . . . moralischer als er selbst.» Häufig ist Ejaculatio praecox eine Begleiterscheinung des natürlichen Nachlassens der männlichen Potenz im *Alter.* Die Erektion des Penis wird schwerer erreicht und weniger lange durchgehalten. Wenn nun der Mann beweisen will, daß er noch voll potent ist, liefert ihm sein Körper diesen Beweis – mit einem vorzeitigen Samenerguß.

Ekel
ist eines der stärksten Abwehrgefühle. Man hat in ihm eine *Instinkt*-Reaktion gesehen, die von der Natur unerwünschte Sexualkontakte verhindern soll. Aber die Instinkte sind beim Menschen durch die Zivilisation bis zur Unkenntlichkeit überlagert, und jedenfalls können sie sein Verhalten nicht mehr sicher steuern.
Nach Einsicht der Psychoanalyse werden in der *Latenzzeit*, vom dritten oder vierten Lebensjahr ab, «die seelischen Mächte aufgebaut, die später dem Sexualtrieb als Hemmnisse in den Weg treten – der Ekel, das Schamgefühl, die ästhetischen und moralischen Idealforderungen» (Freud). Doch verstärkt die Erziehung nur eine organisch bedingte Entwicklung, die erblich fixiert ist und an der Schwelle der Menschwerdung begonnen hat.
Der Ekel des Kulturmenschen richtet sich vor allem gegen die Verdauungsausscheidungen und ihre Gerüche. In der *analen* Phase empfindet das Kleinkind vor den Exkrementen keinen Ekel, sondern sie rufen Lustgefühle hervor. Sie werden unter dem Druck der Erziehung verdrängt, bleiben unbewußt also weiter wirksam. Auch der Ekel vor den Genitalien rührt zu einem Teil daher, daß sie zugleich Ausscheidungsorgane sind. In der Liebe muß dann die Ekelschranke wieder abgebaut werden. «Die Stärke des Sexualtriebes liebt es, sich in der Überwindung dieses Ekels zu bestätigen» (Freud).
Der Ekel ist oft sehr wählerisch. Verliebte können zum Beispiel dem Mund des Geliebten nichts verweigern und doch empfindlich reagieren, wenn der andere die eigene Zahnbürste mitbenutzt. Was als ekelhaft empfunden wird und was nicht, hängt oft mit (unbewußten) Erinnerungen an frühe Erfahrungen oder mit symbolischen Assoziationen zusammen.
Bei Formen des *Liebesspiels*, bei *Variationen* und *Deviationen* des Sexualaktes, gegen die gemeinhin eine Ekelschranke wirksam ist, wie etwa bei analen und *oral-genitalen* Akten, wird der Ekel in der gegenseitigen Hingabe tatsächlich abgebaut. Aber die *Lust* wird oft auch gerade am Ekel gewonnen. Ein beträchtlicher Teil pornographischer Verherrlichungen der Sexualität sind in Wahrheit Preislieder der Lust am Ekel. Aber auch in der Unterhaltungsliteratur, in Filmen, in Schaudarbietungen wird gern mit dem Ekel gespielt, da negative Gefühle einen ebenso starken Reiz auslösen können wie die positiven. In gewissem Sinne ist der Ekel als Lust nur die Konsequenz einer Moral, die uns so viel Lust hat verekeln wollen.

Ekstase,
der Zustand höchster Verzückung, in dem man «außer sich ist». Ganz offenbar hat der Mensch ein Bedürfnis, sich selbst zu vergessen. Er sucht diese Befreiung in der religiösen Hingabe, in der Aufopferung für ein Ideal, beim Aufgehen in einer begeisterten Masse, mit Hilfe von *Alkohol* und Drogen im Rausch, und in der sexuellen Gemeinschaft. Auch deshalb sind *Religion*, Ideologien und Massenbewegungen so oft der innigen sexuellen Liebesbindung eines Paares als einer Konkurrenz feindlich. Die Eksta-

se kann durch rhythmische Laute und Bewegungen gefördert werden: so heute durch Beatmusik, durch kultische und selbst durch Gesellschaftstänze, so durch Marsch und Marschmusik oder durch die rhythmischen Zurufe bei Sportkämpfen. Der zur Ekstase anfeuernde Rhythmus erinnert an die Rhythmik des Koitus. In der höchsten Verzückung werden Störungen nicht mehr wahrgenommen, selbst *Schmerzen* nicht mehr empfunden. In der sexuellen Ekstase wird aus den zwei Partnern gleichsam ein einziges Wesen, das im Nirwana schwebt. Die Kunst der Erotik mag den Weg zur Ekstase bahnen und erleichtern, die Ekstase selbst übersteigt alles Wollen.

Elektra-Komplex,
Bezeichnung für jene Einstellungen einer Frau, die aus ihrer Liebe zum Vater und ihrer Rivalität mit der Mutter stammen. Die Elektra der antiken Sage war die Tochter des Königs Agamemnon, den ihre Mutter Klytämnestra während seiner Abwesenheit im Trojanischen Krieg mit Ägisth betrog. Als Agamemnon heimkehrte, wurde er von dem ehebrecherischen Paar ermordet, und Ägisth wird König. Elektra stiftet ihren Bruder Orest an, die Mutter und den Stiefvater zu töten, um den Vater zu rächen und die Mutter zu strafen.
Die Bezeichnung «Elektra-Komplex» stammt von Schülern Freuds, die damit ein Äquivalent für den (männlichen) «*Ödipus*-Komplex» benennen wollten. Freud selbst hat den Begriff «Elektra-Komplex» nie benutzt, und ihn sogar mißbilligt, vermutlich weil die frühkindliche Entwicklung des Mädchens nicht einfach eine seitenverkehrte Entsprechung der Verhältnisse beim Knaben ist. So spielt für das Mädchen noch vor der Beziehung zum Vater und der Rivalität zur Mutter die Liebesbindung an die Mutter eine bedeutende Rolle.

Emanzipation,
hier: die Befreiung der Frau von männlicher Vorherrschaft. Die Stellung der Geschlechter ist in den einzelnen Kulturen und Zeitaltern, oft auch in den verschiedenen Schichten einer Gesellschaft, höchst unterschiedlich. Die Emanzipation im engeren Sinne betrifft nur den Wandel zwischen der Mitte des vorigen Jahrhunderts und der Gegenwart in unserem Kulturkreis.
Zu den Forderungen der ersten englischen Suffragetten gehörte das Wahlrecht für die Frauen, das heute in nahezu allen abendländischen Staaten gilt, seit ein paar Jahren auch in der Schweiz. Wichtiger war der Zugang der Mädchen zu einer Bildung, wie sie lange den Knaben vorbehalten war, auch zum akademischen Studium. Entscheidend wurde die Berufstätigkeit der Frau, die ihr die Möglichkeit gibt, ein selbständiges Leben zu führen, so daß sie nicht mehr darauf angewiesen ist, eine *Ehe* einzugehen oder eine verfehlte Ehe um jeden Preis zu erhalten.
Während das bürgerliche Mädchen nach viktorianischer Tradition im Elternhaus von der Realität der Außenwelt abgekapselt war, so daß es wie Dornröschen hinter der Rosenhecke

schlafend auf den Prinzen warten mußte, der es mit einem Kuß zur Sexualität weckte, ist das berufstätige Mädchen unmittelbar in die Gesellschaft gestellt, kann mehr oder weniger unbefangen Männer kennenlernen, den Umgang mit ihnen erproben, die Erotik einüben und frei den Partner wählen.

Einen entscheidenden Anstoß zur Eingliederung der Mädchen und Frauen in den Arbeitsprozeß gaben die beiden Weltkriege, als die Arbeitsplätze der als Soldaten eingezogenen Männer besetzt werden mußten. Im letzten *Krieg* wurden Mädchen sogar als Hilfssoldaten eingesetzt.

Eine Gleichberechtigung in dem Sinne, daß den Frauen generell die gleichen Berufskarrieren offenstehen wie den Männern oder daß sie bei gleicher Arbeit auch das gleiche Entgelt erhalten, ist noch keineswegs erreicht. Die soziale Freiheit der Frau hängt aber immer mit ihrer erotischen Freiheit zusammen, der freien Wahl zwischen Ehe und Ehelosigkeit und der Wahl eines Partners ohne Rücksicht auf die Versorgung.

Einen anderen wesentlichen Antrieb zur Emanzipation brachte der *Sport.* Nicht nur eroberten sich Frauen nach und nach fast jede Sportart, freilich immer nur im Wettkampf mit ihresgleichen, sondern der Sport befreite sie auch von den Fesseln geschämiger *Prüderie.* Sie durften ihren Körper zeigen und üben. Gewiß konnten sie dabei auch einige ihrer Anteile an Männlichkeit und Aggressivität so ausleben, daß ihre Fraulichkeit in anderer Beziehung davon nicht gestört wurde.

Weiter wurde im Fortschritt der Sexualwissenschaft klar, daß die Frau die Sexualität nicht nur erduldet, sondern sie selbst begehrt. Die Mode erlaubte ihr eine freiere Darstellung ihrer Reize, machte sie allerdings zugleich zu einer Art Schauobjekt für die Männer.

Eine absolute Gleichstellung der Frau mit dem Manne ist nicht denkbar, weil der Frau im Zusammenhang mit ihren Funktionen als Mutter und im Interesse der kleinen Kinder Sonderrechte eingeräumt werden müssen. Einen entscheidenden Durchbruch brachte jedoch die Möglichkeit, mit der *Pille* Schwangerschaft sicher zu vermeiden, so daß die Frau die freie Wahl hat, ob sie Mutter werden will oder nicht.

Heute wird die Emanzipation durch besondere Frauenverbände nach dem Muster der amerikanischen «Women's Liberation» vorangetrieben. Neben berechtigten Forderungen, die schon erste Erfolge gehabt haben, gibt es hier auch übertriebene und unsinnige Parolen oder Methoden. Das Urteil der Umwelt über diese Bewegung richtet sich leider weniger nach jenen Frauen, die die Einordnung ihres Geschlechtes in der Gesellschaft neu regeln wollen, als nach denen, die eher eine ‹weibliche› Gegenkultur anstreben mögen. Für sie scheint es oft weniger auf eine Befreiung von der männlichen Vorherrschaft anzukommen als auf eine Nachahmung des Mannes. Gelegentlich erweist sich die Befreiung als eine Ablehnung des weitgehend biolo-

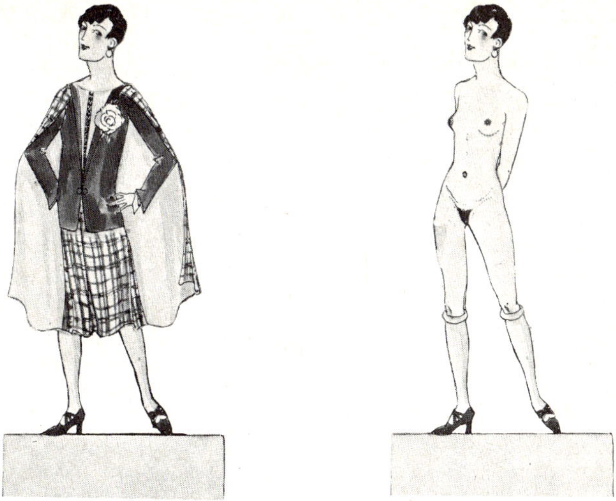

Herrenschnitt, flacher Busen und selbstbewußte Haltung gehörten zum Bild der modernen Frau um 1930. Aber unter der Kleidung blieb sie doch Frau · Zeitgenössisches englisches Trickbild

gisch bestimmten Anteils der Frau am Geschlechtsleben und ist dann mit *Homosexualität* oder Sexualverzicht gekoppelt.

Gegner der Emanzipation sind nicht nur jene Männer, die die patriarchalischen Vorrechte von einst bewahren möchten oder in der Freiheit der Frauen eine Bedrohung der eigenen Schwäche sehen, sondern auch jene Frauen, die gelernt haben, die eigene Schwäche auszubeuten, indem sie die Männer zwingen, diese Schwäche zu respektieren.

Manche Vertreterinnen der Emanzipation stellen der Schwäche ihres Geschlechtes, die sie beklagen, eine Freiheit des Mannes gegenüber, die in der Wirklichkeit des durchschnittlichen Lebens nicht existiert. Manche Freiheiten werden die Frauen erst erreichen, wenn auch die Männer freier werden. Die Freiheit der Liebe ist mit einer Emanzipation der Frauen allein nicht zu erreichen.

Daß die Emanzipation mit ihren bisherigen Erfolgen vieles richtiggestellt hat, was in den Beziehungen zwischen Mann und Frau zuvor verzerrt war, ist nicht zu bestreiten, und auch die Männer hätten einigen Grund, dafür dankbar zu sein.

Empfängnis,
die *Befruchtung* des Eies durch den Geschlechtsverkehr oder auf künstlichem Wege. Es dauert sechs bis neun Tage, ehe sich der Keimling in der

Gebärmutterschleimhaut eingenistet hat. Aber nur bei der Hälfte aller befruchteten Eizellen kommt es zu dieser Einnistung; die anderen gehen in den ersten neun Tagen nach der Befruchtung zugrunde. Nach Auffassung vieler Wissenschaftler beginnt also das neue Leben erst mit der Einnistung.

Da die Eierstöcke *(Ovarien)* nur einmal in jedem Monatszyklus ein reifes Ei abstoßen, das zwischen zehn und zwölf Stunden befruchtungsfähig bleibt, ist die Zeit der Empfängnisfähigkeit begrenzt. Sie liegt beim normalen 28tägigen Rhythmus zwischen dem 10. und 14. Tag nach der letzten Regelblutung. Hierauf beruht die Methode der *Empfängnisverhütung* nach *Knaus-Ogino.*

Der erfolgte Eisprung wird ein bis zwei Tage danach durch einen Anstieg der Morgentemperatur um zwei bis vier Zehntelgrade erkennbar. Durch regelmäßige Messungen mit einem Spezialthermometer lassen sich die Unsicherheiten der Methode Knaus-Ogino vermindern.

Die Wahrscheinlichkeit der Empfängnis kann vergrößert werden, indem die Frau nach dem Beischlaf eine halbe Stunde lang auf der Seite oder auf dem Rücken mit hochgelagertem Becken liegen bleibt. Ob die Stärke der sexuellen Erregung die Empfängnisfähigkeit erhöht, ist umstritten.

Empfängnis-Verhütung

ist seit den ältesten Zeiten immer dann angestrebt worden, wenn die Befriedigung der sexuellen Lust oder die körperliche Bestätigung einer Liebespartnerschaft keine *Fortpflanzung* nach sich ziehen sollte. Mit der Empfängnisverhütung bewahrt man ein Kind vor einem Leben, in dem es unerwünscht wäre oder in dem es unter noch anderen ungünstigen Umständen aufwachsen würde. Als Teil der *Geburtenkontrolle* trägt die zeitweise Empfängnisverhütung dazu bei, daß Kinder zu den gesundheitlich und sozial günstigsten Zeiten geboren werden. Im Zeichen des bedrohlich wachsenden Bevölkerungsüberschusses, der sich aus den Fortschritten in der Bekämpfung von Krankheiten ergeben hat, ist die Empfängnisverhütung zu einer Frage des Überlebens der Menschheit geworden.

Alle Einwände, die Empfängnisverhütung sei als Eingriff in natürliche Zusammenhänge ein Vergehen gegen Gott, könnten genauso gegen jede andere Errungenschaft menschlicher Kultur geltend gemacht werden. In Wahrheit geht der Widerstand gegen die Empfängnisverhütung darauf zurück, daß sie eine Sexualität ohne Angst ermöglicht. Aber man glaubte, nur mit Ängsten die Triebhaftigkeit in Zaum halten zu können. Man nahm es in Kauf, daß solche Regelungen stets unvollkommen bleiben, und duldete eher Abtreibung oder Kindestötungen, als das Verbot der Empfängnisverhütung zu revidieren.

Die älteste Methode der Empfängnisverhütung ist der «Rückzieher» oder *Coitus interruptus.* Wie andere Arten eines unvollständigen Koitus *(Coitus reservatus, Carezza)* ist die Unterbrechung des Geschlechtsaktes vor der *Ejakulation* eine unsichere und psychologisch schädliche Methode.

Für die katholische Kirche ist sie ebenso sündig wie die Anwendung mechanischer, chemischer und Hormon-Mittel.

Nach katholischer Auffassung ist zulässig nur die zeitweilige Enthaltsamkeit gemäß dem Monatszyklus *(Knaus-Ogino)*. Eine Ausrichtung nach dem Kalender genügt aber schon deswegen nicht, weil die *Menstruations*periode durch vielerlei Umstände gestört und verschoben werden kann. Temperaturmessungen bieten nur bei solchen Paaren Sicherheit, die ein absolut geregeltes Leben führen und ausreichend diszipliniert sind.

Lange wurde die Empfängnisverhütung von der Benutzung des *Kondoms* beherrscht, der Gummi-Schutzhülle, die sich der Mann über den Penis zieht. Dies ist das einzige Schutzmittel, das auch eine Ansteckung mit *Geschlechtskrankheiten* verhindert. Das Kondom oder Präservativ ist relativ sicher, kann aber die Gefühlsempfindungen beeinträchtigen.

Mit einem Scheiden-Pessar kann die Frau dafür sorgen, daß keine Empfängnis stattfindet. *Pessare* bieten keine absolute Sicherheit, und ihr Einsetzen stößt oft auf Schwierigkeiten.

Die chemischen Mittel, die die Frau anwenden kann, wie Scheiden-Tabletten, Creme, Spray usw. haben eine ebenso hohe Unsicherheitsquote wie der Coitus interruptus oder die Methode Knaus-Ogino ohne zusätzliche Temperatur-Messungen.

Eine nahezu 100%ige Sicherheit bringt die *«Pille»*, der Ovulationshemmer. Dies gilt allerdings nur, wenn sie absolut regelmäßig eingenommen wird. Bei Unregelmäßigkeiten in der Einnahme vergrößert sich die Möglichkeit der Empfängnis.

Groß ist weiter die Sicherheit bei Anwendung des Intra-Uterin-Pessars, der sogenannten «Schleife». Diese Methode stößt in der Bundesrepublik noch auf moralische Bedenken, wird aber von einigen Ärzten schon angewandt.

Die Entwicklung einer «Pille für Männer» ist noch nicht abgeschlossen. Wenn es gelingt, ein solches Mittel zu schaffen, das wirksam und unschädlich ist, wird die Verantwortung, die durch die Ovulationshemmer auf die Frau verlagert worden ist, wieder wie zu Zeiten des Coitus interruptus und des Kondoms auf den Mann zurückfallen. Das größere Risiko trägt jedoch immer die Frau.

Endogamie,

Heirat innerhalb einer bestimmten Sippe oder Kaste oder in der engeren lokalen Umgebung, im Gegensatz zur *Exogamie*, der Heirat in die Fremde. Als psychologisches Muster entspricht die Endogamie der Scheu, sich aus den Gewohnheiten der Kindheit und dem Schutz der Familie zu lösen. Mann und Frau haben dann von vornherein einiges gemeinsam. Als eine Art der Endogamie könnte man noch die Ehen betrachten, die im Betrieb zustande kommen. Die ziemlich häufige Ehe zwischen Kusin und Kusine nähert sich bereits dem *Inzest*. Als Sitte bringt die Endogamie die Gefahren der *Inzucht* mit sich.

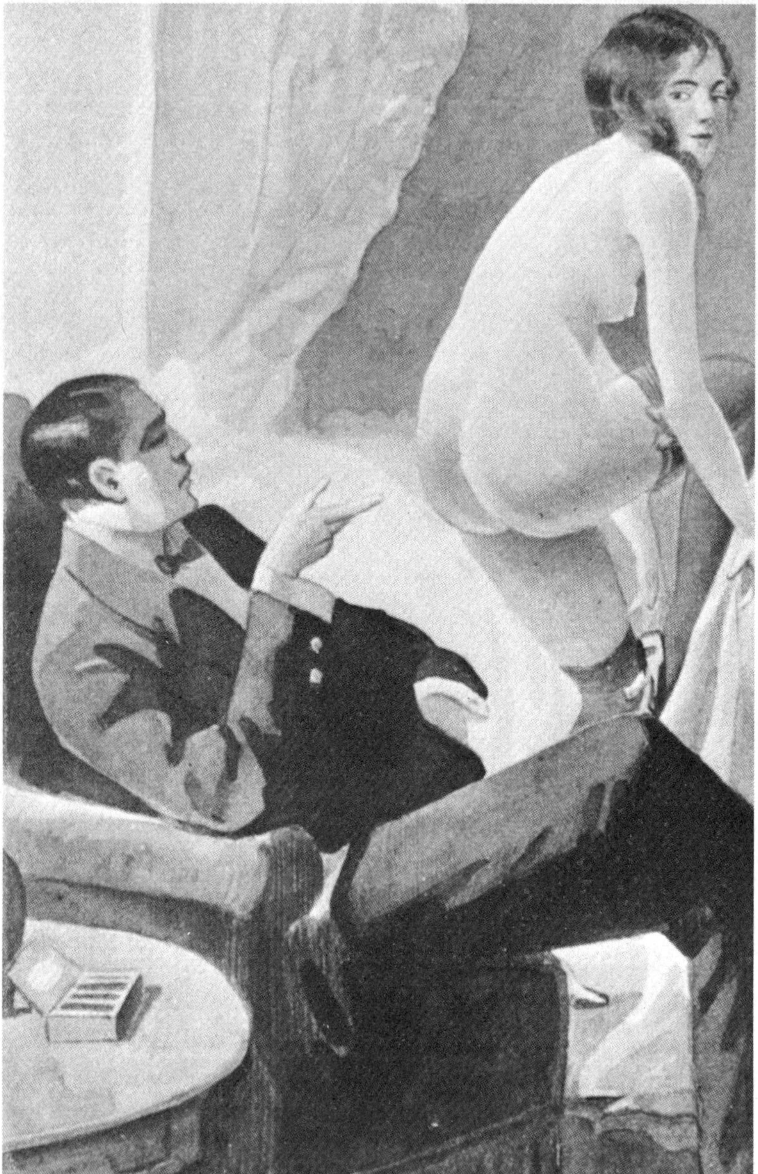

Entkleidung
ist gleichsam ein Vorstadium der Intimität. Vornehmlich der Mann, dessen sexuelle Erregung viel stärker von optischen Reizen ausgelöst und von Faktoren der Phantasie gesteigert wird, als dies bei der Frau geschieht, läßt sich von der allmählichen Enthüllung dessen faszinieren, was die Frau sonst nicht zeigt – oft nicht zeigen darf. So kann die Entkleidung der Frau zu einem wichtigen Teil des Liebesvorspiels werden. Nicht nur der Mann als Beschauer nimmt daran teil, sondern ebenso die hier aktive Frau, die einem *Exhibitionismus* frönt, der ihr wieder näherliegt als dem Mann, und die sich an der Wirkung freut, die sie auf den Mann ausübt.

In der Entkleidung treten einzelne Schönheiten und Geheimnisse nacheinander ans Licht, und jedes Stück Nacktheit steht in einem Kontrast zu der Kleidung, die sie noch umgibt. Dieser Kontrast macht auch den Reiz der Halbkleidung aus. In dem allmählichen Vorgang der Enthüllung steigert sich die Spannung gelegentlich bis an einen Punkt, in dem das Fallen der letzten Hülle ein enttäuschendes Abknicken der Erregung bedeutet. Diese gespannte Erwartung ist das Wesen des *Striptease*, wörtlich: der Entkleidungs-Neckerei, der professionellen Enthüllung als mehr oder weniger stilisierter Schau, die ein Versprechen ist, auf das keine Erfüllung folgt.

In der viktorianischen Zeit entsprach die Fülle der Unterkleidung, mit mehreren Unterröcken und dem *Korsett* als Panzer, zwar der *Prüderie*, zu der man die Frauen zwang, sie bot beiden Geschlechtern aber auch die Möglichkeit, an der Enthüllung des sonst Verbotenen eine bis zu wahren Hitzegraden gesteigerte Lust zu empfinden. Darin lag aber auch ein Ansatz zur Überbetonung der einzeln enthüllten Körperteile und der Unterkleidung, die sie noch umgab, also eine Begünstigung des *Fetischismus.*

In der modernen Erotik dient der Entkleidung manchmal eine spezielle Bekleidung: «Reizwäsche», Korsetts, Dessous usw. werden angelegt, um die Enthüllung wieder interessanter zu machen, als sie es beim Ablegen der üblichen Kleidung wäre. Und es gibt sogar Anleitungen, die einer liebenden Frau beibringen, wie sie sich für ihren vertrauten Partner mit der Raffinesse eines Striptease-Girls entkleiden kann.

Der Genießer · Französische Buch-Illustration, um 1925

Epilation,
Enthaarung, besonders der Achselhöhlen, der Beine und der Geschlechtsregion der Frau aus ästhetischen und erotischen Gründen.

Die unterschiedliche Behaarung von Mann und Frau ist ein sekundäres *Geschlechtsmerkmal.* Außer durch den Bart zeichnet sich der Mann noch durch eine im allgemeinen viel stärkere Körperbehaarung aus, die sich jedoch erst in und nach der *Pubertät* entwickelt. Während sich die Schambehaarung beim Mann auf der Bauchdecke fortsetzt, bildet sie bei der Frau ein Dreieck, das ziemlich klar abge-

grenzt ist. Nur die Achselhaare sind bei beiden Geschlechtern ziemlich gleichartig entwickelt.
Die Entfernung der Achselhaare hat gewiß mit dem *Schweiß* zu tun, der sich in ihnen sammeln kann, und also auch mit dem *Geruch*, der von ihm ausgeht. Für den bildenden Künstler dürften die Körperhaare eine Störung der Linien und der weißen Haut bedeutet haben, die er darstellen wollte. In ähnlicher Weise stört die Behaarung der Achseln den Eindruck eines schulterfreien Abendkleides oder eines Bikinis. Hinter allen ästhetischen Bedenken liegt jedoch der Wunsch, jede Erinnerung an das Animalische zu vermeiden.
In der Antike war es Sitte, daß die Frauen auch ihr Schamhaar entfernten. Man deutet das als Furcht der Männer vor dem unheimlichen weiblichen Schoß, so daß die Frauen versuchten, ihnen diese Scheu zu nehmen, indem sie auf die Verhüllung durch das dunkle Vlies verzichteten. Lange wurden Aktfotos von Frauen, auf denen das Schamhaar entfernt oder retuschiert war, als weniger unanständig empfunden. Umgekehrt machen einige moderne Fürsprecher der Schamhaar-Rasur geltend, daß der bloßgelegte Schoß die Schaulust besser befriedige. Zu kurz käme, meinen andere, dabei das Kuscheln. Der Streit wird sich kaum mit Sachargumenten schlichten lassen. Oder ist es ein Sachargument, wenn man daran erinnert, daß auf einer gewissen Ebene der erotischen Poesie das Dreieck der Frau als «Hain» bezeichnet wird?

Erektion,
die Aufrichtung und Versteifung des Penis, ähnlich der *Klitoris* oder der (weiblichen) Brustwarzen.
Ohne die Erektion des Penis wäre eine körperliche Vereinigung von Mann und Frau nicht möglich. Sie wird durch vermehrten Blutzufluß in drei Schwellkörpern des Gliedes bewirkt. Diese Schwellkörper bestehen aus Muskeln, schwammartigen Geweben und sind reich mit Blutgefäßen durchsetzt. Bei vermehrtem Blutzufluß aus den Arterien füllen sie sich prall; gleichzeitig werden die blutabführenden Venen blockiert. Das Glied nimmt dadurch an Umfang und Länge zu und richtet sich auf. Diese Verwandlungsfähigkeit und die Überwindung der Schwerkraft hat viele Symboldarstellungen des *Phallus* bewirkt und überhaupt stark zum Phallus-Kult beigetragen.
Beim Geschlechtsverkehr oder bei der Masturbation wird die Erektion mit dem Samenerguß *(Ejakulation)* beendet. Er löst einen Nervenreflex aus, durch den die Blockierung der blutabführenden Venen aufgehoben wird. Das Blut kann aus den Schwellkörpern abströmen, das Glied wird wieder schlaff.
Gesteuert wird die Erektion im «Erektionszentrum», einem Nervenbündel, das im Mark der unteren Kreuzbeinwirbel liegt. Dieses Zentrum kann durch Druck, Temperatur, rhythmische Bewegungen, Reiten, Radfahren und Harndruck erregt werden. Sehr oft löst eine solche mehr mechanische Erregung erotische Gedanken aus und geht damit in eine sexuelle Erregung über. Vor al-

Schamhaar-Rasur · Anonymer Kupferstich, Holland um 1750

lem aber ist das Erektionszentrum dem vegetativen Nervensystem unterworfen: Eindrücke, die von den Sinnen aufgenommen werden, werden im Sexualzentrum des Zwischenhirns verarbeitet und von dort als Reiz an das Erektionszentrum weitergeleitet.

Im Sexualzentrum des Zwischenhirns können die erektionsfördernden Eindrücke des einen Sinnesorgans durch negative Eindrücke eines anderen abgeschwächt oder übertönt werden. Dazu kommen Hemmungen aus der Großhirnrinde, dem Sitz des Bewußtseins, also verstandesmäßige Überlegungen, moralische und ästhetische Wertungen, und *Hemmungen* dank verdrängter Assoziationen. Daraus kann der willensmäßige Entschluß erwachsen, dem Impuls nicht nachzugeben und die Erektion zu unterdrücken. Hemmungen aus dem Bereich des Verdrängten können aber auch unter Ausschaltung des Bewußtseins direkt in das körperlich-seelische Geschehen eingreifen und eine Erektion unmöglich machen.

Störungen der Erektionsfähigkeit sind eine der häufigsten Ursachen der

zeitweiligen oder langdauernden *Impotenz*. Das spontane Anschwellen des Gliedes auf irgendeinen sexuellen Reiz, den man nicht gesucht hat, erinnert manchen Mann an Abhängigkeiten, die er nicht wahrhaben möchte.
Kinsey hat ermittelt, daß die Erektionsfähigkeit mit zunehmendem Alter nachläßt. Oft wird die morgendliche Erektion, die auf den Druck der gefüllten Harnblase zurückgeht, dann als erster Ansatz zu einer sexuellen Erektion ausgenützt. Freilich stammt manche morgendliche Erektion direkt aus erotischen Träumen.
Auch die Klitoris füllt sich bei Erregung mit Blut, sie vergrößert sich und die Eichel tritt heraus, aber eine Erektion, d. h. eine Aufrichtung, findet nicht statt.

Erogene Zonen
sind Körperstellen, deren Berührung besonders starke erotische Spannungen hervorrufen kann. Der Ausdruck wurde von Sigmund Freud geprägt, und zwar im Zusammenhang mit seiner Einsicht, daß die Sexualität mehr umfaßt als den genitalen Bereich. Erogen sind zwar in erster Linie, aber keineswegs nur die Geschlechtsorgane und ihre Umgebung.
Beim Manne sind vor allem empfindlich die Unterseite des *Penis*, besonders an der Vorhaut unterhalb der Eichel, die Rückseite des Hodensakkes, der *Damm* und die Leistengegend. Bei der Frau sind es die *Klitoris*, die Innenseite der großen und die ganzen kleinen *Schamlippen* sowie der Venushügel.
Stark erogen sind aber auch die Körperöffnungen. Dort wo die äußere Haut an eine Schleimhaut grenzt, ist sie besonders reich mit empfindlichen Nervenenden ausgestattet. Die erogene Zone des Mundes korrespondiert mit dem *oralen* Partialtrieb, der in der ersten Phase der *frühkindlichen Sexualentwicklung* die führende Rolle spielt, und die erogene Zone des Afters mit dem *analen* Partialtrieb, der in der zweiten Phase die Führung übernimmt. Die Vereinigung zweier Münder im *Kuß* ist kraft der erogenen Empfindlichkeit der *Lippen* oft fast so lustvoll und innig wie die genitale Vereinigung.
Darüber hinaus ist die ganze Haut erogen empfänglich. Vornehmlich sind es die Kopfhaut, der Nacken unter dem Haaransatz, die Ränder und die Rückseite der Ohren, die Ohrmuscheln selbst und die Ohrläppchen, die Ränder der Augenbrauen, der Augenhöhlen, der Nasenflügel und der Lippen sowie die Fuge hinter dem Unterkiefer. Hochgradig erogen ist die zarte Haut an den Innenseiten der Oberarme und der Oberschenkel, besonders in der Falte zwischen Gesäßmuskel und Oberschenkel, in den Achselhöhlen, den Ellbogenbeugen und den Kniekehlen, an den Innenseiten der Finger und zwischen den Fingeransätzen, an den Seiten des Brustkorbes in Höhe der kurzen Rippen und der Taille, und schließlich an den Fußsohlen. An einigen dieser Stellen kann die Berührung statt Lust auch *Kitzeln* verursachen und in Unlust umschlagen.
Vor allem bei der Frau sind die *Brüste* stark erogen. Ihre Brustwarzen reagieren ja sogar mit Erektion. Doch auch bei vielen Männern sind die

Brustwarzen hoch empfindlich. Beim Saugen an den Brustwarzen korrespondiert deren erogene Erregung mit der des Mundes.
Wie stark eine bestimmte Körperstelle erotisch reagiert, hängt von individuellen Lusterfahrungen ab, die in längst vergessene Zeiten zurückreichen. Durch die liebevolle Beachtung, die der Partner einer solchen Zone im *Vorspiel* widmet, kann ihre Erregbarkeit geweckt und sogar einseitig gesteigert werden. Die Liebkosung der erogenen Zonen ist aber nicht nur als ‹Dienst› am Partner zu verstehen; sie ist ein Geben und Nehmen, denn auch die tastenden Fingerspitzen sind erogen.
Erogen sind endlich Auge, Nase und Ohr als Sinnesorgane. Mit dieser Überlegung wird endgültig klar, daß die Reize, die das Nervensystem aufnimmt, im engeren Sinne «erotisch» erst werden durch die Verarbeitung im Hirn, besser gesagt, in der Psyche.

Erotika,
Sammelname für Gegenstände verschiedenster Art, die der Steigerung erotischer Lust dienen. «Erotika» im

Doppeltes Spiel · Zeichnung von Proessdorf

engeren Sinne sind Schriften und Bildsammlungen, die teils zur *Literatur* und *Bildenden Kunst*, teils zur *Pornographie* gehören, wobei die Grenze stets umstritten sein wird. Darüber hinaus bietet das *Sex-Business* entsprechende *Filme* und *Schallplatten* an, aber auch Reizwäsche und fetischistische Utensilien vor allem aus *Gummi* und *Leder*. In den Katalogen der Spezial-Versandhäuser und in den Regalen der Sex-Shops findet man weiter *Aphrodisiaka*, *Godemichés*, Aufblaspuppen mit künstlicher Scheide und eine Fülle erotischer Scherzartikel. Modern ist am Sex-Business freilich bloß, daß es jedermann anbietet, was früher nur ‹Eingeweihten› zugänglich war.

Erotographomanie,
die Sucht, erotische Vorstellungen schriftlich oder zeichnerisch zu fixieren. Zwar geschieht dies zunächst zum eigenen Vergnügen, als eine Art *Autoerotik*, aber fast immer stellt sich der Drang ein, diese Produkte anderen zu zeigen. Insofern ist die Erotographomanie eine Abart des *Exhibitionismus*. Gleich ihm ist er eine Tendenz, die sich ebenso beiläufig zeigen wie zur einseitigen *Perversion* auswachsen kann.
Äußerungen dieser Sucht finden sich in unzähligen öffentlichen Toiletten, in manchen Stadtvierteln auch an Häuserwänden. Meist entsprechen sie einem Mangel an Möglichkeiten zur sexuellen Partnerschaft. So ist die erotische Schreib- und Kritzelsucht ziemlich häufig in der *Pubertät*, in der ein aufsteigender Geschlechtsdrang auf große Hindernisse stößt. Zu den äußeren Schranken kommen die inneren *Hemmungen*, die bei Erwachsenen mit stark ausgeprägter Erotographomanie entscheidend werden. Zwar suchen sie meist Kontakt zu anderen, indem sie ihre Darstellungen als *Briefe* versenden oder als *Pornographie* veröffentlichen, aber sie scheuen vor der persönlichen Begegnung mit ihren Lesern zurück. Entweder bleiben sie selbst anonym, oder sie wenden sich an unbekannte Empfänger.
Solche Darstellungen sind oft einseitigen und sehr speziellen erotischen Wünschen gewidmet, die sich kaum realisieren ließen und die so nur wenige mit den Urhebern teilen. Aber neben Schreibern und Zeichnern, die auf diese Weise ihre unerfüllbaren Ideale beschwören, gibt es auch Erotographomanen, denen es auf den besonderen Inhalt nicht mehr ankommt, wenn sie nur in Wort oder Bild vom Sexuellen überhaupt schwärmen können. Schon der Marquis de Sade hat in der Entbehrung seiner Gefängnisse nicht nur dem *«Sadismus»* gehuldigt, sondern nahezu alle Formen der Sexualität beschrieben. In seinem Werk wird die Erotographomanie zur kulturellen Leistung.

Erotomanie,
«die übermäßige Sehnsucht nach Liebe» (Iwan Bloch). Unter Erotomanie versteht man sowohl eine krankhafte *Verliebtheit*, die sogar ohne bewußtes sinnliches Begehren bleiben mag, als auch einen sexuellen Heißhunger von der Art des *Don-Juanismus*, der *Nymphomanie* oder der *Satyriasis*.

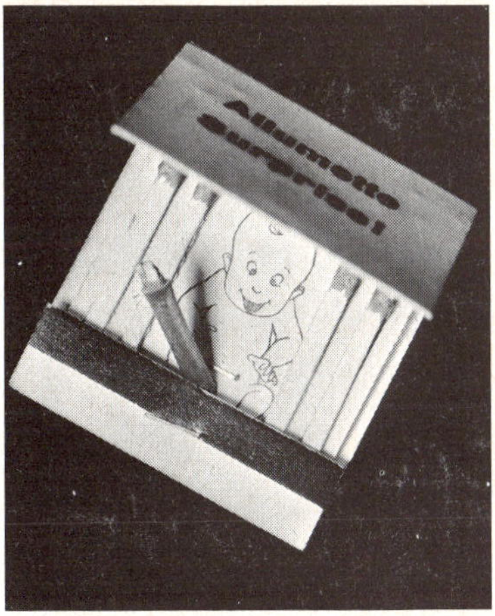

*Erotische Scherzartikel:
«Überraschungs-Streichhölzer»*

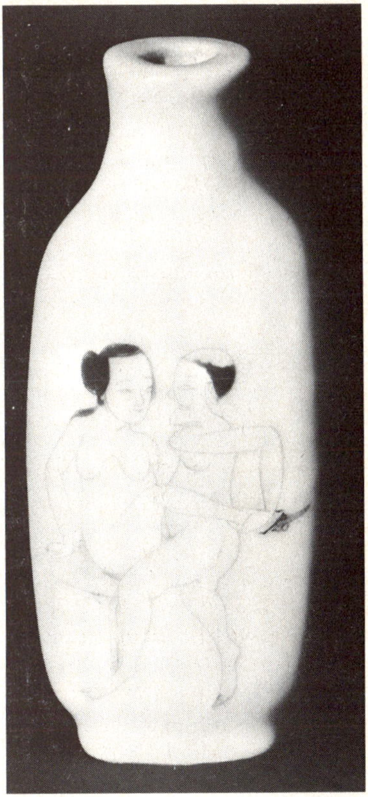

Mitte: Ein Beispiel für Erotik im Kunstgewerbe · Koitus-Szene auf einem chinesischen Riechfläschchen

Striptease-Trick im Kugelschreiber

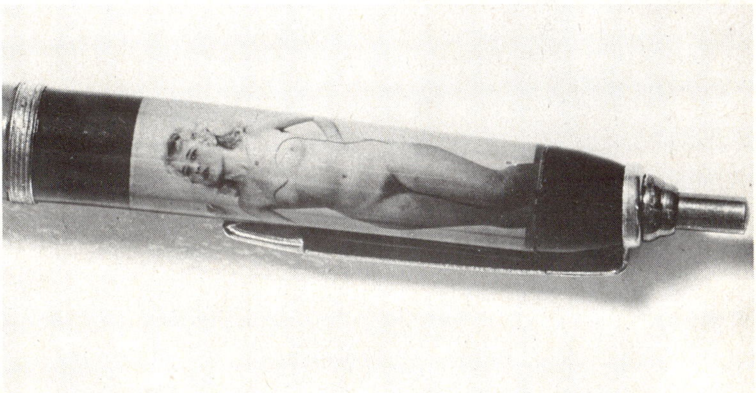

Das gesteigerte Begehren entspricht aber nicht etwa einem ungewöhnlich starken Trieb, sondern es entsteht aus *Hemmungen*, die eine Erfüllung der Wünsche unmöglich machen. Es gab Zeiten einer epidemischen Erotomanie, so das Mittelalter mit seinem *Minne*-Kult, und auch in ihnen zeigte sich stets, daß die erotische wie jede andere Sucht dem Unerreichbaren gilt. Noch in Äußerungen des modernen *«Sex»* findet sich immer wieder das Gefühl der Enttäuschung nach jeder vermeintlichen Erfüllung, die abermals nicht gebracht hat, was man eigentlich suchte und nicht einmal benennen könnte.

Eunuchen,
kastrierte Männer, die im Orient und zeitweise auch im alten Griechenland die Frauen bedienten und bewachten. Das Wort «Eunuche» kommt aus dem Griechischen und bedeutet «Bewacher des Bettes».

Im Unterschied zu Kastraten, die man zur Erhaltung ihres Knabensoprans schon vor der Geschlechtsreife entmannte, wurde die Operation bei den orientalischen Eunuchen erst nach Abschluß der Pubertät vorgenommen, als ihre männliche Erscheinung bereits voll ausgeprägt war. Neben Eunuchen, die lediglich kastriert waren, gab es andere, meist Negersklaven, denen auch das Glied amputiert worden war. Diese Maßnahme beruhte auf der Erfahrung, daß Männer, die man erst im Mannesalter ihrer Hoden beraubt, sexuell fast normal empfinden und aktiv sein können. Im alten Rom hielten sich reiche Damen Eunuchen-Sklaven, mit denen sie sich vergnügen konnten, ohne Folgen befürchten zu müssen.

Er kann nur an eines denken . . .
Anonymes Aquarell

Als Eunuchismus bezeichnet man nicht nur die Folgen der *Kastration*, sondern auch den Zustand eines Mannes, in dessen Keimdrüsen *(Hoden)* kein männliches Geschlechtshormon Testosteron produziert wird. Dann unterbleibt der Gestaltwandel vom Knaben und Jüngling zum Mann. Der Stimmbruch tritt nicht ein, die Geschlechtsorgane bleiben in unreifem Zustand, der Bartwuchs sowie die Behaarung der Achselhöhlen und der Schamgegend entwickeln sich nicht.

Der Eunuche wächst langsamer, doch dauert das Wachstum bis zum 3. und 4. Lebensjahrzehnt an. Je nach Veranlagung gibt es fette und schlanke Eunuchen. Das Gesicht des Eunuchen bleibt bis etwa zum 35. Lebensjahr kindlich; danach wirkt es durch feine Runzeln vorzeitig gealtert.

Beim Früh-Eunuchismus fehlt die sexuelle Potenz völlig. Erotisches Verlangen kann sich jedoch aus einer geistigen und seelischen Einstellung zur Umwelt entwickeln. Beim Spät-Eunuchen wird die durch die *Pubertät* erreichte männliche Prägung nicht rückgängig gemacht. Aber Bartwuchs und Körperbehaarung gehen zurück. Die sexuelle *Potenz* nimmt allmählich ab, etwas langsamer erlischt auch das sexuelle Verlangen.

Unter Eunuchoidismus versteht man Veränderungen bei starkem, jedoch nicht vollständigem Ausfall der

Keimdrüsenfunktion. Die Erscheinungen sind ähnlich wie beim Eunuchismus, jedoch stark abgeschwächt. Das sexuelle Verlangen kann annähernd normal sein, die Potenz und vor allem die Zeugungsfähigkeit sind meist vermindert.

Exhibitionismus,
der Drang, die eigene sexuelle Beschaffenheit zur Schau zu stellen. Nach psychoanalytischer Auffassung gehört die Zeige-Lust zu den natürlichen *Partialtrieben* der Sexualität, die sich bei normaler Entwicklung dem *Genital*-Primat, d. h. letzten Endes der koitalen Vereinigung, unterordnen, zur Vorlust und zum Sexualempfinden insgesamt beitragen.
Der Exhibitionismus hängt eng mit der Schaulust, dem *Voyeurismus*, zusammen. Beide Tendenzen erwachen miteinander in der frühen Kindheit. Die Schaulust ist eine Art Sexualforschung, und die Exhibition erfolgt in dem Wunsch, zum Dank dafür etwas gezeigt zu bekommen. Während die Exhibition des Knaben vor seinen Gespielen oder vor dem Vater dazu dient, einen Vergleich mit anderen seines Geschlechts anzustellen, soll die Entblößung vor dem anderen Geschlecht ihm die Möglichkeit geben, das weibliche Geheimnis kennenzulernen. Natürlich liegt in jeder Enthüllung auch ein Stolz auf die eigene Geschlechtsbeschaffenheit.
Die Tatsache, daß der Exhibitionismus bei Männern eine viel größere Bedeutung zu haben scheint, wird deshalb darauf zurückgeführt, daß das kleine Mädchen hat erfahren müssen, daß es nicht soviel vorzuzeigen hat wie der Knabe (*«Penis-Neid»*). Tatsächlich verlagert sich der weibliche Exhibitionismus weitgehend auf die sekundären Geschlechtsmerkmale, vor allem auf die *Brüste*, die auch eher für «schön» gehalten werden als die Genitalien, während der Mann seine Männlichkeit eben nur mit dem Penis vorzeigen kann.
Zum Exhibitionismus als *Perversion*, das heißt als einziger oder vorherrschender Form des Sexualverhaltens, kommt es tatsächlich so gut wie ausschließlich bei Männern. Das hat allerdings vor allem damit zu tun, daß es für die Frauen sehr viele Formen eines gesellschaftlich gebilligten Exhibitionismus gibt. Schon die *Mode* erlaubt ihnen in wechselndem Maße die Schaustellung dieser und jener erotischen Reize. Oft durften sie das, was sie im Alltag nicht zeigen konnten, auf einem Fest oder bei einer sportlichen Gelegenheit durchaus entblößen. Auf der Bühne hat die Entblößung und Teilentblößung von Frauen immer eine sehr viel größere Bedeutung gehabt als die von Männern. Heutzutage können sich Frauen beim professionellen *Striptease* sogar vollkommen nackt darbieten, ohne daß man ihnen deshalb den Vorwurf eines perversen Exhibitionismus macht. Daß die Enthüllung der Frau anders beurteilt wird, hat man als Folge einer von Männern bestimmten Moral gedeutet, durch die das Weib zu einem Schauobjekt des Mannes degradiert werde. Doch ist

Rückansicht · Nach einem Aquarell von Johann Nepomuk Geiger

zugleich die Wirkung der optischen Reize des Weibes auf den Mann viel größer als die Wirkung der optischen Reize des Mannes auf die Frau; der Unterschied in der moralischen Wertung ist also auch psychologisch begründet.

Der perverse Exhibitionist ist ein Mann, der sich eine direkte sexuelle Partnerschaft mit einer Frau nicht zutraut. Er entblößt sich nicht vor einer ihm bekannten Frau, sondern vor irgendeiner Unbekannten oder mehreren. Er will die Frauen eher verschrecken als für sich werben. Würde eine Frau seine Entblößung als Angebot auffassen und darauf positiv reagieren, würde der Exhibitionist sich entziehen. Viele Männer dieser Art zeigen sich bevorzugt vor kleinen Mädchen, die sie am ehesten verschrecken können und bei denen eine Partnerschaft ohnedies ausgeschlossen wäre. Wenn diejenigen, denen sich ein Exhibitionist zeigt, aufkreischen und fliehen, sieht er sich in seiner Macht bestätigt.

Besonders zahlreich sind unter diesen Exhibitionisten die sehr jungen und die alten Männer, also Menschen, die sich ihrer sexuellen Rolle noch nicht oder nicht mehr sicher sind. Bei manchen älteren Männern, die sich während der Blütezeit ihrer Sexualität durchaus normal verhalten haben, steigt mit Abnahme der Potenz und damit der Selbstsicherheit der im Grunde infantile Partialtrieb wieder so an, daß er sich als pervers-exhibitionistischer Akt äußert. Freilich gibt es auch Männer, die während ihres ganzen Lebens in der Exhibition die einzige Erfüllung ihrer Sexualwünsche sehen.

In der Bundesrepublik z. B. wird mit einer Freiheitsstrafe bis zu einem Jahr bedroht, «wer eine andere Person durch eine exhibitionistische Handlung belästigt». Es hat sich jedoch erwiesen, daß mit solchen Strafen nichts erreicht wird. Ein perverser Exhibitionist, der seine Haft verbüßt hat, wird das Vergehen alsbald wiederholen; keine Angst vor Strafe kann seinen fehlgeleiteten Trieb dauernd hemmen. So ist neuerdings gesetzlich die Möglichkeit vorgesehen, solche Strafen auf Bewährung auszusetzen, wenn zu erwarten ist, daß der Täter nach einer «Heilbehandlung keine exhibitionistischen Handlungen mehr vornehmen wird». Die Erfolgsaussichten einer Psychotherapie sind in Fällen von Exhibitionismus recht gut.

Vor einiger Zeit machten die «Blitzer» von sich reden; Männer und gelegentlich auch Frauen, die plötzlich nackt durch die Straßen liefen. Die heitere Toleranz, mit der man ihren exhibitionistischen Späßen begegnete, legt den Gedanken nahe, daß man perverse Exhibitionisten vielleicht ebensowenig ernst nehmen sollte: wenn keine Frau mehr aufkreischt, wird der perverse Exhibitionismus vermutlich an dem Ausbleiben der eigentlichen Befriedigung sterben. Dem seelischen Schaden, den Exhibitionisten durch Entblößung vor Kindern verursachen, kann man ohne-

Drei zu eins · Illustration zu einem französischen Luxusdruck

dies nur durch rechtzeitige *Aufklärung* entgegenwirken.
Als sexuell-erotische Tendenz kann der Exhibitionismus viele Formen annehmen. Zum Liebesspiel gehört die Zeigelust genauso wie die Schaulust oder die Befriedigung des Gehörs, des Geruchs- und des Tastsinnes. Auf dem Wege zur Vergeistigung wird der Exhibitionismus zur *Erotographomanie*. Jean Jacques Rousseau, der sich gelegentlich vor fremden Frauen geschlechtlich entblößte, hat den Exhibitionismus durch die schonungslose Beichte in seinen «Konfessionen» sublimiert. Der Kreis schließt sich, wenn aus der kindlichen Sexualforschung die reife Sexualwissenschaft geworden ist.

Exogamie,
Heiraten außerhalb der eigenen Gruppe, im Gegensatz zur *Endogamie*, die die Gefahr der *Inzucht* mit sich bringt und sich dem *Inzest* nähert. Die Exogamie trägt dazu bei, die Verbundenheit in der eigenen Gruppe, der Sippe oder dem Stamm in die fremden Gruppen hinein zu erweitern und so immer größere Verbände zu schaffen. Ein klassisches Beispiel dafür ist der «Raub der Sabinerinnen», durch den sich die Römer ihren Nachbarn verschwägert haben. Im Extrem führt die Exogamie zur *Rassen*mischung, die aber meist abgelehnt wird. Als psychologische Muster stehen sich Endogamie und Exogamie gegenüber wie die Erfahrungssätze: «Gleich und gleich gesellt sich gern» oder «Gegensätze ziehen sich an». Die Endogamie sucht das Vertraute zu bewahren, die Exogamie das Neue zu erfahren.

Exzeß,
hier: sexuelle Ausschweifung. Bis vor kurzem wurde behauptet, daß zu häufige Sexualbetätigung einen frühen Verlust der *Potenz* und vorzeitiges Altern mit sich bringe, und zwar bei Männern wie Frauen. Ein Verlust körperlicher Aufbaustoffe durch den Orgasmus tritt jedoch nur beim Manne ein. Die Fähigkeit der Drüsen, die bei der *Ejakulation* verlorengegangene Samenflüssigkeit neu zu bilden, hängt von der Veranlagung, der Gesundheit, der Ernährung und vom Alter ab. In jedem Falle ist nach einer kurzen Aufeinanderfolge von mehreren Ejakulationen der Vorrat für eine Weile erschöpft. Die Natur selbst hat also dem körperlichen Exzeß Grenzen gesetzt. So verlagern sich ausschweifende Wünsche in die Vorstellungen und Gefühle. Selbst *Scham, Ekel, Angst*, die einen realen Exzeß hemmen würden, werden in der *Phantasie* leicht überwunden. Der Exzeß im psychologischen Sinne soll die Grenzen der alltäglichen Ordnung, der Zivilisation und der Moral sprengen. Deshalb gilt er ebenso als «verboten», wie er insgeheim ersehnt wird. In manchen Entlastungssitten jedoch wird er ausnahmsweise zugelassen (vgl. *Orgie*).

Zum Höhepunkt. Anonymes Ölbild auf Elfenbein, um 1800

Die Aquarelle auf diesen beiden Seiten stammen von einem unbekannten französischen Künstler, der die erotischen Vorlieben um 1925 ebenso treffend wie anmutig eingefangen hat. Es war eine Zeit, die für den Backfisch mit knabenhafter Figur schwärmte, für den Typ des «Gamin». Zugleich kokettierte man noch gern mit dem Verbotenen; das drückt sich in den Titeln aus, die dieser Anonymus seinen Studien gab.

Oben: Rot, schwarz und weiß sind die wichtigsten Farben der Erotik. Sie bestimmen dieses Bild mit dem Titel «Fleur du Mal» – «Blume des Bösen». Wir würden heute nichts Böses mehr daran finden.

Rechts: Schon eine Fünfzehnjährige wollte damals mit einem Korsettchen ihre Taille betonen.

Noch ein Korsett nach dem Geschmack der Zeit. Der Künstler sah eine Herausforderung darin, denn er gab seinem Aquarell den Titel «Prends-moi», zu deutsch: «Nimm mich!»

Damals gehörte eine Zigarettenspitze noch eher zu den Requisiten der Koketterie als heute. Das Bild heißt «Pour lui», «Für ihn».

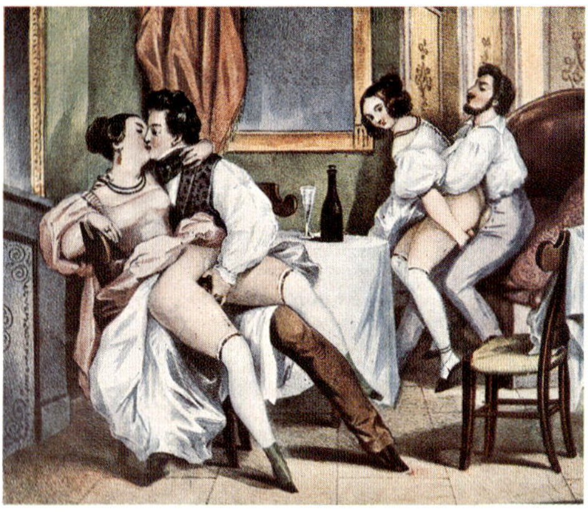

Der Kentaur und die Amazonen
Aquarell von Uzelac

Das pornographische Buch ▶
Anonyme Radierung,
um 1900

◀ *Gasthaus-Szene um 1840*
Zeitgenössische
Lithographie

Paris

In der Badestube
Anonyme Illustration
aus Wien, um 1830

«Position 69»
Aquarell von Johann
Nepomuk Geiger

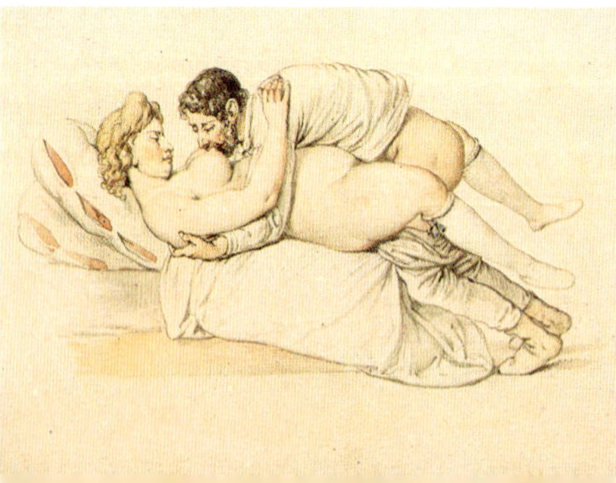

Der Kuß. Aquarell von
Johann Nepomuk Geiger
(1805–1880)

Godemiché-Trägerin im Mittelpunkt einer lesbischen Orgie. Anonymes Aquarell

Im Eisenbahn-Coupé. Anonym, um 1880

Erkundung. Farbige Radierung eines anonymen Künstlers aus einer Mappe mit erotischen Bildern

Treffen im Walde. Gemälde von Devéria, um 1840

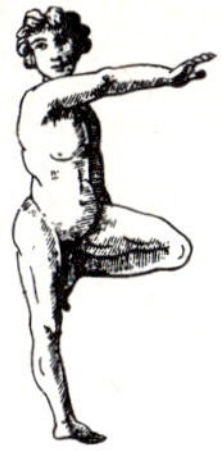

Farben
haben in der Erotik große Bedeutung als Signale, als ästhetische Reize, als Symbole, als Stimmungsträger und Kontraste.
Man sagt geradezu: «Rot ist die Farbe der Liebe», und dazu mag das Rot der *Lippen* viel beigetragen haben. Mit dem Lippenstift wird es erhöht, vielleicht aber auch verändert oder sogar kaschiert. Die rothaarige Frau gilt als besonders leidenschaftlich und leicht zugänglich. Aus Erregung oder Scham wird man rot. Rot glänzen die Eichel des erigierten Penis und die aufgerichteten Brustwarzen. Vor allem das *Blut* ist rot, und so ist denn Rot auch die Farbe der Grausamkeit und des *Sadismus*.
Blaue Augen sollen für Treue sprechen, blonde Haare für ein ‹deutsches› Gemüt. Blau ist zugleich die Farbe der *Romantik*, wie man sie in einer «blauen Stunde» suchen mag. Rosa deutet eine zarte Liebeshoffnung an, aber rotes Licht gehört zum Tango, und rote Laternen glimmen in den Dirnenvierteln.
Die wichtigsten Farben der Erotik neben dem Rot sind aber Weiß und Schwarz. Weiß ist die Unschuld. Weiß ist das Brautkleid und der Brautschleier, und weiß ist auch der denkbar größte Kontrast zum Blut der Hochzeitsnacht. Schwarz ist die Sünde, die Verderbtheit: die sogenannte Reizwäsche ist oft schwarz. Unter den Liebhabern des *Leders* ist eine fetischistische Versessenheit auf Schwarz auffallend häufig. Zugleich hebt schwarz die weiße Haut stark heraus. Von mehreren großen Liebhaberinnen wird berichtet, daß sie schwarze Bettwäsche hatten, um diesen Kontrast zu erzielen.
Das Farbenspektrum, in dem Nagellack angeboten und angewandt wird, beweist die erotische Eignung aller Farben. Einige dieser Tönungen stehen den üblichen Begriffen von Schönheit so fern, daß man nur annehmen kann, sie sollten vor allem

schockieren.
Überhaupt ist die Farben-*Kosmetik* weitgehend eine absichtliche Verfremdung natürlicher Schönheit. Aber das hat lange vor unserer modernen Sex-Kultur begonnen – bei den Naturvölkern und ihren Sitten der Körperbemalung.

Faun,
römischer Gott des Waldes und der Herden, entspricht dem griechischen *«Pan»*. Die Faune sind bärtige und behaarte Halbmenschen mit Bocksfüßen und Schwanz, die den Menschen böse Streiche spielen, vor allem aber den hübschen Nymphen nachstellen und versuchen, sie zu vergewaltigen. Von der Gestalt des Fauns stammt eine unserer typischen Vorstellungen des Teufels ab. Der ältere Herr, der raffiniert und lüstern um junge Mädchen wirbt, wird gern als «alter Faun» bezeichnet.

Fellatio,
das Saugen am männlichen Glied. Wie andere *oral-genitale* Akte auch, der *Cunnilingus* (Lecken am weiblichen Geschlechtsorgan) oder die Kombination beider Akte in der sogenannten *«Position 69»*, wird die Fellatio ebenso als höchster Liebesbeweis oder als erotisches Raffinement gepriesen wie als scheußliche Perversion verdammt. Freud führte das Verlangen nach der Fellatio auf die Lusterfahrung des Säuglings an der Mutterbrust zurück; der Anblick des Euters der Kuh, der die Funktion der Brust hat, aber den Platz und die Form des Penis, bilde das Mittelglied. Schon 1910 konnte Freud feststellen, dieser Akt komme «bei den Frauen unserer Zeit – und, wie alte Bildwerke beweisen, auch früherer Zeiten – sehr häufig vor und scheint im Zustande der Verliebtheit ihren anstößigen Charakter völlig abzustreifen». Wirklich kann die Fellatio eine innige Liebkosung werden. Wird sie jedoch noch als demütigend oder schmutzig empfunden, dann bekommt der Vollzug schon einen perversen Charakter. Vollends als *Perversion* wäre die Fellatio anzusehen, wenn sie bevorzugt an die Stelle des Koitus tritt. An der Grenze steht eine Fellatio, die bis zum Samenerguß fortgesetzt wird. Daß eine «Fellatrix» den Samen tatsächlich schluckt, gilt manchmal als äußerste Hingabe. Es gibt Frauen, die dem Aberglauben huldigen, das Schlucken von Samen werde den Wuchs ihrer Brüste fördern: und dieser Unsinn wird sogar in gewissen «Aufklärungs»-Texten verbreitet. Als gelegentliche Handlung zwischen vertrauten Partnern ist eine vollendete Fellatio im gegenseitigen Einverständnis nur eine *Deviation*, als übliche Praxis wäre sie eine Fehlform.

Fernsehen
greift in viel stärkerer Weise in unser aller Alltag ein als der *Film* oder das *Theater*, und sehr viel intensiver als das Buch oder die *Presse*. Es vermittelt einem Riesenpublikum ein Gemeinschaftserlebnis und wird noch im privaten Bereich meist von einer Gruppe, nämlich der Familie, aufgenommen. Schon aus diesem Grunde ist das Fernsehen mit der Darstellung erotischer Inhalte zunächst sehr vorsichtig gewesen. Als Mittel der Mas-

senkommunikation ist es zudem stets der Kritik von Kirchen, Parteien, Frauenverbänden ausgesetzt. In einer Reihe von Staaten ist es direkt der Regierung unterstellt; und auch bei uns wird es von «öffentlich rechtlichen Anstalten» getragen. Die *Prüderie*, die sich aus all diesen Umständen ergab, bot der Filmindustrie in ihrem Überlebenskampf gegen das «Pantoffelkino» eine besondere Chance: wie auf andere Themen, die die Fernseh-Konkurrenz nicht zeigen mochte, warf man sich auch auf die Erotik. Dennoch blieb das Fernsehen von der Liberalisierung des Sex nicht unbeeinflußt. Als 1959 Fritz Kortner in seiner Fernseh-Inszenierung von «Lysistrata» einen nackten Frauenbusen sehen ließ, löste das noch einen erheblichen Skandal aus. Ähnliches würde man heute in einem Fernsehspiel, in einer TV-Filmreprise, kaum noch bemerken. In Programmen, die der Information und der Diskussion gesellschaftlicher Probleme gewidmet sind, geht man manchmal noch weiter, und der Schock, den der Praunheim-Report über männliche Homosexualität ausgelöst hat, war wohl unter anderem auch heilsam. Am zaghaftesten ist man noch auf dem Sektor der reinen Unterhaltungsserien. Die Aufnahmen, die ein Fernseh-Team in dem berühmtesten Pariser Striptease-Lokal «Crazy Horse» für viel Geld machte, durften noch nicht gezeigt werden. Inzwischen sah man als Aufzeichnung aus einem Revue-Lokal in Nizza eine Show mit Udo Jürgens, in der es auch opulente Ballettszenen bloßbrüstiger Tänzerinnen gab.

Fesselungsmanie,
eine Spielart des *Sadismus* und *Masochismus* mit stark fetischistischen Tendenzen, die dem *Flagellantismus* nahe verwandt ist und in ihn übergeht.
Wie andere erotische Manien auch erwächst sie aus Wünschen, die allgemein verbreitet sind. Schon der Verlobungs- und Trauring ist ja eine «Fessel». Die Chinesin wurde einst gleichsam gefesselt, da sie mit ihren verkrüppelten oder «Lilien»-Füßen nicht weit davonlaufen konnte. Auch der hohe spitze Absatz oder der Humpelrock sind als Behinderungen der Trägerin zu verstehen. Das Einschnüren in *Korsetts*, einst allgemein Mode, spielt in der Praxis und der Vorstellungswelt von Fesselungs-Fetischisten eine große Rolle. Behinderndes Schuhwerk, sehr eng anliegende Kleidung, stramm geschnürte Gürtel sind ebensogut Fesseln wie Fetische.
Eine Fesselung im engeren Sinne ist manchmal fetischistisch bestimmt: es gibt Liebhaber für Stricke, für Lederriemen und für Ketten. Gelegentlich wird das schmerzhafte Einschneiden der Fesseln wichtig, in anderen Fällen ist nur das Bewußtsein des Gefesselten, daß er ausgeliefert ist, von Bedeutung. Manchmal soll die Fesselung das Opfer einer geplanten Züchtigung sichern.
Manche Paare lassen sich auf Fessel-Spiele im gegenseitigen Einverständnis ein. In Japan gibt es besondere Etablissements, in denen Frauen bereitstehen, die sich von Männern fesseln und so fotografieren lassen. Aus Amerika wird von Fessel-Klubs be-

richtet. Vorwiegend äußert sich die Fesselungsmanie in Wunschvorstellungen, die von speziellen *Pornographien* in Wort und Bild angeregt und ‹verwirklicht› werden.
Passive Fesselungsliebhaber rühmen das Gefühl der Hilflosigkeit und der Freiheit von eigener Verantwortung. Die Aktiven genießen eine Macht, die sie ohne das Hilfsmittel der Fesseln nicht haben – oder sich nicht zutrauen. Im Kontrast zwischen Fesselung und Haut, in der Herausarbeitung bestimmter Körperformen und Körperhaltungen durch die Fesselung werden die Bande zugleich zum Schmuck.

Fetischismus,
die (übersteigerte) erotische Zuneigung zu einzelnen Körperteilen, Körpereigenheiten, Kleidungsstücken, Utensilien, Materialien, Situationen. Der Begriff ist aus der Religionsgeschichte übernommen: der religiöse Fetischismus galt Gegenständen, die man sich mit einer besonderen Kraft einem «Mana» geladen dachte, das aber in Wahrheit nur aus der Anbetung entstand, die den Fetischen (aus lateinisch facere = machen) gewidmet wurde. Auch der erotische Fetischismus wächst aus der Aufmerksamkeit, die einem bestimmten Fetisch gilt. Sie wird meist in der Kindheit durch entsprechende Erlebnisse erweckt und in der Pubertät ausgestaltet. Sie wird genährt durch die Assoziationen, die ein Fetisch auslöst, und durch die *Symbolik*, die ihm anhaftet.
Jeder Mensch hat bestimmte erotische Vorlieben. Der eine Mann sieht nur blonde Frauen länger an, ein anderer nur schwarzhaarige. Unter den Männern, die vor allem vom *Busen* angezogen werden, bevorzugen einige kleine Brüste, andere die übergroßen. Diese Vorlieben lenken die Wahl, und jemand mag am Ende den ganzen Menschen akzeptieren, der zunächst nur durch das erwünschte Einzelmerkmal den Blick auf sich gelenkt hat. Manchmal ist die Vorliebe nur beiläufig. Wenn ein Mann bei einer Frau den erwünschten Reiz nicht findet, wohl aber anderes, was ihn anzieht, mag der Mangel unbemerkt bleiben. Doch für manche ist der Fetisch – das blonde Haar, das füllige Bein oder was immer – eine *Liebesbedingung*, ohne die es nie zu einer erotischen Verbindung kommen kann. Damit beginnt die *Fixierung*, die für den ausgeprägten Fetischismus kennzeichnend ist.
Man hat gelegentlich die fetischistische Vorliebe für Körperteile als Partialismus von dem Fetischismus für Gegenstände trennen wollen. Tatsächlich müßte auch ein sehr besessener Busen- oder Fuß-Fetischist sich ja mit einer Frau als Person beschäftigen, die allerdings im Extremfall zum bloßen Anhängsel des Fetischs wird. Der gegenständliche Fetisch dagegen läßt sich völlig von persönlichen Beziehungen lösen. Doch ein sehr verbreiteter Fetisch, das *Haar*, ist zwar eigentlich ein Körperteil, kann aber ohne weiteres abgetrennt und als ‹toter Gegenstand› verehrt werden. Die fetischistische Verehrung des Busens oder des Fußes kann sozusagen überströmen auf die Kleidungsstücke – den *Büstenhalter* oder den Schuh. Be-

In den USA heißt die Fesselungsmanie «Bondage». Die «Strafarbeit» der gefesselten Hausfrau ist ein beliebtes Thema der Spezial-Magazine

Der kleine Wäsche-Fetischist · Zeichnung aus einer amerikanischen Bilder-Geschichte von Gilbert

Faszination · Illustration zu: Paulette Vergès, «Gouvernante et Gouvernée», von Paul Beloti stimmte Grenzen gibt es hier also nicht.

Der Haar-Fetischismus ist zugleich ein gutes Beispiel dafür, wie sich eine beiläufige Verliebtheit über eine ausgesprochene Vorliebe bis zur Manie steigern kann. Jeder Liebende, der sich von der Geliebten eine Haarlokke erbittet, um sie in einem Medaillon ständig bei sich zu tragen, ist im Ansatz ein Fetischist. Aber von seiner Neigung, sich an dem Anblick, dem Tastgefühl und dem Geruch des ‹Gegenstandes› so zu berauschen, daß er die Geliebte beinahe wie in Person bei sich zu haben meint, ist es doch noch ein sehr weiter Weg bis zum Haarabschneider, der widerrechtlich seine Fetische bei fremden Frauen raubt.

Indessen hat man von Haarabschneidern lange nichts mehr gehört. Die Verbreitung von Fetischen ist also auch zeitbedingt. Der Pelz-Fetischismus, dem Sacher-Masoch huldigte («Venus im Pelz»), wird heute kaum je manisch. Dagegen sprechen viele Zeichen für das Anwachsen eines oft recht bizarren *Gummi*-Fetischismus. In der alltäglichen Straßen-Mode waren eine Zeitlang extrem lange oder sonstwie seltsame Stiefel zu sehen, die bis dahin nur in Spezialmagazinen für Schuh-Fetischisten aufgetaucht waren. Daß Fetische zur *Mode* werden können, liegt daran, daß sie eine Fülle von Assoziationen auslösen, von denen beinahe jeder einige nachvollziehen kann. So erinnert *Leder* an das Tierische, an Sport, an Kampf, an Luxus, aber auch an Fesseln und Peitschen. Sehr oft spielt der *Geruch* eine wichtige Rolle, so außer beim Leder beim Haar und beim Schuhwerk. Die Symbol-Bedeutung von Fetischen wird am offenkundigsten beim Pelz: er erinnert (unbewußt) an das *Schamhaar*.

In vieler Beziehung grenzt der Fetischismus an den *Sadismus*, so bei allen einengenden Kleidungsstücken *(Korsett)*, bei dem Fetischismus für *Körperfehler* und einer Vorliebe für orthopädische Hilfsmittel und Apparate. Formen wie *Flagellantismus* und *Fesselungsmanie* sind vom Fetischismus kaum noch zu trennen.

Manchmal gilt die fetischistische Vorliebe einer besonderen Situation, etwa der *Kälte*. Auch Fixierungen auf Nässe, Schmutz *(Mysophilie)*, auf bestimmte Gerüche kann man als fetischistisch bezeichnen.

Jeder Fetisch ist im Grunde ein Ersatz – ein Ersatz für die lebendige Partnerin, für ihre ganze Person. Meist liegt der Reiz weitab vom *genitalen* Bereich, oder er liegt, wie beim Höschen-Fetischismus, in der Verhüllung dieses Bereiches. Der Ersatz-Charakter des Fetischs führt dazu, daß immer neue Exemplare gesucht werden. Der manische Fetischist ist ein Sammler. Er legt sich, nach einem Wort von Stekel, einen fetischistischen *«Harem»* an, in dem ein bestimmtes Fetisch-Exemplar jeweils die besondere Gunst genießt, um sie nach einiger Zeit zu verlieren und irgendwann auch neu zu gewinnen.

Manche perverse Fetischisten gewinnen die Erregung, die sie suchen, nur aus Gegenständen, von denen sie wissen, daß sie tatsächlich von einer Frau getragen worden sind. Solche Gegenstände – Hemden, Schlüpfer,

Strümpfe – werden dann vielleicht sogar von einer Wäscheleine gestohlen. Der Fetisch-Raub versinnbildlicht einen Frauenraub. Fetisch-Gegenstände werden gleichsam zu Geschlechtspartnern; der manische Fetischist benutzt sie zur *Masturbation.* Während der Fetisch ihn völlig in den Bannkreis der Monosexualität fesselt, können fetischistische Reize im Dienst von Partnerbeziehungen eine Brücke zur vollen Liebe sein.
Eine stärkere Beziehung zu Fetischen gibt es nur bei Männern. Nur für sie scheint die Bedeutung der erotischen *Phantasie* groß genug zu sein. Tiefer führt die Auffassung Freuds, der im Fetisch den Ersatz für den *Penis* sieht, den der Mann beim Weibe unbewußt vermißt. Insoweit wäre der Fetischismus also eine Folge des *Kastrationskomplexes.* In vielen Fällen von manischem Fetischismus läßt sich die Beziehung zur Vorstellung vom *«Weib mit dem Penis»* wirklich nachweisen. Auch der Ersatz-Wert des Fetischs wird so ganz deutlich. Aber die besondere Kraft der Faszination, die von einem Fetisch ausgehen kann, ist damit noch nicht erklärt, zumal ja der Kastrationskomplex auch zu ganz anderen Entwicklungen führen kann. Die Faszination der Fetische ist manchmal so groß, daß ihnen eine nahezu religiöse Verehrung geweiht wird. Nach Art von Ideologien werden förmlich Weltanschauungen entwickelt, in deren Mittelpunkt die Großartigkeit des Fetischs steht. Daß letztlich nicht der Fetisch zählt, sondern der Glaube an ihn, zeigt sich daran, wie sexualfern manche Fetische sind. Buchstäblich alles kann zum Fetisch aufsteigen und so sexualisiert werden.
Über diesen manischen Auswüchsen vergesse man nicht die Einsicht Wilhelm Stekels, daß ganz allgemein «die individuelle Form der Geschlechtsliebe durch eine Art von Fetischismus bestimmt» wird.

Film.
Das «lebende Bild» hat sich von allem Anfang an besonders gern mit Liebe, Erotik und Sex beschäftigt. Zwar war der Film in den meisten Ländern einer besonderen *Zensur* unterworfen, und in Hollywood hatte man sich unter den Produzenten auf einen Moralkodex geeinigt, nach dem sogar «leidenschaftliche Küsse, besonders mit offenem Mund» untersagt waren. Aber das stachelte nur die Erfindung von Umwegen und Vorwänden an. So waren in den zwanziger Jahren in Deutschland Filme über den Mädchenhandel, über die Gefahren der Prostitution und ähnliche Aufklärungs-Themen gewiß nicht nur um der Aufklärung willen beliebt. Die deutschnationale Ufa schuf gar 1925 einen abendfüllenden Kulturfilm «Wege zur Kraft und Schönheit», in dem die Nacktheit noch andere als sportliche Bedeutung hatte. Der Sex-Film im engeren Sinne ist jedoch erst eine Erscheinung der letzten Jahrzehnte. Den Bann brach wohl Ingmar Bergman mit seinem «Schweigen», das freilich noch als eine philosophisch-religiöse Aussage verstanden wurde. Inzwischen ist kennzeichnend vielleicht weniger die Menge der auf Komik gedrillten oder als «Report» kaschierten Porno-Filme

Ein «klassischer» erotischer Film: «Der blaue Engel», in dem Marlene Dietrich Weltruhm erlangte

für den Massengeschmack oder Schock-Sensationen wie «Der letzte Tango», sondern der Freimut, mit dem noch in beiläufigen Lustspielchen die Darstellerin nackt und das Liebespaar im Bett gezeigt werden. Man ‹findet nichts mehr dabei . . .›

Einen gewaltigen Einfluß hatte der Film auf die Erotik dadurch, daß er mit seinen Stars erotische Muster- und Wunschtypen präsentierte. Je nach dem Ruhm solcher Stars wollten unzählige Männer plötzlich wie Rudolph Valentino, wie Clark Gable, wie James Dean oder wie Willy Fritsch sein. Zu Musterbildern wurden Mary Pickford, die vollbusige Jane Russell, die zierliche Audrey Hepburn, die seelenvolle Maria Schell. Marilyn Monroe wurde geradezu zur Sex-Göttin stilisiert. Hatte ein Star einmal ein bestimmtes «Image» gewonnen, war er damit auf das entsprechende Rollenfach festgelegt, wie Marlene Dietrich z. B. eigentlich immer der «blaue Engel» blieb. Heute ist der Star-Rummel abgeflacht, und Schauspieler sind nicht mehr so an ein Klischee gebunden.

Kinsey fand heraus, daß Phantasiemittel wie Bilder und Bücher beinahe nur auf Männer erotisch anregend

Szene aus einem französischen Film mit sadomasochistischer Tendenz

wirken. Einzig der Film, der so vollständig und täuschend die Realität nachahmen kann, hat auf beide Geschlechter einen gleich starken Einfluß.

Dies mag einer der Gründe für den Erfolg jener Porno-Filme sein, die fürs Heimkino gedreht werden. Natürlich bieten Filme dieser Art sehr viel mehr als das, was man in den Filmtheatern zeigen kann. Das Programm der amerikanischen, skandinavischen und selbst deutschen Spezial-Produzenten umfaßt alle Spielarten der Sexualität, die man sich nur ausdenken mag. Dazu gehört auch viel Krampf, Geschmacklosigkeit und Phantasterei.

Fixierung,
in der Tiefenpsychologie: das Stehenbleiben auf einer Entwicklungsstufe, namentlich der Kindheit, und die Verknüpfung von sexuellen Triebregungen mit bestimmten Erlebnissen und Phantasien, nach deren Muster auch alle neuen Erfahrungen gesucht oder gedeutet werden. Die Fixierung ist ein entscheidender Faktor jeder Form von *Fetischismus.* Aber es gibt nicht nur Fixierungen auf Äußerlichkeiten (etwa auf blondes Haar, auf lederne Kleidung usw.), sondern auch auf seelische Situationen. Zum Beispiel finden manche Männer nur solche Frauen reizvoll, die in einer Lage sind, aus der sie ‹gerettet› werden müßten, während andere sich nur verlieben, wenn die Frau ihre Retterin sein kann. Eine tief verwurzelte Fixierung bewirkt, daß sich in einem Wiederholungszwang ein und dieselbe Situation scheinbar schicksalhaft immer wieder ergibt.

Flagellantismus,
«Schlagelust», von lateinisch flagella = die Rute oder die Geißel. Der sexuell bedingte Wunsch, jemanden zu schlagen oder von jemandem geschlagen zu werden, hat psychologisch mehrere Wurzeln, die durch den geschichtlichen Wandel in unterschiedlicher Weise begünstigt worden sind. Der Flagellantismus reicht von gelegentlichen Phantasievorstellungen, wie sie durch Erlebnisse, Bilder, Lektüre, Filme usw. genährt werden mögen, über Liebesspiele oder über Handlungen ohne eine offenkundig sexuelle Tendenz bis zur *Perversion,* in der dann das Schlagen zum eigentlichen, hauptsächlichen oder sogar ausschließlichen Sexualziel wird.
Immer ist der Flagellantismus ein *Komplex,* das heißt eine Erscheinung, in der mehrere Sexualtendenzen einen gemeinsamen Ausdruck gefunden haben. Besonders wirksam ist der *Sadismus* und der *Masochismus.* Sie gehören auch hier zusammen. Jeder «Flagellant», dessen Wunsch es ist, einen Geschlechtspartner zu schlagen, wäre unter Umständen auch dafür empfänglich, geschlagen zu werden. Aus passiven Wünschen können ebenso aktive werden. Gelegentlich sind die aktiven und die passiven Wünsche gleich stark entwickelt, und in Einzelfällen kommt es zu einer Auto-Flagellation.
Doch sind Sadismus und Masochismus im Flagellantismus durch verschiedene Faktoren stark gebremst. Vor allem wird ein hoher Anteil fetischistischer Einflüsse deutlich. Die Flagellation, oder die Vorstellung von ihr, wird einem bestimmten *Ritual* unterworfen, das in Einzelfällen bis in jede Kleinigkeit minuziös fixiert sein kann.
Psychologisch wichtiger noch ist die Bindung der sadomasochistischen Handlung oder Vorstellung an Körperstrafen, die in irgendeinem Zusammenhang als berechtigt einmal galten oder noch gelten. Flagellantische Wünsche folgen daher den Mustern der religiösen, juristischen oder erzieherischen *Strafe.*

Eheliche Strafe · Illustration zu: Liane Lauré, «Jacinthe ou les images du peché», von Paul Beloti, Paris 1934

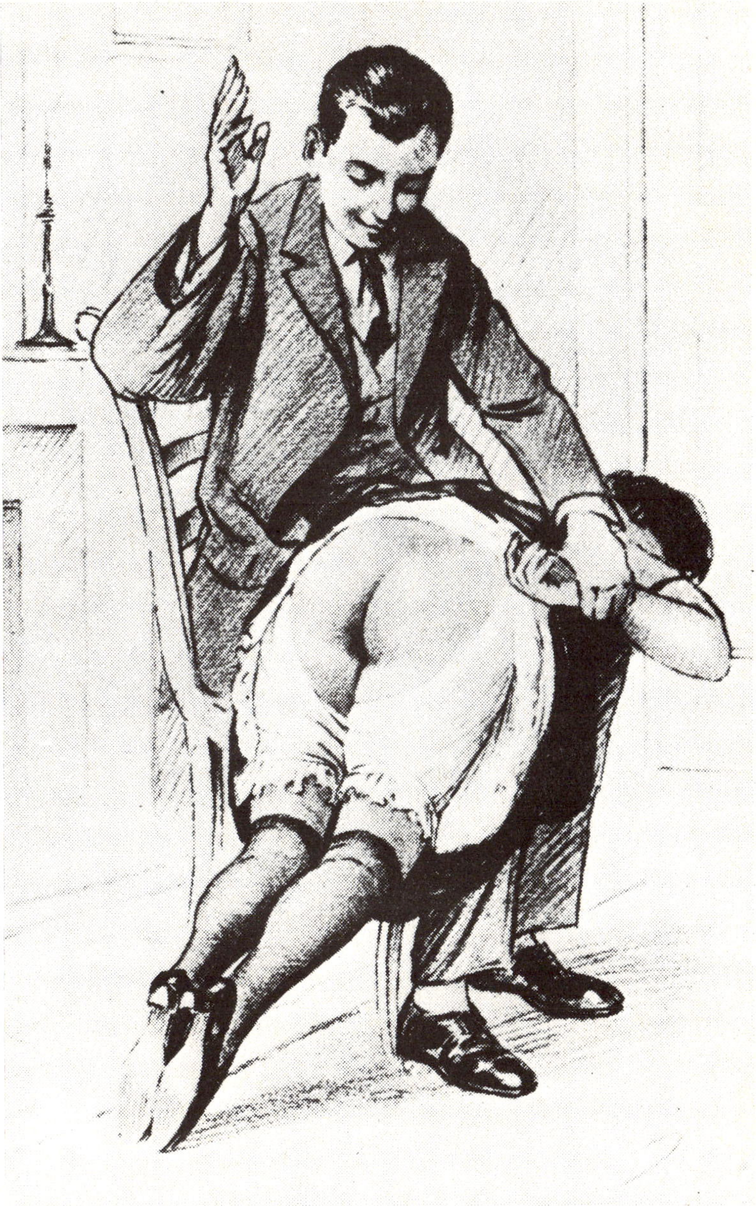

Der Schuh der Gouvernante · Illustration zu «Gouvernante et Gouvernée» von Beloti

Das Ausmaß einer Epidemie nahm der Flagellantismus zwischen dem 13. und dem 15. Jahrhundert an. Damals hatte er ein religiöses Gesicht: zunächst wurde die Flagellation in Klöstern geübt, um die Versuchungen zur «Fleischeslust» zu übertönen, zu bestrafen – und zu ersetzen. Von den Klöstern griff die Sucht auf die Allgemeinheit über, und schließlich wurden die Prozessionen der Geißler-Brüderschaften zu einer Landplage. Dieses Beispiel einer Perversion als Massenphänomen zeigt, wie sehr alle Perversionen bei allen Menschen im Kern angelegt sind.

Doch der religiöse Flagellantismus des Mittelalters folgte zugleich sehr viel älteren Vorbildern. Die *Keuschheit*, zu der im alten Rom die Vestalinnen, die Hüterinnen des Tempel-Feuers, verpflichtet waren, ging bereits mit mehr oder weniger regelmäßigen Geißel-Übungen einher. Bei den *Lupercalien*, den römischen Fruchtbarkeitsfesten, gehörte das Schlagen mit Riemen oder Ruten auf das entblößte Gesäß zum Ritus. Die Flagellation ist ebenso eine Strafe für Sexualwünsche, wie sie die Sexualität anstacheln kann.

Neben die religiös begründete tritt die juristische Körperstrafe. Die öffentliche Auspeitschung wurde besonders häufig für Vergehen gegen die «Sittlichkeit» verhängt, traf etwa Dirnen, und als Schauspiel bot sie dann wieder einen Reiz, der dem Verbotenen gleichkam.

In dem Maße, in dem Prügel als juristische Strafe oder in der beruflichen und der militärischen Ausbildung nicht mehr akzeptabel erschienen, gewann die Züchtigung von Kindern in Schule und Haus für den erotischen Flagellantismus eine immer höhere Bedeutung. Vor allem im viktorianischen England erlebte der Flagellantismus eine Hochblüte. Er entsprach der zeitgenössischen *Prüderie*, da er nicht «offenkundig» sexuell, nämlich nicht *genital* war. Er folgte auch dem Ideal von Zucht und Ordnung. Zugleich aber wirkte sich der Sexualtrieb bis hinein in diese Abwehr der Sexualität aus, machte die Strafe für Sexualität selbst sexuell. Unter den *Pornographien* des viktorianischen Englands war ein Viertel dem Flagellantismus gewidmet; es gab flagellantische Spezialbordelle, und einzelne Künstlerinnen der Rute gewannen sogar Nachruhm.

Beim Urbild des erotischen Erziehungs-Flagellantismus, der körperlichen Bestrafung von Kindern durch ihre Eltern, spielt sich ein psychischer Vorgang ab, der die Anziehungskraft dieser erotischen Spielart verständlich macht. Zwischen Eltern und Kindern wirken sich auch sexuelle Gefühle aus, die aber im Zeichen des *Inzest*-Tabus nicht ausgedrückt werden dürfen. Die Züchtigung ist dann sowohl die Strafe für die verbotenen Wünsche als auch deren Erfüllung. Bei der bevorzugten Form der Züchtigung, nämlich auf das *Gesäß*, kommt hinzu die *Regression* auf die anale Phase mit ihrer stark sadomasochistischen Tendenz.

Aus der Tatsache, daß die erste flagellantische Erfahrung immer passiv gemacht wird, erklärt sich, daß bewußte flagellantische Neigungen bei Erwachsenen viel häufiger masochistisch sind als sadistisch. Das gilt für beide Geschlechter. Man kann also nicht sagen, daß die sadistischen Neigungen bei den Männern, die masochistischen bei den Frauen ‹natürlicher› seien. Hinzu kommt, daß der Flagellant Schuld vermeiden möchte: deshalb bindet er seinen Sadomasochismus ja an ‹erlaubte› Formen. Beim Wunsch, selbst Strafe zu erleiden, stellt sich das Problem einer Grausamkeits-Schuld, wie sie in der Bestrafung anderer liegen könnte, überhaupt nicht.

Die Ähnlichkeit des erotischen Flagellantismus mit den akzeptierten Sitten der Kindererziehung hat dazu geführt, daß die flagellantischen Deviationen von der Öffentlichkeit kaum bemerkt werden. Tatsächlich dürften flagellantische Neigungen mindestens ebenso verbreitet sein wie etwa homosexuelle.

Heute, da die Züchtigung von Kindern keineswegs mehr allgemein akzeptiert ist, und da man die Sexualität auch nicht mehr – wie beim ursprünglichen, religiösen Flagellantismus – für sündig hält, nimmt der im engeren Sinne perverse, nämlich einseitig-fixierte Flagellantismus allmählich ab. An seiner Stelle entwickelt sich ein Flagellantismus als erotische Spielform. Den flagellantischen Variationen dienen viele pornographische und halbpornographische Bücher, Bilder, Magazine, Filme und Schaudarstellungen. Manche Paare pflegen im gegenseitigen Einverständnis die Flagellation als Liebesvorspiel. Nahezu jede Prostituierte ist auf flagellantische Kundenwünsche eingerichtet, einige sind darauf spezialisiert.

Manchmal ist der Wunsch auf sehr ernsthafte Züchtigung gerichtet. In anderen Fällen wird eine liebevolle, zärtliche Strafe oder ein bloßes Spiel mit der Strafe bevorzugt. Der bei weitem größte Anteil aller flagellantischen Wünsche wird nur in der *Phantasie* befriedigt. Die grausamen Ausschweifungen, die man in der Pornographie geschildert oder abgebildet findet, können nur deshalb so exzessiv sein, weil sie imaginär bleiben. In einigen flagellantischen Bildserien fällt neben der vorgestellten Grausamkeit die fetischistische Eleganz auf.

Flitterwochen,

auch «Honigmond», die ersten Wochen nach der Heirat. Das Wort ist von dem mittelhochdeutschen «vlittern» = flüstern, kichern abgeleitet. Die Flitterwochen dienten zunächst dazu, die hochaufgestaute Erregung vor dem Eintritt in das volle Sexualleben und das Erlebnis der Einführung in die Sexualität abklingen zu lassen. Mit der Sitte der Hochzeitsreise verlegte man diesen Ablauf weit weg von der gewohnten Umgebung und den alltäglichen Pflichten. Da heute auch die Frauen selten ohne vorherige Sexualerfahrungen in die Ehe gehen und da viele Paare lange vor der *Hochzeit* schon sexuelle Beziehungen zueinander aufgenommen haben,

Auch noch für große Mädchen . . . · Illustration zu «Joujou ou les Libertinages du travesti» von Liane Delorys, Paris 1936

ist die Bedeutung der Flitterwochen verändert: jetzt geht es darum, die Partner, die sich vorher nur ausnahmsweise und fast nur in feiertäglicher Stimmung getroffen hatten, an das tägliche Zusammensein zu gewöhnen, ohne daß sie schon die Alltagspflichten erfüllen müßten.

Fluor,
Ausfluß aus den weiblichen Geschlechtsorganen. Der «Weißfluß» kann das Wohlbefinden der Frau erheblich beeinträchtigen. Man sollte vom Arzt untersuchen lassen, ob der Ausfluß Keime enthält, die auf eine Entzündung als Ursache schließen lassen. Ist dies nicht der Fall, so können Allgemeinerkrankungen wie Blutarmut, Erschöpfung oder Hormonmangel verantwortlich sein. Manchmal liegen mechanische Schädigungen durch *Pessare* oder durch ärztlich nicht verordnete Spülungen vor. Sehr häufig sind die Gründe seelischer Natur: ein Widerwillen gegen den Mann oder gegen die Sexualität überhaupt oder Gewissensbedenken gegen die eigenen sexuellen Wünsche. Dazu kommen Erregungen aus nichtsexuellen Motiven wie Schreck, Examensangst, Ärger im Büro usw. Sowenig Fluor ein Grund zur Panik ist, man sollte doch etwas dagegen unternehmen, um Infektionen zu vermeiden.
Bei eitrigem Ausfluß besteht ein dringender Verdacht auf eine *Geschlechtskrankheit.*

Fortpflanzung
kann nach der natürlichen Einrichtung der sexuellen Vorgänge nicht der einzige Zweck der Sexualität sein. Eine einzige *Ejakulation* des Mannes produziert etwa 180000000 Spermatozoen, eine Frau erzeugt während ihres Lebens etwa 250000 Eier. Da immer nur ein Ei durch ein Spermatozon befruchtet werden kann, hat die Natur eine hohe Zahl von Paarungen vorgesehen, bei denen Nachkommenschaft nicht produziert werden kann. Die Sexualität beim Manne auf die Ereignisse unmittelbar vor und bei der Zeugung, bei der Frau auf Eisprung (vgl. *Ovarien*) und Schwangerschaft beschränken zu wollen, hieße der Natur eine unsinnige Verschwendung vorzuwerfen.
Unter den Bedingungen der menschlichen Zivilisation hat die Fortpflanzung als mögliche Folge der Sexualität deren seelische Möglichkeiten in der Liebe eher behindert und verzerrt als gefördert. Mit der Vervollkommnung der Verhütungsmittel ist eine absichtliche Trennung der Sexualität von der Fortpflanzung möglich geworden. Mit der künstlichen *Befruchtung*, oder eigentlich: Besamung, kann für eine Fortpflanzung auch dort gesorgt werden, wo ein sexueller Akt nicht stattgefunden hat. Die psychologischen Konsequenzen dieser Entwicklung sind bisher kaum begriffen worden.

Fotografie
bedeutet die Möglichkeit, Bilder zu schaffen, die der Realität entsprechen. Erotische Fotos können die Beschaffenheit eines männlichen oder weiblichen Körpers in allen Details darstellen. Während die meisten Gemälde oder Zeichnungen noch vieles

der *Phantasie* des Beschauers überlassen oder die Vorstellungskraft sogar anregen, können Fotos zu einem beinahe vollkommenem Ersatz der Wirklichkeit werden. Wenn in Lichtbildern ein Beischlaf, eine Orgie, ein sadistischer Akt oder sonst eine abartige Sexualhandlung festgehalten ist, scheinen sie zu ‹beweisen›, daß dieser Vorgang tatsächlich stattgefunden hat.
Dabei wäre meist leicht zu erkennen, daß die Aufnahmen der Porno-Fotografen fürs *Sex-Business* mit bezahlten Modellen in einem Atelier künstlich gestellt worden sind. Die Männer und Frauen, die sich auf einen solchen professionellen *Exhibitionismus* einlassen, sehen oft nicht gerade wie Leute aus, mit denen man näher zu tun haben möchte. Die Arrangements sind häufig derart überdreht, daß aus der Realistik schon wieder eine Art Surrealismus wird. Natürlich gibt es auch erotische Fotos von hoher Eleganz und hervorragendem Geschmack, aber die künstlerische Fotografie entfernt sich wieder von der Realität bis zur absichtlichen Verfremdung.
Auch Amateurfotografen setzen Kamera und Blitzlicht oft für erotische Zwecke ein. Es gibt Fälle von «Fotomanie», die den Eindruck erwecken, all die erotischen Handlungen, die da in Bildern festgehalten werden, haben einzig zum Zweck der Aufnahme stattgefunden – oder eigentlich nicht stattgefunden, sondern sind nur für den Augenblick des Klickens «posiert» worden. Die entsprechenden Foto-Alben sind dann Scheinbeweise für den Urheber oder für die, vor denen er als *«Kandaules»*, vielleicht im Rahmen eines erotischen *Brief*-Wechsels, prahlt.
Fotomontagen und nachträgliche zeichnerische Veränderungen von Fotos eröffnen vielerlei Möglichkeiten zur Vermischung von Wunsch und Wirklichkeit. Die Fotografie, technisch zur Erfassung des Realitätsprinzips fähig, gehorcht in den Händen des Menschen gerade in der Erotik am Ende doch dem *Lust*prinzip.

Freie Liebe,
langfristige Geschlechtspartnerschaft ohne rechtliche Bindung. Der englische Dichter Shelley schrieb 1813 im zweiten Jahr einer unglücklichen Ehe: «Die Liebe welkt unter dem Zwange; ihr eigentümliches Wesen ist Freiheit.» Die Propaganda früherer Jahrzehnte für die freie Liebe ist vor dem Hintergrund einer Moral zu verstehen, die es einer achtbaren Frau unmöglich machte, ihrer Liebe zu einem Manne vor oder neben der *Ehe* vollen Ausdruck zu geben, während viele Mädchen zu einer Ehe ohne Liebe gezwungen wurden. Heute braucht ein Recht auf freie Liebe kaum noch ertrotzt zu werden. Der Wert der Ehe liegt nicht mehr darin, daß sie den einzigen erlaubten Zugang zur Sexualität eröffnete wie einst, sondern in der Zusammengehörigkeit, zu der sich Mann wie Frau durchaus «frei» verpflichten können.

Französisch
ist namentlich für die US-Amerikaner eine Umschreibung für «erotisch». Diese Gleichstellung ist gewiß

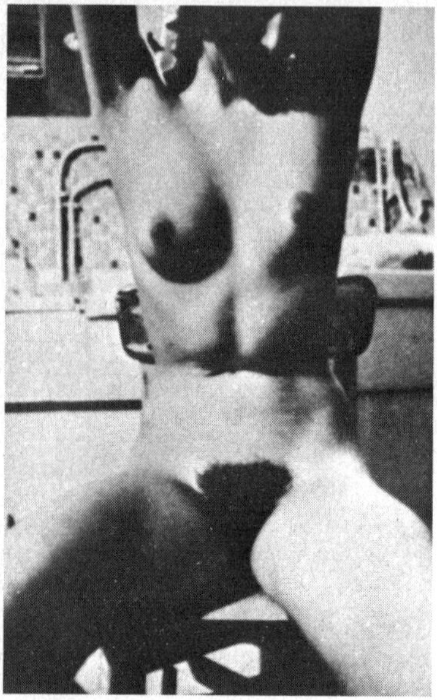

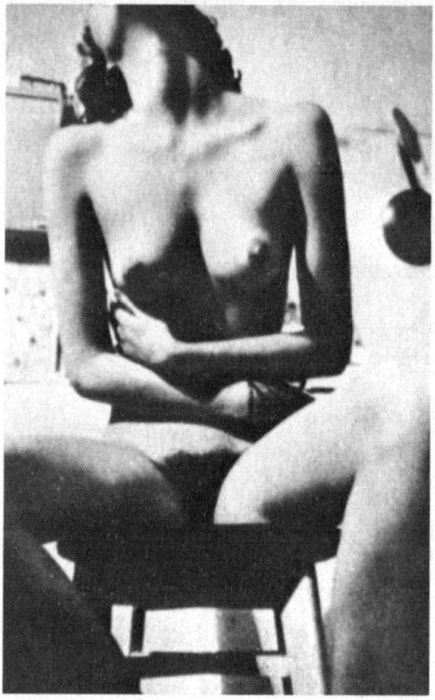

Bewegungsstudie · Aus dem Akt-Album «Attali»

nicht im französischen Nationalcharakter begründet. Doch hatte die höfische Kultur der französischen Monarchen eine Luxusindustrie begünstigt, die in französischen Modefirmen und Parfum-Fabriken weiterlebt. Französische Schriftsteller wie Flaubert, Stendhal, Balzac, Maupassant haben hohes Verständnis für erotische Beziehungen bewiesen und bewirkt.

So nennt man auch bei uns Reizwäsche heute gern «französisch». «French kiss», französischer *Kuß*, heißt der Zungenkuß, oder aber eine *oral-genitale* Liebkosung, also die *Fellatio* oder der *Cunnilingus*. Aber dieselben Amerikaner, die das Französische zur Muster-Erotik erheben, haben durch ihren *«Sex»* die erotischen Vorstellungen der Gegenwart in aller Welt vorgeprägt.

Freudenhaus und Freudenmädchen,
beschönigende Bezeichnungen für das *Bordell* und seine Insassinnen. Solche geschämigen und verlogenen Umschreibungen sind glücklicherweise nicht mehr zeitgemäß. Die neuen Namen machen die *Prostitution* zu einem Dienstleistungsgewerbe: man sagt «Eros-Center» oder *«Call-Girl»*. Aber auch darin liegt schwerlich die ganze Wahrheit.

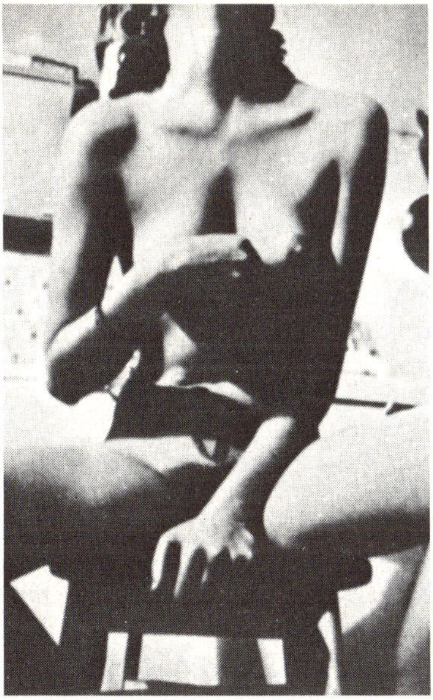

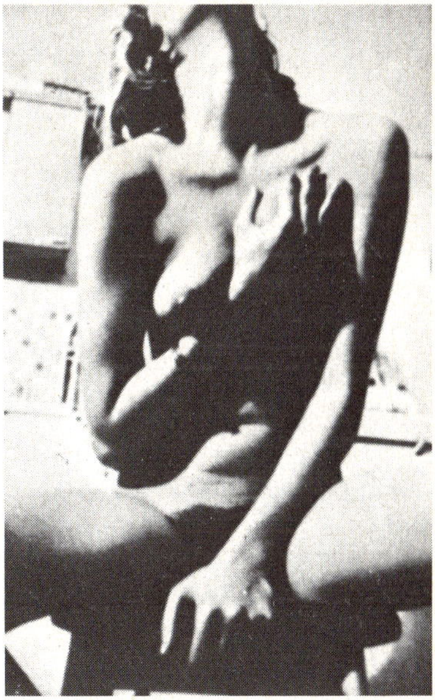

Freundschaft
heißt die innige Verbundenheit zweier Menschen ohne sexuelle Begierden. Man hat früher gern bezweifelt, daß es eine Freundschaft zwischen Mann und Frau geben könne. Man nahm an, daß zwischen den Geschlechtern bei jeder engeren Beziehung die sexuelle Anziehungskraft durchschlagen müßte. Hinter dieser Skepsis verbarg sich die Tatsache, daß Mann und Frau infolge der unterschiedlichen Erziehung und gesellschaftlichen Stellung zuwenig Gemeinsames verband, was eine Freundschaft hätte tragen können. Zwischen Frauen von Geist und Männern von Kultur hat es durchaus Freundschaften gegeben, und es gibt sie heute erst recht.
In Wahrheit läßt sich aber Freundschaft von Erotik keineswegs so grundsätzlich trennen, wie man das meist annimmt. Ohne Elemente der Freundschaft wäre eine lebenslange, lebenslang erfüllte *Ehe* nicht denkbar. Auch die Freundschaft zwischen Männern oder zwischen Frauen wird von einer sublimierten Sexualität getragen. Die homosexuellen Tendenzen, die jeder Mensch mit auf die Welt bringt, werden unter dem Einfluß der heterosexuellen Erziehung in Freundschaften kanalisiert. Zwischen Freundinnen kommt es dennoch relativ leicht zu Liebkosungen,

die als erotisch erkennbar sind. Mindestens bei den germanischen Völkern mit vorwiegend protestantischem Einfluß sind die Hemmungen gegen einen Austausch von Liebesbezeugungen unter Männern unsinnig hoch aufgestaut. So wird dann die Freundschaft durch gemildert aggressive Akte bekundet: man pufft sich ins Kreuz.
Auch die manifeste und selbst die ausschließliche *Homosexualität* geht in Freundschaft über. «Platonische Liebe», also eine Liebe ohne direkte Berührung und ohne Begierde, ist nach Platos «Symposion» eigentlich nur die homosexuelle Freundschaft.
Die Nähe der Freundschaft zur Erotik wird umgekehrt deutlich, wenn ein Mädchen seinen Liebhaber «meinen Freund» nennt und von ihm «meine Freundin» genannt wird. Zwischen Freundschaft und Liebe zieht sich keine von Schlagbäumen gekennzeichnete Grenze hin.

Frigidität,
die «Geschlechtskälte» bei Frauen. Anders als die *Impotenz*, die einen Mann zeitweise oder dauernd am *Koitus* hindert und damit auch zeugungsunfähig macht, beschränkt die Frigidität weder die Fortpflanzungsfunktionen der Frau noch ihre Eignung zum Sexualobjekt. Sie macht es ihr aber unmöglich, geschlechtliche Handlungen allgemein oder den Koitus im besonderen zu genießen, auf den Mann zu reagieren oder gar selbst Initiativen zu ergreifen. So kann sie zwar nicht zur Partnerin werden, und der Koitus wird statt zu einer Vereinigung zu einem psychologisch einseitigen Akt des Mannes. Aber wenn der Frau die Sexuallust fehlt, wird sie weder an den Mann Forderungen stellen, die ihn stören könnten, noch die Geschlechtsbeziehung zu einem anderen Mann suchen. Man hat lange in der Frigidität der bürgerlichen Frau die beste Sicherung ihrer ehelichen Treue gesehen, begriff die Geschlechtskälte auch nicht als Fehlentwicklung, sondern als gleichsam natürliche Gegebenheit. Erst als man um die Zeit Freuds einzusehen begann, daß ein Mangel an sexueller Erfüllung Frauen krank machen kann – etwa in den Formen der *Hysterie* und der *Neurosen* –, wurde die Frigidität als Problem erkannt.
Frigidität gibt es in den verschiedensten Graden und Formen. Sie kann sich zur Abwehr jeder Art eines körperlichen Kontaktes ausweiten oder darüber hinaus sogar zur Absperrung aller Dinge, die an Sexualität und Erotik erinnern, so daß sie sich als *Prüderie* äußert. Sie kann zum Schutzwall gegen einen bestimmten Mann oder gegen die Männer überhaupt werden. Sie kann sich auf die Unfähigkeit beschränken, überhaupt oder speziell im Koitus zum *Orgasmus* zu gelangen.
Mit der Geschlechtskälte wird oft die Sexualität selbst abgelehnt. An dieser Einstellung ist meist die Erziehung schuld, die alles Sexuelle als etwas ‹Verbotenes› hingestellt hat. Diese Verknüpfung führt manchmal dazu, daß eine Frau nur ihrem Ehemann gegenüber frigide ist, weil in der Beziehung zu ihm das Verbotene fehlt, während sie sich in einem illegitimen Verhältnis des Verbotenen freut und

frei reagiert. In anderen Fällen ist die Geschlechtskälte eine Folge der Ablehnung der eigenen Weiblichkeit und der Rolle, die der Frau dem Manne gegenüber von der Natur oder der Sitte zugeteilt wird. Wie stark die erzieherischen Momente und die Vorbehalte aus der kindlichen Entwicklung des Mädchens die Haltung der Frau gegenüber der Sexualität bestimmen, zeigt sich an der Erfahrung, daß sehr viele Frauen mit etwa 30 Jahren die Frigidität überwinden: dann sich die *Hemmungen* abgebaut. Manche Formen der Frigidität entstehen aus falscher Erwartung. Das alte Verbot geschlechtlicher Ansprechbarkeit für die ehrbare Frau hat sich teilweise in sein Gegenteil verkehrt: der Orgasmus wird für die Frau zu einer Pflicht sich selbst und dem Mann gegenüber. Dann ist die Frigidität eine Abwehr eben dieser Pflicht. Auch der Mann wird, wenn er sich dazu verpflichtet glaubt, einer Frau möglichst oft den Orgasmus zu verschaffen, in einer solchen Zwangslage oft gerade die Einstellung verfehlen, die das gemeinsame Erlebnis ermöglicht.

Vieles, was Männer für Frigidität halten, ist allerdings nur die Abneigung einer Frau für einen bestimmten Mann. Ihre bewußte Bereitschaft, sich mit einem Manne auf einen Sexualakt einzulassen, wird dann von einer unbewußten Ablehnung korrigiert, und eine innere Beteiligung stellt sich nicht ein.

Wie manche Frauen die Frigidität in der Liebesbeziehung oder der guten Ehe überwinden, so erwerben andere die Geschlechtskälte erst durch schlechte Erfahrungen mit ungeschickten, rücksichtslosen, brutalen Männern. Dann hat es auch ein einfühlsamerer Liebhaber schwer, die Sperren wieder zu öffnen.

Den wohl wichtigsten Aspekt der Frigidität sprach eine Frau an, die nach langen Jahren vergeblicher Jagd nach dem Orgasmus die Freiheit des sexuellen Erlebens erreichte, indem sie «kapitulierte». Darüber schrieb sie laut «Sex Life Report»: «Ich weiß jetzt, was ich zu geben habe, war ich selbst, und daß ich nur, wenn ich mich selbst gebe, mich als Frau finden kann.»

Frotteure

sind Männer, die sich an (fremden) Frauen reiben. Die an sich natürliche Neigung zur Berührung, die auch zum Mittel einer erotischen Werbung, zu einem «Vortasten» werden kann, steigert sich bei manchen scheuen Männern zur Sucht, der sie im Gedränge, in einer überfüllten Bahn, in einem Stadion oder sonst in der Masse nachgeben. Wie Exhibitionisten wollen sie dabei selbst anonym bleiben und suchen auch keinen Kontakt zu einer bestimmten Frau. Neben den perversen Frotteuren, die ihre Lust ausschließlich oder doch vornehmlich auf diese Weise zu befriedigen suchen, gibt es die Fälle, in denen ein zeitweiser sexueller Überdruck bei mangelnder Gelegenheit zur vollen Befriedigung zur Berührung unbekannter Frauen verleitet. Unter den gewohnheitsmäßigen Frotteuren finden sich Fetischisten, die nur eine Brust, nur ein Gesäß, nur bestimmte Körperformen oder nur eine be-

Akt-Studie · Aus «The Classic Nude» von George M. Hester

stimmte Art der Kleidung berühren wollen.

Frühkindliche Sexualentwicklung. Die menschliche Sexualität beginnt nicht erst, wie man früher allgemein annahm, mit der *Pubertät*. Schon bei der Geburt besitzt das Kind alle Geschlechtsorgane, und selbstverständlich ist bei ihm der Sexualtrieb, einer der lebensbestimmenden Triebe, schon da. Doch wie andere Lebensfunktionen sind die sexuellen noch nicht voll ausgebildet. Ehe sie das Stadium der Reife erreichen, machen sie sowohl eine körperliche wie auch eine seelische und unter dem Einfluß der Erziehung eine soziale Entwicklung durch. Mit der Pubertät setzt die Produktion der Keimdrüsen ein, und an ihrem Ende steht die Fortpflanzungsfähigkeit. Aber die Sexualität ist mehr als bloß der Motor der *Fortpflanzung*, aus ihr stammt auch die Bindekraft der Liebe, und sie ist die Quelle der Lust. Der junge Mensch im Alter der Pubertät wäre ganz unfähig, mit dem Durchbruch der körperlichen Sexualreife fertig zu werden, wenn ihn nicht das Leben bis dahin durch die verschiedenen Stadien der kindlichen Sexualität geführt hätte. Die Erzieher wußten immer schon instinktiv, daß nur das kleine Kind sexuell erziehbar ist; im Sturm der Pubertät kämen alle Versuche, die sexuellen Ausdrucksformen im Interesse der Gesellschaft zu regulieren, zu spät.

Nach psychoanalytischer Einsicht durchläuft das kleine Kind drei Phasen, ehe mit etwa 4 Jahren die sogenannte *Latenzzeit* beginnt.

Die erste Phase ist *oral*; in ihr ist die Lust mit der Nahrungsaufnahme gekoppelt. Wenn der Säugling erfährt, daß die Mutterbrust ihm nicht immer erreichbar ist, sucht er die Lust, die er dort neben der Nahrung genossen hat, indem er an seinem eigenen Körper zu lutschen beginnt. Seine Lust wird zur *Auto-Erotik*. Aber die autistische Lust ist nur ein Ersatz, und so wendet sich die *Libido*, das Lust- und Liebesverlangen, wieder einem Objekt zu – vorzugsweise der Mutter.

Mit dem Erscheinen der Zähne setzt die zweite, die anal-sadistische Phase ein. Ihr sadistischer Anteil äußert sich in einer gewissen *Aggressions*- und Zerstörungslust. Man spricht vom Trotz- oder Kaputtmache-Alter. Es wird die Lust an den Ausscheidungsvorgängen entdeckt. Wenn das Kind im Zuge der Reinlichkeitserziehung genötigt wird, seine Exkremente zu der Zeit und an dem Ort zu entleeren, wie es die Erzieher bestimmen, statt nach dem Maßstab der eigenen Lust, erfährt es die erste große Einschränkung der Lustmöglichkeiten, gegen die es sich oft heftig sträubt. Ist es den Geboten der Reinlichkeit gehorsam, empfindet das Kind dies als Liebesbeweis gegenüber der Erziehungsperson und die Exkremente selbst als sein Geschenk.

Etwa mit Abschluß der Reinlichkeitserziehung beginnt die dritte, die phallische Phase. Sie trägt diesen Namen, weil das Interesse nur auf den *Phallus*, das männliche Genitale, und die *Klitoris* als sein Äquivalent gerichtet ist. Die *genitale* Sexualität im vollen Sinne gehört erst zum Zustand der Reife nach der Pubertät.

Die kindliche Sexualität kann noch nicht genital sein. Sie ist auf die Formen beschränkt, die später als Diener der genitalen Sexualität die *Vorlust* bestimmen, oder die losgelöst den Inhalt von *Perversionen* ausmachen. Aber während ein eng fixierter Perverser auf einen der sogenannten *Partialtriebe* beschränkt zu sein scheint – auf die orale, die anale, die sadistische usw. Sexualität –, sind beim Kinde alle Partialtriebe unmittelbar wirk-

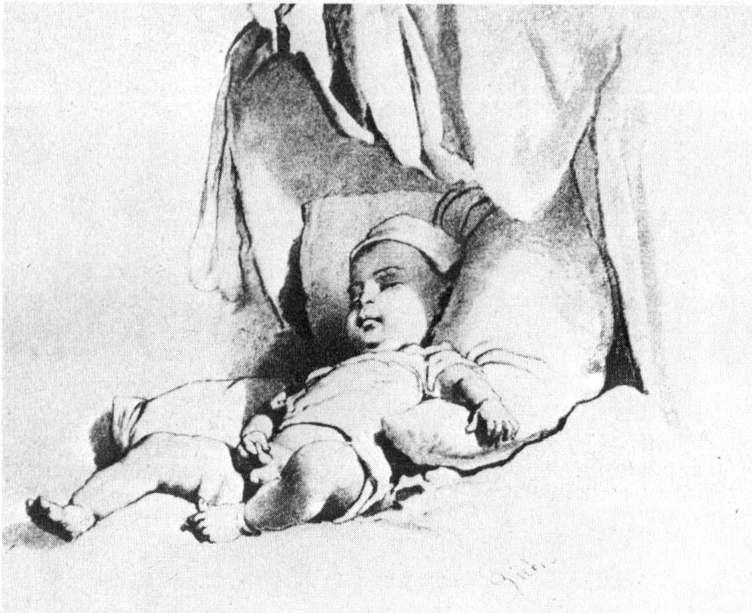

Die ersten Spiele · Radierung von Mihaly Zichy

sam. In diesem Sinne ist Freuds Begriff von der *«polymorph perversen»* Anlage des Kindes zu verstehen.

Zu den Partialtrieben, die die frühkindliche Sexualität bestimmen, gehören auch *Exhibitionismus* und *Voyeurismus*. Die sexuelle Schaulust und ihr Gegenpart, die Lust zur Entblößung, sind nicht an eine einheitlich datierbare Phase gebunden, sondern sie werden geweckt vornehmlich dann, wenn das Kind annehmen muß, es werde bald ein Geschwisterkind erscheinen. In der Angst, durch einen Rivalen in der elterlichen Liebe geschmälert zu werden, will das Kind wissen, woher Kinder kommen und wie sie entstehen. Es betreibt gleichsam eine Sexualforschung mit dem Ziel, den Unterschied der Geschlechter und ihr Verhältnis zueinander zu erkunden.

Die Entdeckung des Knaben, daß Mädchen und Frauen keinen Penis besitzen, und die Entdeckung des Mädchens, daß ihm der Knabe etwas voraus hat, fördern die Entwicklung des *Ödipus-* und *Kastrationskomplexes*, mit dem die frühkindliche Sexualentwicklung endet und die Latenzzeit beginnt. In der phallischen Phase und mit den Ergebnissen der voyeuristischen Sexualforschung trennt sich die Entwicklung des Kna-

Das Stadium der «Sexualforschung» · Radierung von Choisy le Conin (Franz von Bayros)

ben deutlich von der des Mädchens. Die Phasen werden nicht immer glatt durchlaufen. Wird in einer Phase hohe Befriedigung erreicht, dann zögert das Kind, sie zu verlassen. Fehlt es in der neuen Phase an Befriedigung, dann tritt ein Rückgriff auf die früheren Befriedigungen ein. Dieser Hang zur *Regression* bleibt bei vielen Menschen durch ein ganzes Leben erhalten. Die Partialtriebe werden oft statt entwickelt oder überwunden nur unter dem Druck der Erziehung verdrängt, das heißt ins *Unbewußte* verbannt, wo sie weiterwirken, ohne der Kontrolle des Bewußtseins zugänglich zu sein.

Man kann das sexuelle Empfinden

und Verhalten eines Erwachsenen nicht wirklich verstehen, ohne etwas über seine besondere Entwicklung in der frühen Kindheit zu wissen. Je nach der Liebe, die das Kind von den Eltern erfährt, nach seinem Verhältnis zu den Geschwistern, nach Erfahrungen mit Hauspersonal, Nachbarn und Gespielen, bildet sich in diesen Jahren das Muster, nach dem der Erwachsene sich – mehr oder weniger unbewußt – richtet, sei es, daß er das Glück der Kindheit wiederzufinden sucht, sei es, daß er die Wiederholung negativer Erfahrungen um jeden Preis meiden will.

Frustration,
soviel wie Versagung oder Enttäuschung. Die ersten Frustrationen erlebt das kleine Kind, wenn ihm die Mutterbrust entzogen oder die Lust an den eigenen Exkrementen verwehrt wird. Einige Erziehungsreformer meinen, man solle den Kindern so weit als möglich Frustrationen ersparen, wie sie tatsächlich zu schweren Fehlentwicklungen führen können. Aber ein Leben ohne Versagungen und Enttäuschungen ist nicht denkbar, und ein verwöhntes Kind müßte an den Versagungen im erwachsenen Leben doppelt leiden. Das Ziel der Erziehung muß also eher darin liegen, die Fähigkeit zum Ertragen von Frustrationen zu stärken. Wenn eine bestimmte Form der Befriedigung nicht gewährt werden kann, darf dies aber kein allgemeiner Liebesentzug sein. Die Erfahrung, daß man keine Liebe gewinnt, also nicht liebenswert zu sein scheint, und daß die eigene Liebe nicht angenommen wird, ist allerdings eine Frustration, die schwer zu überwinden ist.
Ernsthafte und dauerhafte Versagungen haben schwerwiegende Folgen. Ein Teil aller Grausamkeiten ist die Antwort auf Frustrationen. Die Suche nach Ersatzbefriedigungen – etwa der Selbsttrost über Liebesmangel durch Naschen, Trinken, Drogen – soll die alten Enttäuschungen ausgleichen und ähnliche neue Enttäuschungen vermeiden. Viele Frustrationen sind freilich Ent-täuschungen im eigentlichen Wortsinn, das heißt, sie beruhen auf der Zerstörung von Illusionen, die sich nicht verwirklichen lassen.

Fuß und Schuh
haben in der Erotik eine viel größere Bedeutung, als man für gewöhnlich wahrnimmt. Hübsche Füße sind nicht zuletzt deshalb so reizvoll, weil sie so selten sind. Meist hat das Schuhwerk ihr Aussehen verdorben. Der Anblick eines nackten Fußes ist im Alltag der Städte beinahe so selten wie der eines nackten Gesäßes.
Seinen eigentümlichen Reiz gewinnt der Fuß aber daraus, daß er sonst ein wenig verachtet ist. Die Fußwaschung, zu der sich Könige und Päpste bei zeremoniellen Anlässen verstehen, ist eine Geste der Demut, und auch der Fußkuß versinnbildlicht eine Unterwerfung. Vielleicht noch bedeutsamer ist der *Geruch*, der dem Fuß meist anhaftet; denn Geruch löst starke erotische Assoziationen aus.
Goethe bat seine geliebte Christiane: «Schicke mir bei der nächsten Gelegenheit Deine letzten Tanzschuhe,

Der Fußkuß · Nach einer Zeichnung von Franz Kuna

die kräftig ‹eingetanzt› sind und von denen Du schriebst, daß sie etwas von Dir wären, was ich an mein Herz drücken könnte.» Das ist eine Art Fuß- oder Schuhfetischismus. Natürlich trägt die Beziehung des Fußes zum *Schweiß* zur Erniedrigung, zum gleichsam masochistischen Charakter der Fuß-Erotik bei. Dieser Zug wird noch erheblich verstärkt durch die Gedankenverbindung vom Fuß und Schuh zum Treten.

Alles was für den Fuß gilt, läßt sich auf den Schuh übertragen. Ein sehr ausgeprägter Fetischismus ist sogar häufiger dem Schuhwerk als den Füßen zugewandt. Unter den manischen Schuh-Fetischisten gibt es viele, die spitze Absätze oder scharfe Schuhkappen bevorzugen, und das nicht zuletzt, weil damit an Verletzungen mit dem Schuh erinnert wird. Andererseits stellt der Trippel-Absatz eine Behinderung der Trägerin, eine Art Fesselung dar, ganz wie die alt-chinesische Sitte der von früher Kindheit an bandagierten und so am Ende verkrüppelten «Lilienfüße» bei Mädchen und Frauen höherer Stände. Eine andere fetischistische

Erwartung · *Anonyme Buch-Illustration, Paris 1932*

Vorliebe gilt hohen Stiefeln, die eine Frau ein wenig zu vermännlichen scheinen, sie also zu einer Herrin machen: So sind hohe Stiefel geradezu zum Abzeichen jener gehobenen Prostituierten geworden, die sich auf die Wünsche masochistischer Männer spezialisiert haben.

Am entgegengesetzten Ende der Skala stehen die Verehrer der zehenfreien Schuhe und der Sandalen. Die Teil-Entblößung des Fußes wirkt auf manche Männer beinahe so stark wie ein Blick auf die Geschlechtszone. Viele Fälle eines perversen, also ausschließlichen und manischen Fuß-Fetischismus gehen auf eine Gelegenheit während der Kindheit zurück, bei der ein Knabe einen nackten oder halbentblößten Fuß erblickt hatte. Der Eindruck ist deshalb so stark, weil die Fuß-Spitze, insbesondere der große Zeh, den *Penis* symbolisiert: den Penis, den der Knabe bei der Frau vermißt, und den manche Männer unbewußt immer noch suchen.

Die Launen der Schuh-*Mode* zeigen, daß für alle Reize, die im Mittelpunkt einer Sucht stehen können, auch Durchschnittsmänner ansprechbar sind. Der elegante Pantoffel gilt vielfach als Symbol von Schlafzimmer-Intimitäten. Die Barfuß-Tänzerin machte einst auch deshalb Furore, weil ihre Spezialität etwas Unanständiges zu haben schien. Und während

Exlibris eines Schuh-Fetischisten · Um 1930

des Sommers lackieren sich mehr Frauen die Fußnägel farbig, als man farbigen Lack auf den Fingernägeln sieht: vermutlich möchten sie Männerblicke auf die sonst versteckte Region lenken.

Der *Fetischismus* für Fuß und Schuhwerk ist der einzige, der einen besonderen Namen hat: man nennt ihn auch «Retifismus» nach dem französischen Schriftsteller Nicolas Rétif de la Bretonne, einem Zeitgenossen und Konkurrenten des Marquis de Sade, der einen Roman mit dem Titel schrieb «Le Pied de Fanchette». Die Abartigkeit beginnt, wenn ein Mann eine Frau um ihrer hübschen Füße willen liebt, statt einen Fuß um der Frau willen, zu der er gehört.

Gastprostitution
gab es bei vielen Naturvölkern, im Altertum aber auch in höheren Kulturen, vor allem im Fernen und Nahen Osten. Ihr liegt der Gedanke zugrunde, daß ein Mann mit seinem Gast alle seine Habe teilt, also ihm auch die eigene Frau anbietet. Diese Konsequenz setzt voraus, daß die Frau als Besitz ihres Gatten gilt. Die Sitte der Gastprostitution fordert von ihr – oder gibt ihr die Möglichkeit –, den Gast auf eine ganz besondere Weise zu ehren und zu pflegen. Das Verhältnis zwischen Mann, Frau und Gast ist psychologisch eher vom Prinzip des *Dreiecks* her zu begreifen als nach dem Muster der eigentlichen *Prostitution*, der sexuellen Hingabe um materieller Vorteile willen.

Gebärden,
Gesten und Mienen drücken oft mehr aus als Worte. Sie gelten über die Sprachgrenzen hinweg. Oft deuten sie an, was man nicht sagen darf. Die traditionelle Auffassung, daß es für ehrbare Frauen nicht schicklich sei, von Liebe zu sprechen oder gar dem Manne gegenüber die *Initiative* zu ergreifen, hat die Kunst der Andeutungen mit Gebärden und Mienen zeitweise hoch entwickelt. Es entstand eine geregelte Sprache der Bewegungen mit dem Fächer oder dem Taschentuch. Vielleicht noch bedeutsamer ist die Mitteilung durch unwillkürliche, unbewußte Gebärden, die sogar Regungen ausdrücken können, die dem Mitteilenden selbst nicht bewußt sind. «Wessen Lippen schweigen, der schwätzt mit den Fingerspitzen», heißt es bei Freud. Manche Gebärden freilich sind eindeutig, ja unverschämt, und werden doch hingenommen, weil ihr Inhalt nicht in Worte gefaßt ist. International verständlich und seit den ältesten Zeiten bekannt ist die «Fica», die Haltung der Hand, bei der der Daumen zwischen Zeigefinger und Mittelfinger gesteckt wird, um den Koitus darzu-

stellen. Sogar Dürer hat die Fica verewigt.

Gebärmutter,
in der wissenschaftlichen Sprache Uterus genannt, zusammen mit den Eileitern und Eierstöcken *(Ovarien)* das innere weibliche Geschlechts- und Fortpflanzungsorgan. Die Gebärmutter hat die Form einer abgeplatteten Birne, ist 8 bis 10 Zentimeter lang und wiegt bei der geschlechtsreifen, nichtschwangeren Frau zwischen 30 und 60 Gramm.
Die obere, dickere Hälfte ist der Gebärmutterkörper, der schlanke untere Teil der Gebärmutterhals *(Cervix)*. Nach mehreren Geburten nimmt der Gebärmutterkörper etwa zwei Drittel der Gesamtlänge ein, der Gebärmutterhals ein Drittel.
Der Gebärmutterhals ragt mit seiner abgerundeten Kuppe (Portio vaginalis) zapfenförmig in den hinteren Scheidenraum. Dort liegt der (äußere Gebär-)Muttermund. Er führt in den engen, etwa drei Zentimeter langen Gebärmutterhals-Kanal, der sich hinter dem inneren Gebärmuttermund zur Gebärmutterhöhle erweitert.
In die oberen rechten und linken Winkel der Gebärmutterhöhle münden die Eileiter. Die Wände der Gebärmutterhöhle sind mit einer Schleimhaut ausgekleidet, die reich von Blutgefäßen und Drüsen durchsetzt ist (Endometrium). Unter dem wechselnden Einfluß von Eierstockhormonen wuchert das Endometrium in der zweiten Hälfte des *Menstruations*-Zyklus und wird damit für die Einnistung des befruchteten Eies

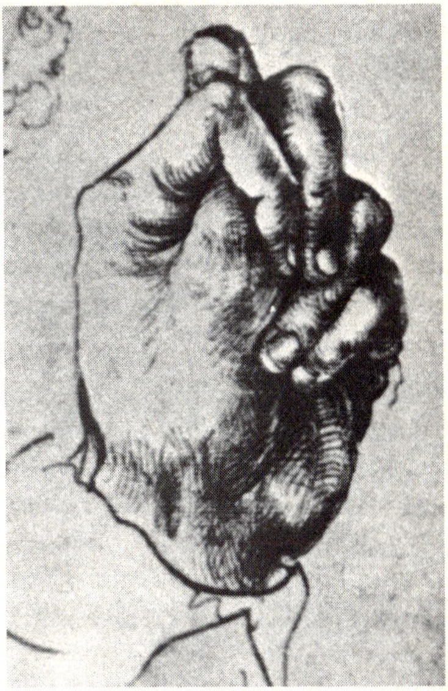

Die «Fica» · Handstudie von Albrecht Dürer

vorbereitet. Findet keine Empfängnis statt, dann bricht die aufgequollene Gebärmutterschleimhaut zusammen und wird mit dem Menstruationsblut ausgestoßen.
Abgesehen von den ständigen Veränderungen der Gebärmutterschleimhaut ist die Gebärmutter außer in der Schwangerschaft in erster Linie ein starker Muskelkörper. Die Gebärmutterhöhle ist eng; erst in der Schwangerschaft wird aus dem kleinen Hohlmuskel ein sehr großer Behälter, der die Leibeshöhle vom Bekkenboden bis zu den unteren Rippen ausfüllt. Dabei nimmt die Gebärmutter, ohne das Kind, um das 20- bis 30fache ihres ursprünglichen Gewichts zu.

Im nichtschwangeren Zustand liegt die Gebärmutter wohlgeschützt im kleinen Becken. Sie ruht nach vorn geneigt auf der Harnblase, und ihre Längsachse bildet fast einen rechten Winkel zur Scheide. Feste und zugleich elastische Bänder geben ihr Halt, lassen aber bei einer Schwangerschaft auch die nötige Ausdehnung zu.
Infolge anlagebedingter Schwächen der Bänder oder durch Entzündungen und Verhärtungen des Becken-Bindegewebes kann die allseitige Beweglichkeit der Gebärmutter behindert werden. Schwächen des Bandapparates können zu einer Senkung oder Knickung der Gebärmutter führen und Unterleibsbeschwerden, Regelstörungen, Sterilität, Ausfluß und Kreuzschmerzen zur Folge haben. Dann ist der Gang zum Arzt angebracht.
Nach den Ergebnissen der Laborforschung durch das amerikanische Ärztepaar Masters und Johnson richtet sich die Gebärmutter mit steigender sexueller Erregung derart auf, daß die Achse des Gebärmutterhals-Kanals mit der Achse der Scheide fast eine Gerade bildet. Die höchste Aufrichtung wird mit dem *Orgasmus* erreicht. Während des Orgasmus kommt es zu mehreren krampfartigen Zusammenziehungen der Gebärmutter. Die Annahme, daß die Gebärmutter dadurch einen Saugeffekt erzeugt, der das Aufsteigen der Samenflüssigkeit zu den Eileitern fördert, wird durch diese Forschungen nicht bestätigt.
Die sexuelle Ausstattung der Frau ist sehr viel komplizierter als die des Mannes, aber sie ist von außen nicht sichtbar. Hierin sind viele Unterschiede in der Wertschätzung von Mann und Frau bedingt, vom *«Penis-Neid»*, den Freud konstatierte, über die Scheu des Mannes vor der «unheimlichen» Frau bis zu einer Art Uterus-Neid, der ihrer Fähigkeit gilt, Leben zu gebären.

Geburt
ist der Vorgang, durch den etwa 280 Tage nach der letzten *Menstruation* die reife Leibesfrucht ausgestoßen wird. Die Geburt beginnt mit den Zusammenziehungen der Gebärmuttermuskeln und dem bald folgenden Sprung der Eihäute. Zugleich wird das Fruchtwasser entleert. Die Geburtswege, besonders der Muttermund, die Scheide und der Scheidenausgang erweitern sich, und das Kind tritt heraus, meist mit dem Kopf zuerst. Danach wird die Nabelschnur getrennt. Nach einiger Zeit wird durch erneutes Zusammenziehen der *Gebärmutter* die Nachgeburt (Plazenta) ausgestoßen.
Die Schmerzen, die die Frau bei der Geburt empfindet, gehen zum Teil auf den Körperbau des Menschen zurück. Infolge des aufrechten Ganges drängen die schweren Eingeweide, vor allem natürlich das Kind, nach unten auf die Leibesöffnung zu. Der Verschluß setzt seiner Öffnung bei der Geburt stärkere Widerstände entgegen. Dazu kommt, daß das menschliche Kind bei der Geburt einen relativ großen Schädel besitzt.
Lange hat man die Geburtsschmerzen der Frau als ein von Gott selbst verordnetes Leiden aufgefaßt, gegen

das der Mensch nichts tun dürfe. Doch zum natürlichen Wesen des Menschen gehört nun einmal sein Verstand, der ihm erlaubt, seine körperlichen Schwächen und Leiden zu überwinden. Mit krampflösenden Mitteln fördert man daher die Erweiterung des Muttermundes und der Geburtswege. Mit Beruhigungsmitteln dämpft man die Angst und die seelische Erregung der Mutter. Man läßt die Gebärende Chloroform oder Lachgas einatmen, um die Schmerzen zu lindern, meist gerade in dem Maße, daß ihr Bewußtsein erhalten bleibt.

Einen anderen Weg zeigte der Engländer Read auf, indem er davon ausging, daß die Angst vor Schmerzen erst recht Schmerzen erzeugt. Er wollte eine «Geburt ohne Angst» – nicht eigentlich, wie man oft meint, eine «Geburt ohne Schmerzen» – erreichen: durch seelische Vorbereitung der Mutter und durch gymnastische Entspannungsübungen.

Der Arzt und die Hebamme sollen der werdenden Mutter bei den regelmäßigen *Schwangerschafts*-Untersuchungen klarmachen, daß eine Geburt nichts Krankhaftes oder Gefährliches ist. In der «Wehenschule» lernt die Frau richtig zu atmen und sich seelisch und körperlich vollkommen zu entspannen. Die Schwangeren-Gymnastik beginnt in der 16. bis 20. Schwangerschaftswoche und sieht mindestens fünf Übungsstunden mit Arzt, Hebamme oder Krankengymnastin vor.

In dem alttestamentarischen Satz «du sollst mit Schmerzen Kinder gebären» sehen Sozialpsychologen einen Ausdruck der patriarchalischen Gesellschaftsordnung, die sich damals noch gegen mutterrechtliche Anschauungen durchzusetzen hatte. Es wird darauf hingewiesen, daß in liberaleren Zivilisationen und in den primitiven Kulturen mit Überresten mutterrechtlichen Denkens die Geburtsschmerzen nicht so groß werden. Tiefer führt der Hinweis auf die Sexualverbote für die Frau in der bürgerlichen Kultur. Solange noch eine Moral nachwirkt, die eine Lust der Frau an der Sexualität abwehrt oder abwertet, kann auch die Geburt nicht ohne Hemmungen sein.

Geburtenregelung
ist mehr als nur *Empfängnisverhütung*. Sie kann auch, angesichts der Überbevölkerung, nicht mehr darin bestehen, eine möglichst hohe Geburtenzahl zu fördern. Wichtig ist auch, daß die Kinder unter günstigen Umständen geboren werden, und das heißt vor allem, daß sie erwünscht sein sollten. Nur erwünschte Kinder empfangen so viel Liebe, wie sie brauchen, um auch seelisch gesunde Menschen zu werden. Asoziale und Verbrecher sind nahezu ausnahmslos Menschen, die als Kinder unerwünscht waren. Darüber hinaus stellt sich das Problem, welcher Nachwuchs sozial erwünscht oder aber unerwünscht sein kann. Dabei geht es sowohl um das schlechte Erbgut in manchen Familien als auch um die *sozialen Verhältnisse*, die in gewissen Randschichten noch immer so ungünstig sind, daß die Kinder darin kaum zu physisch wie psychisch gesunden Menschen aufwachsen kön-

nen. Andererseits ist in Schichten, in denen die günstigsten Voraussetzungen gegeben wären, die Kinderzahl oft extrem niedrig. Die Erfahrungen mit der Eugenik im Dritten Reich zeigen freilich, wie leicht eine Bevölkerungspolitik, die hier eingreifen könnte, dem Machtmißbrauch verfällt. Der Weg zu einer vernünftigen, annehmbaren Lösung ist noch nicht sichtbar.

Gefühl,
der Tastsinn, dessen Organe in erster Linie die Fingerspitzen, darüber hinaus aber die ganze Haut sind. Es ist gewiß kein Zufall, wenn man auch gewisse seelische Vorgänge «Gefühle» nennt, denn die ersten Gefühle erfährt der Mensch durch Hautkontakte.
Indessen wurden mit der Erotik die Sinne der Weite, das *Gesicht* und das *Gehör*, kultiviert, die Sinne der Nähe aber, der *Geruch*, der *Geschmack* und das Tastgefühl, vernachlässigt. Vor allem in dem modernen Schau-Sex werden sie behandelt, als gäbe es sie nicht. So werden sie umgekehrt für die Intimität, für das reale Liebeserleben in der Partnerschaft, um so bedeutender. Vor allem der Tastsinn erkundet die *erogenen Zonen*, stimuliert sie, und wird von ihnen stimuliert. Nicht nur absichtliche Berührungen wirken erotisch. Die bloße Nähe der Körper, ihre Wärme, vermittelt das «Gefühl» der Zusammengehörigkeit und Geborgenheit. Auch zunächst unangenehme Hautempfindungen wie Hitze, *Kälte*, *Schmerz* können Erregungen auslösen, die unter gewissen Bedingungen in *Lust* umschlagen. Für den Menschen, dessen Körper von keinem Fell umhüllt ist, muß das Tastgefühl besonders wichtig sein – auch und gerade in der Liebe.

Gehör,
der akustische Wahrnehmungssinn, dessen Organ das *Ohr* ist. Für den Menschen ist das Hören besonders wichtig wegen der Verständigung durch die *Sprache*. Das gesprochene Wort vermittelt einen unmittelbar sinnlichen Eindruck, der in der Schrift verlorengeht. Zum Sinn der Worte tritt der Ausdruck der *Stimme*. Sie kann an sich neutrale Wörter und sogar Schimpfwörter zu Liebesworten machen. Der Eindruck des Wortes durch das Gehör hat sich in Begriffen wie «Gehorsam» und *«Hörigkeit»* niedergeschlagen.
Aber auch das Hören von *Musik* und von Lauten kann eine starke erotische Wirkung haben. Man denke etwa an das Rascheln von Kleidung, mehr noch an die unwillkürlichen Stimmäußerungen während der *Kohabitation*, das Stöhnen und *Schreien*, und natürlich auch an das Knirschen des Bettes. Für viele Kinder ist der erste sexuelle Eindruck die akustische Zeugenschaft eines Beischlafs der Eltern. Danach bilden sie sich oft die Vorstellung vom *Koitus* als einem wilden, geradezu sadistischen Akt. Die Ergänzung dessen, was man hört, durch optische Vorstellungen nach eigener *Phantasie* schafft auch einen besonderen Reiz, wie ihn die *«Auditeure»* (Hörlüsternen) suchen.
Während Männer im allgemeinen stärker auf optische Eindrücke rea-

Auch über Geld . . .

... spricht ‹man› nicht. Man kann zwar nicht leben ohne Geld, aber man soll auch nicht reden über Geld. Das Thema ist manchem peinlich.

Zum Geld haben viele Leute ein doppelbödiges Verhältnis. Man findet viele, die das Geld schmähen, aber kaum einen, der es verschmäht.

gieren als Frauen, scheint für die Frauen der Gehörsinn wichtiger zu sein als für die Männer. So kommen deutlich mehr Lieder männlicher Schlagerstars auf die Hitlisten als Songs der Sängerinnen.

Geisha,
japanisches Sing- und Tanzmädchen nach alter Tradition. In den Vergnügungsvierteln der alten Kaiserstadt Kyoto leben heute etwa 400 Geishas in den Geisha-Häusern, die unter Leitung einer Geisha-Mutter stehen. Diese Häuser nehmen Mädchen im Alter zwischen fünf und zehn Jahren als Lehrlinge auf. Die Eltern werden mit Geld abgefunden. Dafür ist das Mädchen verpflichtet, dem Haus nach abgeschlossener Ausbildung sieben bis acht Jahre zu dienen. Die Ausbildung erstreckt sich auf Tanz, Singen, Gitarrespiel, Schmink-Kunst, die Tee-Zeremonie, Blumenarrangements, feine Lebensart und Massage.
In ihren prächtigen Kimonos, mit den maskenhaft weiß gepuderten Gesichtern unter der hochgetürmten Frisur, den abgezirkelten Bewegungen ähneln die Geishas kunstvollen Puppen. Ihre Haupttätigkeit besteht darin, in geschlossenen Gesellschaften Männer mit ihren Sing- und Tanzkünsten zu unterhalten und anschließend die Rolle charmanter Gastgeberinnen zu spielen. Diese Gesellschaften finden in den «Teehäusern» statt, die Geishas werden von der Geisha-Mutter vermietet.
Ist das Geisha-Mädchen geschlechtsreif, muß für sie ein fester Herr gefunden werden: sie wird also *Mätresse*. Viele Geishas von geringerer Klasse gleiten in die offene *Prostitution* ab. Die gehobenen Geishas sind mit den *Hetären* des griechischen Altertums oder den *Kurtisanen* der Renaissance zu vergleichen. Die Kultur der Geisha hängt mit den Ritterdiensten der Samurai zusammen, die keine Ehe eingehen konnten, aber Anspruch auf gebildete und gepflegte Partnerinnen hatten. Heute gehört die Geisha zu einer mühsam erhaltenen Folklore, die nicht zuletzt im Dienst des Tourismus steht.

Gelbkörper,
in der Wissenschaftssprache «Corpus luteum», ein Gebilde, das sich nach dem Eisprung unter dem Einfluß eines *Hormons* aus der Hirnanhangdrüse *(Hypophyse)* im Eierstock formt. Der Gelbkörper erreicht seine Blüte drei bis sieben Tage nach dem Eisprung (vgl. *Ovarien*). In der zweiten Hälfte des *Menstruations*-Zyklus ist er der wichtigste Produzent des weiblichen Geschlechtshormons Östrogen sowie des Hormons Progesteron, das die Wucherung der Gebärmutterschleimhaut und damit die Vorbereitung für die Einnistung eines befruchteten Eies auslöst.
Wird das Ei nicht befruchtet, bildet sich der Gelbkörper drei bis vier Tage vor dem erwarteten Menstruations-Termin zurück. Die Produktion von Progesteron (deutsch: für die Schwangerschaft) setzt schlagartig aus, und die für die *Schwangerschaft* aufgebaute Schleimhaut der Gebärmutter bricht unter diesem Hormonmangel zusammen. Sie löst sich auf, wird abgestoßen, und die Blutung

setzt ein.
Wird das Ei jedoch befruchtet, bleibt der Gelbkörper noch zwei Monate erhalten und sichert so lange die Progesteron-Versorgung der Gebärmutterschleimhaut, bis sich der Mutterkuchen (Plazenta) zu einem selbständigen Versorgungsorgan des werdenden Menschen entwickelt hat.

Genital,
auf die Geschlechtsorgane bezüglich. Genitale Sexualakte sind der *Koitus*, die *Pedikation*, die *Masturbation*, die *Fellatio* und der *Cunnilingus*. Aber mit ihnen erschöpft sich nicht die Sexualität an sich, geschweige denn die Erotik. Nach psychoanalytischer Einsicht durchläuft das Kind mehrere Phasen, in denen jeweils ein *Partialtrieb* der Sexualität die Hauptrolle spielt. Erst nach der Geschlechtsreife ordnen sich diese Partialtriebe dem «Genital-Primat» unter, indem sie der *Vorlust* dienen. Bei den *Perversionen* gewinnen sie einen Vorrang.
Gelegentlich wird die Auffassung vertreten, daß in der Unterordnung aller anderen sexuell-erotischen Möglichkeiten unter das Genital-Primat eine versteckte Art der Sexualunterdrückung liegt, etwa in dem Sinne, daß damit die *Lust* nur freigegeben sei, wenn sie der Geschlechtsvereinigung diene. Doch zugleich hat die Moral lange gerade die genitale Sexualität unter ein Tabu gestellt und so – unfreiwillig – die Partialtriebe, z. B. die Schaulust, gefördert. Die Perversionen im engeren Sinne sind letzten Endes Umwege um eine ‹verpönte› Genital-Vereinigung. Der *Fetischismus* ist zu einem erheblichen Teil die Sexualisierung der Hüllen, die die Genitalien verbergen. Zur vollen Sexualität und zu einer freien Erotik gehören die genitalen Strebungen ebenso wie die der nicht-genitalen Partialtriebe.

Gerontophilie,
«Greisenliebe». In der erotischen Neigung junger Menschen zu sehr viel älteren äußert sich der Wunsch nach einer Geborgenheit wie als Kind. Oft kommt diesem Wunsch die Sehnsucht alter Menschen nach einem jungen Partner entgegen, von dem sie sich eine Art Verjüngung versprechen. Während in unserer Gesellschaft Verbindungen zwischen jungen Mädchen und alten Männern selbst bei sehr krassem Altersunterschied kaum auffallen, erregt die Beziehung eines jungen Mannes zu einer alten Frau Aufsehen. Eine ausgeprägte Gerontophilie findet sich besonders bei Menschen, die in ihrer Kindheit von den Großeltern, einer alten Tante oder sonst einer unverhältnismäßig viel älteren Pflegeperson aufgezogen worden sind.

Geruch
und Geruchssinn gehören zu den wichtigsten Vermittlern erotischer Anziehung und Abneigung.
Bei vielen Tieren machen sich die Zeichen der *Brunst* vor allem durch den Geruch bemerkbar, und das Männchen folgt der Geruchsspur des Weibchens. Beim Menschen hatte schon durch den Aufrechtgang der Geruchssinn an Bedeutung verloren, und Geruchsreize wurden als Erinnerungen an die tierische Vergangenheit

verpönt. Nur die Sinne der Weite, *Gesicht* und *Gehör*, wurden kultiviert. Zugleich verfremdete die Zivilisation die natürlichen Gerüche: durch die Kleidung, in der sich der *Schweiß* sammelt und zersetzt; durch die Zubereitung der Nahrung, die die Ausscheidungsprodukte entsprechend verändert; durch die Umgestaltung der Umwelt bis hin zur Verstädterung. Je mehr Menschen eng nebeneinander leben, desto störender werden die Körpergerüche.

Aber die Geruchsfeindlichkeit der Kultur hat die Wirksamkeit der Gerüche eher verschoben als eigentlich geschmälert. Erinnerungen an Geruchserlebnisse bleiben im *Unbewußten* tief haften; mit dem Wiederaufsteigen des erinnerten Geruchs wird wie automatisch auch die Stimmung wieder lebendig, die zu dem inzwischen vergessenen Erlebnis gehört. Die erotische Anziehung, die der individuelle Geruch eines Menschen auf einen anderen ausübt, wird meist nicht bewußt wahrgenommen, also auch nicht einem Urteil unterworfen, wie man es bei optischen Reizen fällen würde, und gerade deshalb wirkt sie so stark.

Denn jeder Mensch hat einen ganz charakteristischen Geruch, der sich mit dem Lebensalter verändert. Dieser Geruch ist nicht für jeden anderen sympathisch; er wirkt anziehend nur auf einen entsprechend individuell entwickelten Geruchssinn. Diese Erfahrung schlug sich in der Redensart nieder: «Ich kann dich nicht riechen!»

Der Körpergeruch jedes einzelnen nimmt erst mit der *Pubertät* seine typischen Merkmale an. Im besonderen Sinne sexuell ist natürlich der individuelle Geruch der Genitalien, zumal er beinahe nur in einer intimen Situation wahrgenommen werden kann. Der Schweißgeruch entströmt vor allem den Achselhöhlen, der Gesäßspalte und den Oberschenkelfalten. Der Duft des weiblichen Haares, den die Liebeslieder preisen, stammt nicht vom *Haar*, sondern von den Talgdrüsen darunter, die um so wirksamer sind, je längere Haare die Frau trägt. Das gilt auch für das Achsel- und Schamhaar. Mit der *Epilation* verliert die Frau einen Teil ihres charakteristischen Duftes und ihrer ganz individuellen Anziehungskraft.

Hinter dem Fanatismus, mit dem besonders so viele Amerikaner «Hygiene» betreiben, versteckt sich eine eigentümliche Körper- und Geschlechtsfeindlichkeit. Aber schon immer hat man alles mögliche getan, um die Körpergerüche durch künstliche Gerüche zu überdecken. Mit vielen *Parfums* ist man jedoch zur – animalischen – Sexualität zurückgekehrt; der Moschus zum Beispiel stammt aus dem vorhautartigen Beutel zwischen Nabel und Penis des Moschusbockes. Für manch eine Frau war und ist noch charakteristisch nicht mehr «ihr» Geruch, sondern der ihres Parfums. Auch mit dem Manne werden typische künstliche Gerüche assoziiert: etwa der nach Tabak oder heute der nach Benzin.

Die von der Kultur verordnete Abneigung gegen die natürlichen Körpergerüche hat aber auch dazu geführt, ihnen den Reiz des Verbotenen zu verschaffen. Bei vielen Arten des *Fetischismus* sind Gerüche mitbestimmend, am auffallendsten bei der Vorliebe für *Fuß und Schuh*. Der Geruch der menschlichen Ausscheidungen ist bedeutsam für die Harn-Erotik *(Urolagnie)*, die *Koprophilie* (Kotliebe) und die *Mysophilie* (Schmutzliebe). Solche Neigungen werden in der Überbetonung oder gar Ausschließlichkeit zu *Perversionen*, aber gewiß kann man auch einen unüberwindlichen *Ekel* vor Körpergerüchen nicht als «natürlich» bezeichnen.

Gesäß

nennt man die beiden starken Muskelgruppen am unteren Rücken, die ein gutes Polster beim Sitzen bilden. Aber diese Muskulatur ermöglicht es dem Menschen vor allem, sich aus der gebückten Haltung des Vierbeiners aufzurichten. Der «Hintern» oder, nach der Kindersprache, «Popo» ist also ein arteigenes Erkennungsmerkmal, ein erotisches Signal.

Form und Größe der Gesäßmuskeln sind bei beiden Geschlechtern gleich. Die spezifische Rundung des weiblichen Gesäßes entsteht durch Fettpolster. Das Unterhaut-Fettgewebe der Frau wird unter Einwirkung der weiblichen Geschlechtshormone verstärkt, und für die Fettbildung bevorzugt werden Brüste und Gesäß. Die Polsterung des Gesäßes betont das ohnedies breitere weibliche *Becken* und schützt während der Schwangerschaft die Gebärmutter vor Erschütterungen. Die Ausbildung des weiblichen Gesäßes ist ein sekundäres *Geschlechtsmerkmal*, dessen Bedeutung fast die der Brüste erreichen kann. Es gibt Männer, für die der weibliche Popo noch anziehender ist als der *Busen*.

Die Idealvorstellungen vom weiblichen Gesäß sind in den einzelnen Völkern, Kulturen und Zeiten höchst unterschiedlich. Die älteste erhaltene Frauen-Statuette, die «Venus von Willendorf» zeigt ein ungeheuer massiges Gesäß. Etwa aus dem Jahre 360 v. Chr. stammt die Statue der «Venus *Kallipygos*», also der Venus mit dem schönen Hintern. Nach dem Untergang der antiken Welt wurde das Gesäß tausend Jahre lang «vergessen». Erst in der Renaissance begann es wieder eine erotische Rolle zu spielen. Damals wurde der «Wulstenrock» Mode, mit dem gewaltige Rundungen vorgetäuscht wurden. Die Idee wurde um 1880 mit dem «Cul de Paris» wieder aufgegriffen, und Wilhelm Busch amüsierte sich über die «himmlisch hohen Prachtpopos». Zu den knabenhaften Formen, die man in den zwanziger Jahren bevorzugte, paßte ein ausladendes Gesäß natürlich nicht mehr. In jüngster Zeit betrachten manche Frauen ihre Brüste als Schaureiz nur für den Mann und lehnen eine solche Art des Angebotes ab: deshalb betonen sie Gesäß, und zwar auch nicht als Schaureiz (wie ihn etwa Marilyn Monroe kokett anbot), sondern als Zeichen ihrer aufrechten Haltung.

Auch die typische Form des Gesäßes beim Manne ist ein sekundäres Geschlechtsmerkmal, das zeitweise von der Mode betont wurde. Für die männliche Homosexualität gilt die

Neigung zum Gesäß als kennzeichnend; das ist sie aber nicht, denn sehr viele homosexuelle Männer sind vor allem auf den *Phallus* eingestellt. Und nicht nur bei einem Teil der Homosexuellen, sondern auch bei vielen Heterosexuellen hängt die erotische Bedeutung des Gesäßes mit der *analen* Sexualität zusammen. Mit der *Pedikation* wird der After ja zu einem Ersatz oder zu einer Konkurrenz der Scheide.

Das Gesäß ist eine stark *erogene Zone*. Hier liegen empfindliche Nerven, deren Berührung sexuelle Gefühle stimulieren kann. Wenn Kinder zur Strafe auf das Gesäß gezüchtigt werden, kann das die masochistischen Tendenzen so stärken, daß sie sich zur Perversion formen. Ein berühmtes Beispiel dafür kennt man aus den Konfessionen Jean Jacques Rousseaus. Die Fehlentwicklung zum perversen *Flagellantismus* hängt allerdings davon ab, daß die *Strafe* als Zeichen der Liebe und als eine Form des intimen Kontaktes mit dem Erzieher verstanden wird; die flagellantischen Neigungen sind deshalb auch nicht immer an die Gesäß-Erotik gebunden, so häufig sie sich mit ihr verschwistern. Und umgekehrt ist ein freundlicher Klatsch auf das Gesäß gewiß noch kein Flagellantismus.

Präsentation · Tonplastik von Kai Nielsen

Geschlechtskrankheiten

werden vorwiegend durch den Geschlechtsverkehr von Mensch zu Mensch übertragen. Am häufigsten sind in unserem Kulturbereich: die *Gonorrhö* (oder der Tripper), die *Syphilis* (oder die Lues) und der *Schanker*. Ihre Erreger, die Art der Ansteckung, der Krankheitsverlauf und die Folgen der drei Krankheiten unterscheiden sich wesentlich voneinander.

Die Furcht vor einer geschlechtlichen Ansteckung hat neben der Angst vor einer unerwünschten *Schwangerschaft* vermutlich mehr zur Abwehr gegen die Sexualität beigetragen als alle Moral. Der Kampf gegen die Geschlechtskrankheiten wurde auf zwei Ebenen vorgetragen, nämlich indem man einerseits Methoden zur Behandlung entwickelte und indem man andererseits die Verbreitung einzudämmen versuchte. Erste größere Behandlungserfolge erzielte Paul Ehrlich 1908 mit dem Salvarsan. Im Zweiten Weltkrieg wurden die keimtötenden Medikamente (Antibiotika) entwickelt, vor allem das Penicillin, dessen Wirkungen anfangs so groß waren, daß man die Geschlechtskrankheiten für im wesentlichen besiegt hielt. Inzwischen haben jedoch Tripper und Syphilis wieder zugenommen: die Erreger, die Gonokokken und Spirochäten, haben sich diesen Medikamenten angepaßt und eine größere Widerstandskraft (Resistenz) gegen sie entwickelt. Oft werden auch Penicillin-Kuren in falschem Vertrauen auf schnelle Wirkung nicht lange genug fortgesetzt. Eine Rolle spielt auch, daß für *Empfängnis-Verhütung* vor allem mit Hilfe der *«Pille»* gesorgt wird, und nicht mehr so oft mit Hilfe eines *Kondoms*: das Kondom ist das einzige Verhütungsmittel, das auch gegen Ansteckung schützt.

Die Vorbeugungsmaßnahmen gegen Geschlechtskrankheiten waren immer dadurch behindert, daß sie zugleich den Geschlechtsverkehr außerhalb der Ehe zu erleichtern schienen, also der herrschenden Moral zuwiderliefen. Das Kondom etwa durfte nicht an Jugendliche verkauft und nicht in Automaten angeboten werden. Die katholische Kirche hat seinen Gebrauch zur Sünde erklärt. Da Geschlechtskrankheiten besonders stark durch die *Prostitution* verbreitet wurden, mußte man dazu übergehen, sie zu regulieren, und das hieß ja auch, sie in gewissem Sinne ‹anzuerkennen›, was auf große Widerstände stieß und immer wieder einmal stößt. Die Duldung der Prostitution wurde endlich davon abhängig gemacht, daß sich die Dirnen regelmäßigen ärztlichen Untersuchungen unterziehen, die in einem Kontrollbuch vermerkt werden («Kontrollmädchen», in manchen Städten «Freitagsche», weil die Untersuchung immer am Freitag stattfand).

Beim Militär werden die Männer, die ja meist noch keine Ehe eingegangen oder aber von der Ehefrau getrennt sind, ebenfalls regelmäßig inspiziert. Auch sonst wurden vielfach «Sanierungsstellen» eingerichtet, bei denen jeder, der eine Ansteckung für möglich hielt oder schon angesteckt war, sich behandeln lassen konnte, ohne seinen Namen zu nennen. Unter einer Meldepflicht, wie man sie im Dritten Reich für alle Geschlechtskrankheiten eingeführt hatte, werden sich nur wenige Kranke einem Arzt anvertrauen; nicht zuletzt deshalb wurde dieses Gesetz 1953 wieder abgeschafft.

Der beste Schutz gegen Geschlechtskrankheiten ist einerseits die rechte Erziehung und eine Aufklärung von Jugend an, andererseits eine überlegte Liebeswahl.

Geschlechtsmerkmale
kennzeichnen den Mann oder die Frau. Die einzigen Merkmale, die alle Mitglieder des einen oder des anderen Geschlechtes gemeinsam haben und die beim jeweils entgegengesetzten Geschlecht nie auftreten, sind die Geschlechtsorgane, die direkt der *Fortpflanzung* dienen. Man bezeichnet sie deshalb als primäre Geschlechtsmerkmale.

Es sind dies beim Manne: *Hoden*, Nebenhoden, Samenleiter, Vorsteherdrüse *(Prostata)*, Bläschendrüse und *Penis*. Bei der Frau sind es: Eier-

Die Hinterseite · Illustration von Brunelleschi zu einer Boccaccio-Ausgabe

stöcke *(Ovarien)*, Eileiter, *Gebärmutter*, *Scheide*, kleine und große *Schamlippen*, *Klitoris*, *Hymen*.

Die Merkmale, die für die meisten Frauen oder Männer zwar typisch sind, sich aber nicht immer entwikkeln und gelegentlich auch beim jeweils anderen Geschlecht auftreten, heißen sekundär. Sie beginnen sich erst mit der *Pubertät* auszubilden. Sie betreffen den Körperbau, die Bildung von Muskeln und Fett, die Entwicklung der Brust, die Behaarung und die Stimme. Beim Manne sind die Schultern breiter als das Becken, bei der Frau ist es umgekehrt. Beim Manne sind die Muskeln stärker entwickelt, bei der Frau ist der Anteil des Fettes höher. Fett bildet sich bei ihr vor allem an der Brust, den Hüften, dem Gesäß und den Schenkeln, beim Manne jedoch am Bauch. Bei der Frau treten die *Brüste* hervor, die Brustwarzen und die Warzenhöfe werden größer. Der Mann ist ausgezeichnet durch den *Bart*wuchs und die Behaarung der Brust, des Bauches und der Gliedmaßen. Bei der Frau ist das *Schamhaar* auf das Dreieck des Venushügels beschränkt und schärfer abgegrenzt, beim Manne geht es in die übrige Körperbehaarung über. Beim Manne wächst der Schildknorpel des Kehlkopfes stärker; es bildet sich der «Adamsapfel». Dadurch werden die Stimmbänder länger, und die Stimme klingt um etwa eine Oktave tiefer als bei der Frau. Einige der sekundären Geschlechtsmerkmale tragen zur Anziehung des Geschlechtes entscheidend bei.

Bei manchen Frauen bleibt die Brustentwicklung zurück oder fehlt sogar ganz, und es gibt Männer mit fast weiblicher Brustform. Manche Männer sind fast bartlos oder haben eine geringe Körperbehaarung; manche Frauen sind an den Gliedern relativ stark behaart oder haben einen Anflug von Bartwuchs. Es gibt Frauen mit tiefer Stimme («Damenbaß») und Männer mit Piepsstimmen. Solche Abweichungen vom Durchschnitt sagen noch nichts über die Männlich- oder Weiblichkeit in anderer Beziehung aus.

Vieles, was als kennzeichnend für die Frau oder den Mann gilt, hat diese Bedeutung nur den gesellschaftlichen Sitten und Traditionen zu verdanken. Mit Bezug darauf hat man von tertiären Geschlechtsmerkmalen gesprochen. So galt lange als typisch weiblich das lange Haar; aber wenn man einem Jungen vor der Geschlechtsreife die Haare nicht schneidet, wachsen sie ebenso lang wie beim Mädchen, und eine Frau mit «Bubikopf» hört gewiß nicht auf, eine Frau zu sein. Heute verlieren die tertiären Geschlechtsmerkmale an kennzeichnendem Wert, vor allem die der Kleidung. Die Hose ist nicht mehr für den Mann reserviert, und der Jüngling darf Schmuck tragen, ohne als weibisch zu gelten.

Die psychischen Unterschiede zwischen den Geschlechtern sind ebenfalls weitgehend sozial bedingt. Sie stammen insoweit aus den *Geschlechtsrollen*, die die Gesellschaft für Mann und Frau vorschreibt.

Schoß und Brüste · Radierung von Frans van Geteere

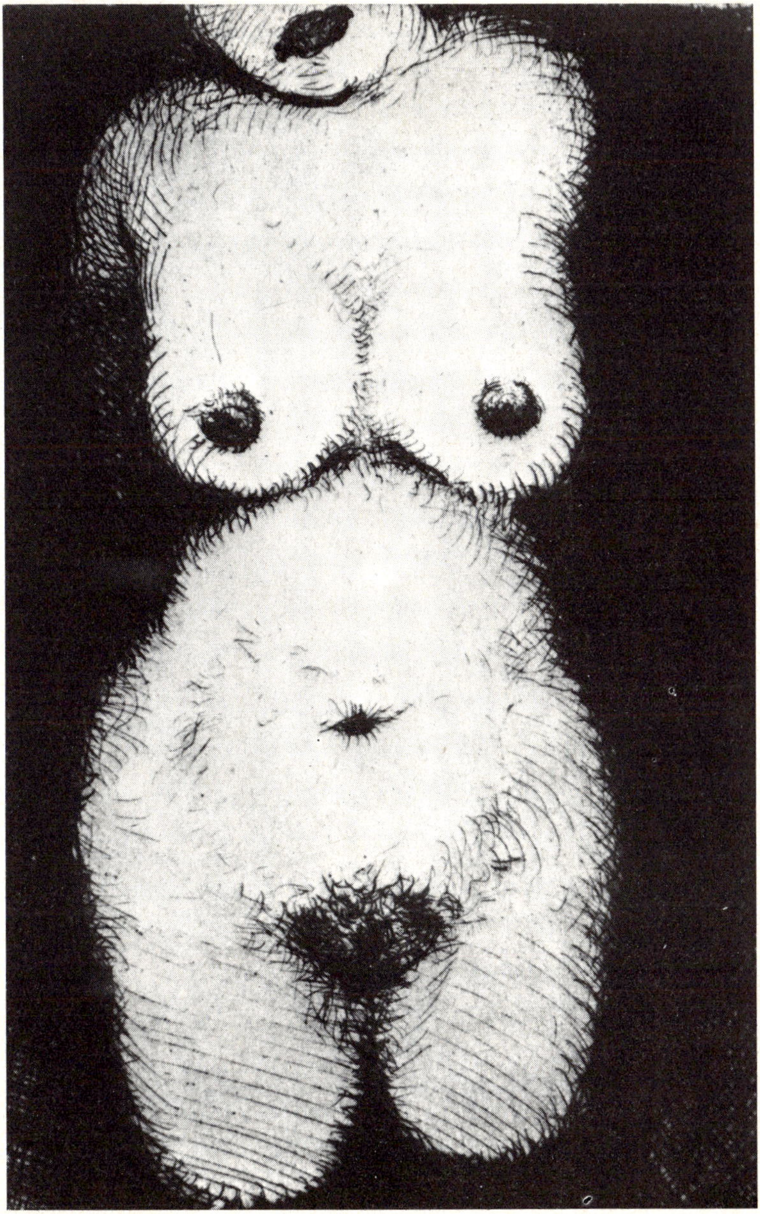

Auch hier gleicht sich vieles allmählich aus. Aus dieser Entwicklung ist der Satz zu verstehen: «Gelobt sei der kleine Unterschied!»

Geschlechtsrollen
werden wahrhaft klassisch definiert in Schillers «Lied von der Glocke»: «der Mann muß hinaus ins feindliche Leben» – «und drinnen waltet die züchtige Hausfrau». Aber so sah die Rollenverteilung keineswegs immer und überall aus. Wie schnell sie sich ändern kann, zeigte sich im Dritten Reich: anfangs wollte man die Frauen an die Kochtöpfe und Kinderwiegen zurückverweisen, schon um im Zeichen der Arbeitslosigkeit die Arbeitsplätze auf die Männer verteilen zu können; im Krieg aber holte man Frauen nicht nur wieder in die Fabriken, sondern zog die Mädchen auch als Krankenschwestern, Rote-Kreuz-Helferinnen und Blitzmädchen direkt in den Kriegsdienst.

Im Zeichen der modernen *Emanzipation* wehren sich viele Frauen gegen die Geschlechtsrolle aus patriarchalischer Tradition. Sie wollen nicht auf die Ehe, das Heim, die Fügsamkeit und die *Koketterie* angewiesen sein, sondern auch im Berufsleben gerade so Karriere machen können wie Männer, wollen ihre Partner frei wählen und in dieser Wahl auch selbst initiativ werden können. Dabei wird fast vergessen, daß ja auch dem Manne eine bestimmte Geschlechtsrolle zugewiesen ist, die seine individuellen Eigenschaften und Neigungen einengt. Besonders auffallend ist die Aggressivität, die man ihm vorschreibt. In Amerika ist nach vorherrschenden Begriffen nur der sportliche Mann «männlich». Hemingways Romane gelten dem Ideal des Mannes als Boxer, Stierkämpfer, Jäger und Krieger. Die Frau darf, ja soll sentimental sein – der Mann darf es auf keinen Fall sein. Sogar Laster wie Saufen und Huren gelten als Beweis der Männlichkeit. Viele moderne Frauen dehnen ihren Protest gegen den Zwang der Geschlechtsrolle auch auf die Rollenvorschriften für den Mann aus. Die Männer selbst lehnen sich bisher leider nur ganz ausnahmsweise gegen ein Diktat auf, das sie unter anderem zu soviel Aggression nötigen will.

Leider hat der Zweifel an den traditionellen Geschlechtsrollen kaum zu einer Freiheit der überlegten Wahl des Verhaltens geführt, eher eine Unsicherheit bewirkt. Namentlich unter jungen Menschen gibt es viele, die nicht recht wissen, auf welche Weise sie Mann oder Frau sein können und sollen. Auch wird teilweise verkannt, daß die Natur selbst dem Manne bei der geschlechtlichen Vereinigung nun einmal eine größere Aktivität, der Frau eine größere Passivität zugeteilt hat. Früher hat man für von der Natur weiblich oder männlich gehalten, was nur Sitte war; heute hält man für bloße Sitte sogar das, was natürlich ist. Der Vorrang und die Vorherrschaft des Mannes waren patriarchalisch, aber es ist weder konservativ noch gar reaktionär, wenn man feststellt, daß grundlegende Unterschiede bestehenbleiben werden, solange es Männer und Frauen gibt. Nicht zuletzt diese Unterschiede bewirken Erotik und Liebe.

Geschlechtsumwandlung

im vollen Wortsinn ist unmöglich. Operationen, die man so nennt, werden manchmal vorgenommen bei echten Zwittern, sogenannten unechten Zwittern *(«Zwischenstufen»)* und bei Transsexuellen.

Bei den sehr seltenen echten Zwittern sind sowohl männliche wie weibliche Keimdrüsen vorhanden – ein Hoden, ein Eierstock, oder beide in einer Zwitterdrüse verschmolzen. Entsprechend haben sich äußere oder innere Geschlechtsorgane mehr oder weniger deutlich ausgebildet. Solche Doppelbildungen können durch eine Abirrung der elterlichen Geschlechts-*Chromosome* schon von der Zeugung an oder erst durch Entwicklungsstörungen im Mutterleib verursacht sein. Im ersten Fall wird man abwarten müssen, wie sich der Mensch seelisch entwickelt. Je nachdem, ob er mehr zur männlichen oder weiblichen Mentalität neigt, kann durch Operation und Hormongaben das entsprechende Geschlecht wenigstens äußerlich ausgedrückt werden. Solche Menschen können liebesfähig werden, aber keine Kinder bekommen.

Häufiger sind die «unechten Zwitter», bei denen die Keimdrüsen eindeutig entweder weiblich oder männlich, die äußeren Geschlechtsorgane jedoch undeutlich ausgebildet sind. Solche Mädchen haben zwar Eierstöcke *(Ovarien)*, aber die *Klitoris* ist übermäßig ausgebildet und ähnelt einem nicht erregten männlichen Glied, die *Scheide* dagegen ist nur angedeutet. Solche Knaben haben nur einen kleinen *Penis*, der eher einer Klitoris ähnelt und bei dem die Harn-Samen-Röhre nicht in der Eichel, sondern unterhalb mündet (Hypospadie); die *Hoden* sind klein, in der Bauchhöhle oder in schamlippenartigen Bildungen unterhalb des Gliedes versteckt. Bei unechten Zwittern ergibt sich aus der Untersuchung des Zellkerns das wahre Geschlecht, und der Arzt kann die unzureichende Bildung der Geschlechtsorgane korrigieren.

Manche Männer, deren biologische Ausstattung vollkommen korrekt ist, empfinden sich so sehr als weiblich, daß sie äußerlich das andere Geschlecht annehmen wollen *(Transsexualismus)*. Eine Operation kann ihnen zwar die Männlichkeit nehmen, das heißt sie kastrieren, und ihnen eine Scheinvagina formen; Hormongaben können ihnen die sekundären Geschlechtsmerkmale einer Frau verschaffen; aber zur Frau im biologischen Sinne werden sie dadurch nicht.

Geschmackssinn

betrifft den Hunger geradeso wie die Liebe. In der ersten, der oralen Phase der *frühkindlichen Sexualität* ist der Lustgewinn unmittelbar mit der Nahrungsaufnahme gekoppelt. Von dieser Erfahrung stammen alle erotischen Befriedigungen des Geschmackssinnes ab. Sie sind stets *«oral»*, denn die Geschmacksorgane des Menschen sind die Schmeckzellen in den Geschmacksknospen der Zunge, des weichen Gaumens und des Kehldeckels. Zur Geschmacks-Erotik gehören der *Kuß*, das Lecken des Körpers, die *oral-genitalen* Akte, aber auch jene Handlungen, denen normalerweise ein besonders starker *Ekel* entgegensteht: Urintrinken *(Urolagnie)* und Kotessen *(Koprophilie)*. Doch immer und überall sind Erotik und Liebe eng mit gutem Essen und Trinken verbunden. Manch ein Mann hat schon die Frau seiner Wahl für sich gewonnen, indem er sie zu einem guten Souper ausführte, und das Liebchen des Soldaten heißt geradezu «Bratkartoffelverhältnis».

Gesichtssinn
und *Gehör*, die Sinne der Ferne, haben an Bedeutung die Sinne der Nähe (*Gefühl*, *Geruch* und *Geschmack*) bei weitem überflügelt. Vor allem der Gesichtssinn wurde hoch kultiviert, so durch die *Bildende Kunst*, das *Theater* und andere *Schaudarbietungen*, durch *Fotografie* und *Film*. In jüngster Zeit sind noch das *Fernsehen* und die Illustrationen der *Presse* hinzugekommen. Der *Voyeurismus*, immer schon ein wichtiger *Partialtrieb* der Sexualität, beherrschte weitgehend das, was man die «Sexwelle» nannte: der erotischen Schaulust dienten Porno-Magazine, Porno-Filme im *Kino* und fürs Heim, das *Striptease*, und gewisse Züge der *Mode*. In allen diesen Erscheinungen liegt ein Gegensatz zur Intimität. Das Sehen vermittelt einen Aufforderungsreiz, aber zu allem, was daraus folgen kann, gehört mehr als das Sehen.

Gigolo,
«Eintänzer». Das Wort wurde populär, als nach dem Ersten Weltkrieg neue Tanzpaläste entstanden und der Fünf-Uhr-Tee Mode wurde. Entlassene junge Offiziere, die außer dem Kriegshandwerk nichts gelernt hatten als gute Manieren, vermieteten sich als Partner tanzlustiger Damen. Ihre Dienste waren gewiß nicht immer auf die Tanzfläche beschränkt. Die Tradition der Gigolos geht aber bis ins frühe 19. Jahrhundert zurück, als sie – neben den Gigoletten – in öffentlichen Pariser Tanzlokalen die Anführer von Gruppentänzen waren.

Godemiché,
auch *«Dildo»* oder *«Olisbos»* genannt, Nachbildung des *Penis* aus Leder, Glas oder Gummi. Die Bezeichnung Godemiché geht auf das lateinische «gaude mihi» – erfreue mich – zurück; sie kommt auch eingedeutscht als «Godemichel» vor.
Künstliche Geschlechtsglieder haben in vielen Fruchtbarkeitskulten und *Einweihungsriten* eine Rolle gespielt. Dem Phallus wurden Statuen errichtet, riesige Nachbildungen wurden bei Festumzügen mitgeführt. In geheimen Ritualien führten Priesterinnen mit vorgebundenen künstlichen Gliedern symbolisch die Begattung aus. Bei zahlreichen Naturvölkern besteht die Weihezeremonie des jungen Mädchens in der *Defloration* mit Hilfe eines künstlichen Penis. Auch im ältesten Rom opferten die Bräute ihre Jungfräulichkeit, indem sie sich auf den eisernen Phallus des Hochzeitsgottes setzten.
Sexuell unbefriedigte Frauen haben

Durch den Spalt · Graphik eines anonymen Künstlers, um 1920

zu allen Zeiten nach Ersatzgegenständen gesucht und sie auch gefunden. Von den primitivsten Nachahmungen bis zu kunstvollen Imitationen reicht die Fertigkeit der Hersteller von Godemichés. Heute werden sogar Kunstglieder angeboten, die «ejakulieren»: eine Blase wird mit einer warmen, sämigen Flüssigkeit gefüllt, die auf einen Druck hin durch den Godemiché in die Scheide strömt.
In erotischen Geschichten und Bildern wird der Godemiché vor allem als Mittel der *lesbischen Liebe* dargestellt. Tatsächlich spielt der Gebrauch eines künstlichen Penis unter weiblichen Homosexuellen nur eine untergeordnete Rolle. Die Frau, die mit vorgebundenem Godemiché wie ein Mann agiert, ist nach unbewußten männlichen Phantasien reizvoll als Verkörperung der Idee von *«Weib mit dem Penis»*.

Gonorrhö,
auch Tripper genannt, die häufigste *Geschlechtskrankheit*. Die Ansteckung erfolgt überwiegend durch den Geschlechtsverkehr; jedoch ist auch Übertragung durch Fliegen, Handtücher, Badeschwämme, Fieberthermometer möglich. Zwischen Ansteckung und den ersten Krankheitszeichen vergehen wenigstens 24 Stunden, höchstens 8 Tage.
Beim Mann macht sich die Gonorrhö zuerst durch Brennen beim Wasserlassen und Jucken an der Öffnung der Harnröhre bemerkbar. Diese Öffnung ist leicht gerötet; von selbst oder bei Druck auf die Harnröhre tritt Ausfluß hervor. Begleiterscheinungen sind manchmal leichtes Fieber, Mattigkeit, heftige und schmerzhafte nächtliche Erektionen. Brennen der Harnröhre und eitriger Ausfluß treten auch bei nicht-gonorrhöischen Harnröhren-Entzündungen auf, die aber in keinem Fall harmlos sind. Es sollte stets ein Facharzt aufgesucht werden, der schnell feststellen kann, ob ein Tripper vorliegt.
Bei der Frau ruft die Gonorrhö zunächst keine ähnlichen Erscheinungen hervor. Erst wenn die Erreger in den Gebärmutterhals aufsteigen, kommt es zu mehr oder weniger Ausfluß aus der Scheide. Darin liegt die besondere Ansteckungsgefahr des Trippers. Man hat die Gonorrhö lange als «Kavaliersleiden» verharmlost. Tatsächlich ist sie die Ursache vieler Schäden bei Mann und Frau. Auch die Kinder tripperkranker Mütter sind gefährdet.
Seit der Entdeckung der Sulfonamide kann die Gonorrhö relativ schnell und sicher behandelt werden. Zwar sind seit 1961 Erreger-Stämme (Gonokokken) entdeckt worden, die eine höhere Widerstandsfähigkeit gegen das Penicillin besitzen, aber Therapie-Versager konnten durch neue Medikamenten-Kombinationen ausgeschlossen werden. Dennoch steigt die Verbreitung des Trippers wieder an. Als Hauptgründe dafür gelten: mangelnde Aufklärung, falsches Sicherheitsgefühl im Vertrauen auf das Penicillin und Unterschätzung des Infektionsrisikos.

Gruppen-Ehe
ist eine *Ehe*, bei der mehrere Männer mit mehreren Frauen zugleich ver-

heiratet sind. Der Schweizer Forscher Bachofen († 1887) und der amerikanische Völkerkundler Morgan († 1881) haben in der Gruppen-Ehe den Übergang von der wahllosen Paarung des Urmenschen zur geregelten Einehe gesehen. Der amerikanische Anthropologe Linton fand noch 1939 auf dem Marquesas-Inseln im Stillen Ozean Haushalte, die «aus dem Hauptgatten, einer oder mehreren Frauen und einer Reihe von Nebengatten» bestanden. Die modernen Propagandisten der Gruppen-Ehe sehen in dieser Form des dauerhaften Zusammenlebens der Geschlechter größere Möglichkeiten der Freiheit für Mann und Frau. Die wirtschaftliche Basis der Ehe könnte so verbreitert und verbessert werden. Der Widerspruch zwischen dem Wunsch nach erotischer Abwechslung und dem nach verläßlicher Gemeinschaft wäre verringert. Zwischen den Mitgliedern einer Gruppen-Ehe könnte es zu einer besonders fruchtbaren Arbeitsteilung kommen: einige der Frauen könnten ihren Berufen nachgehen, weil andere Frauen sich ‹mütterlich› um alle Kinder kümmern würden. Für die Kinder wäre jeder der Männer ‹Vater›, und als ‹Mutter› würden sie die Frau ansehen, die für sie sorgt. Die Erfahrungen mit Gruppen-Ehen reichen nicht aus, um die Vor- oder Nachteile dieser Eheform beurteilen zu können. Gewiß würde eine Kultur, die auf dem Prinzip der Gruppen-Ehe aufgebaut wäre, ganz anders aussehen als unsere bisherige Gesellschaft. Der Umbau schließt ein Risiko ein, das man kaum eingehen wird.

Gruppen-Sex,
erotische und sexuelle Handlungen zwischen mehr als zwei Partnern. Auch in der *«Triole»* oder dem *«Quartett»* stehen neben den sexuellen Kontakten oft noch die persönlichen Beziehungen, die in größeren Gruppen mehr und mehr verblassen. Es scheint geradezu der Sinn der Gruppen-Sexualität *(Pluralismus)* zu sein, das erotische Spiel und die *Ekstase* von der «Liebe» zu befreien. Die Zugehörigkeit zu einer Gruppe von Gleichgesinnten scheint zugleich jedem Teilnehmer das Gefühl zu verschaffen, daß er in diesem Kreis etwas «Erlaubtes» tut, selbst wenn es sonst verpönt ist; er ist also auch in eine Art «Elite» aufgenommen.
Die ältesten Formen der Gruppen-Sexualität waren mit Festen zu Ehren der Fruchtbarkeitsgötter verbunden. Aber auch der moderne Gruppen-Sex hat seine Zeremonien und seine Weltanschauung. In den verschiedensten Zeiten und Kulturen war die Mitgliedschaft bei geheimen Sexualklubs so etwas wie ein Status-Symbol bevorrechtigter Schichten. Das gilt ebenfalls noch für den modernen Gruppen-Sex.
Der *«Partnertausch»* der *«Swapper und Swinger»* unterscheidet sich vom Gruppen-Sex dadurch, daß sich die Paare einzeln zum Geschlechtsvollzug absondern, während bei einer *«Orgie»* alle Teilnehmer beieinander bleiben. Jeder Handelnde ist zugleich Exhibitionist und Voyeur. Die Bisexualität ist allgegenwärtig. Wenn sich Paare bilden, können sie sich auch gleich wieder lösen. Aber es geht nicht immer um Paarungen. In den

schwierigeren Kombinationen treten an die Stelle des Koitus die verschiedensten *Deviationen.* Manche Sex-Gruppen sind sogar besonders auf sadomasochistische oder fetischistische Akte eingestellt. Hier ist die «Erlaubnis» durch eine Gruppen-Moral noch wichtiger als sonst. Auf der anderen Seite wird ein gemäßigter Gruppen-Sex mit Entkleidungsspielen und *Petting* auf Sex-Parties zum Gesellschaftsspiel.

Gummi
als Material für Laken, Kleidungsstücke und hygienische Gebrauchsgegenstände scheint immer häufiger zum Mittelpunkt einer fetischistischen Vorliebe zu werden. Gerühmt werden dann seine Anschmiegsamkeit, dank der es wie eine zweite Haut anliegen kann, seine Luftundurchlässigkeit, die die *Schweiß*bildung stärkt, die eigentümlich stumpfe Oberfläche, die einen besonderen Tastreiz auslöst, und der Geruch. Aber entscheidend dürfte die Fähigkeit des Gummis sein, Flüssigkeiten zu halten oder abzuhalten. In Fällen von einseitig-manischem Gummi-*Fetischismus* geht die Vorliebe oft auf die kindlichen Erfahrungen aus einer Zeit als Bettnässer zurück, und die Gummimatte war gleichsam der erste Fetisch (vgl. *Urolagnie*). Sehr häufig ist die Fetisch-Wahl durch frühe Krankheiten bedingt, in denen eine Wärmflasche, die Gummischürze eines Arztes oder einer Krankenschwester und das Gummilaken auf einer Bahre als Zeichen der Fürsorge wie des Leidens erlebt worden sind. Entsprechend geht der Gummi-Fetischismus vielfach in sadomasochistische Formen über. Gummi-Verkleidungen, Gummi-Wäsche, Gummi-Masken, Gummi-Peitschen und die seltsamsten Gummi-Apparate werden heute von Spezialfirmen auch als «Spielzeug» für jene erotisch Neugierigen angeboten, die alles einmal probiert haben müssen. Jedoch erst mit der Sucht wird aus dem erotischen Spiel mit Gummi eine *Perversion.*

Orgien-Szene aus «La nouvelle Justine» des Marquis de Sade · Anonymes Aquarell

Gynäkokratie,
«Frauenherrschaft», soll nach Meinung einiger Forscher die ursprüngliche Form menschlicher Gesellschaft gewesen sein. Doch *«Mutterrecht»* bedeutete nicht immer «Mutterherrschaft». In allen Hochkulturen jedenfalls ist die Herrschaft nach außen von Männern ausgeübt worden. Einzelne Herrscherinnen wie Nofretete, Elisabeth I., Maria Theresia oder Katharina die Große bedienten sich stets des Regierungsapparates von männlichen Ministern und Beamten. Der Einfluß, den *Kurtisanen* wie Madame Pompadour oder Lola Montez auf die Politik gehabt haben mögen, beruhte nur auf ihrer Macht über einen einzelnen Mann. Viel bedeutsamer wurde die Macht der Frauen im inneren, häuslichen Bereich, und hier wieder ihre Macht als Mütter, die mit der Erziehung ihrer Söhne die Männer prägen, die in der nächsten Generation entscheidend sein werden. Aus dieser Quelle stammt das «Matriar-

Die Herrin über weibliche und männliche Sklaven ist ein häufiges Motiv flagellantischer Romane. Hier aus einem französischen Roman dieser Art eine Illustration mit zoomimischem Motiv von Carlo

Blick über den «Zaun» · *Anonyme Buch-Illustration, Paris 1932*

chat», von dem man sagt, es gelte in den Vereinigten Staaten. Die Moral Amerikas wurde lange von den «guten Frauen» bestimmt, die unter anderem auch die Prohibition durchgesetzt hatten. Es sind dies die Frauen, die von ihren Ehemännern nach dem Idealbild der eigenen *Mutter* gewählt worden sind und nun den Söhnen die rechte Sitte beibringen sollen. Dazu kommt die äußere Schwäche der Frau in einer Männergesellschaft, die sie zwar schutzbedürftig macht, zugleich aber diesen Schutz zu einer männlichen Pflicht, die die Frau als Recht eintreibt.

Viele Männer, die eine «Frauenherrschaft» als wünschenswert oder drohend hinstellen, meinen damit allerdings bewußt oder unbewußt ein spezifisches erotisches Verhältnis zur Frau ähnlich dem, das ein mittelalterlicher *Page* zu seiner *Minne*-Königin hatte. So trägt denn eine der bekanntesten masochistischen Pornographien den Titel «Gynaecocracy».

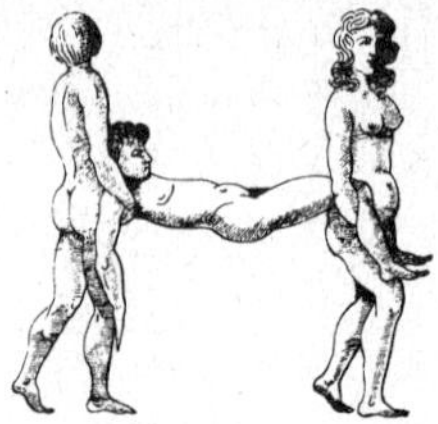

Haare
haben in der Erotik eine fast magische Bedeutung erlangt. Das hat sich nicht nur in der biblischen Geschichte von Simson niedergeschlagen, der seine Stärke verlor, als ihm die Verführerin Delila die Haare scheren ließ. Die babylonischen Priester wurden geschoren, und heute ist die Tonsur das Standeszeichen des katholischen Klerus. Als nach dem Ersten Weltkrieg der Bubikopf den Knoten, Zöpfen und Schnecken Konkurrenz zu machen begann, sahen konservative Kreise darin eine Revolution gegen Sitte und Anstand. Seit im letzten Jahrzehnt junge Männer das Haar lang wachsen lassen, macht man ihnen ganz entsprechende Vorwürfe.

Kein natürliches Attribut des Menschen ist so veränderlich wie das Haar. Es erinnert uns an unsere tierischen Vorfahren, die noch ein Fell besaßen. Die angloamerikanische Redensart «die Haare herunterlassen» umschreibt ein Verhalten unter Freunden, in deren Kreis man auf jede Pose und Etikette verzichtet. Ein Mann, der «Haare auf der Brust» hat, wird als rechter Kerl angesehen, und in Hollywood hat man Heldendarstellern solche Zeichen der Männlichkeit notfalls angeklebt.

Auf der anderen Seite hat man das Haar durch Frisuren zu bändigen versucht, es bei Frauen zu kunstvollen Gebilden hochgetürmt, es bei Männern in braven Scheiteln angeklatscht, und die Gehorsamspflicht von Soldaten wurde durch den «Kommiß-Schnitt» symbolisiert. Der kultivierte Mann muß sein Gesichtshaar ganz oder teilweise rasieren, die kultivierte Frau ihr Körperhaar entfernen, nicht selten sogar ihr Schamhaar. Doch in der Liebesbegegnung zählen die künstlichen Veränderungen kaum noch; das Spiel mit dem Haar befriedigt das Tastgefühl und den *Geruchs*sinn auf besondere Weise; und indem man das Haar ergreift, scheint man von dem Menschen selbst Besitz zu ergreifen. Das Haar elektrisiert, und das ist ja sogar wörtlich zu verstehen. Die Haartracht wird oft als Ausdruck der Wesensart eines Menschen empfunden. Tatsächlich haben Sitte und *Mode* bestimmte Frisuren dem einen oder anderen Stand zugeordnet. Die verschiedenen erotischen Typen des Weibes ließen sich ohne jeweils entsprechende Frisuren im Bilde kaum darstellen.

Wie die Haartracht so gilt auch die Haarfarbe als Signal. Schwarzes Haar wird einem leidenschaftlichen, südländischen Temperament zugeordnet, und eine Verführerin stellt man sich unwillkürlich rothaarig vor. Blond aber verkörpert die Sonne, das Gold und die Treue. Natürlich sind solche Vorstellungen oft nur Illusionen, zumal sich das Haar ja fast nach Belieben färben läßt. So paßt die Haarfarbe manchmal nicht einmal mehr zum Teint, geschweige denn zum Charakter. Mit Hilfe von Perükken lassen sich heute Haar, Haartracht und Haarfarbe so schnell wechseln wie Kleider. Vielleicht ändert sich damit die Trägerin wirklich, weil sie jeweils ein anderes Gefühl von sich selbst hat.

Das Haar ist das Körperattribut, das sich am leichtesten vom Menschen lösen läßt. Das verschafft ihm seine hervorragende Bedeutung als Fetisch. Noch die abgeschnittene Locke hält den Duft der oder des Geliebten, und doch ist sie unabhängig von einem ganzen Menschen und all den Schwierigkeiten einer wirklichen Partnerschaft. Auch wird eine abgeschnittene Locke niemals grau.

Hahnrei,
der betrogene Ehemann. Die Bezeichnung soll auf die Sitte zurückgehen, kastrierten Hähnen die Sporen abzuschneiden und in den Kamm einzupflanzen, um sie so kenntlich zu machen. Ein Hahnrei ist also ein gehörnter Hahn: eine Frau, die ihren Ehemann betrügt, setzt ihm Hörner auf. Der Hahnrei stand immer im Verdacht, impotent zu sein. Der Spott, der ihn traf, hätte eher einer Sitte gelten sollen, die so viele junge Frauen an viel zu alte Männer band.

Hand und Handschuh
gehören in der Sprache der sexuellen *Symbole* so zusammen wie der Penis und die Vagina. Klarer zum Ausdruck kommt das freilich nur in Fällen von einseitig entwickeltem *Fetischismus*. Auch sonst hat jedoch die Hand eine hohe erotische Bedeutung, und der Handschuh erbt als ihre Verhüllung vieles von diesem Reiz.

Man hat für die Sonderstellung des Menschen unter den Tieren die Entwicklung seiner Hand als beinahe ebenso wesentlich bezeichnet wie die seiner Sprache. Nicht nur erlaubt die Stellung des Daumens zu den übrigen Fingern eine unvergleichliche Geschicklichkeit, sondern die Befreiung der Hand von der Aufgabe des Laufens gestattet auch eine einzigartige Feinfühligkeit. Beides wird für das Liebesspiel wichtig.

Die Form der Hand scheint etwas über den Charakter ihres Besitzers zu verraten. Die Deutung ihrer Formen und Linien beschäftigt eine besondere Wissenschaft, die Chirologie oder Chiromantie, die sich freilich noch

Hand-Studien von Mihaly Zichy

nicht ganz von abergläubischen Vorstellungen befreit hat. Der Konstitutionsforscher Willhart Schlegel leitet aus den verschiedenen Maßen des Handumfanges (und Messungen des *Beckens*) eine Skala der sexuellen *Zwischenstufen* zwischen männlich und weiblich ab. Zu bedenken ist allerdings, daß die Hand des erwachsenen Menschen von der Art seiner Arbeit, von seinen sozialen Verhältnissen, so von seinen Möglichkeiten der Körperpflege und Schonung, und anderen kulturellen Einflüssen mitgeprägt worden ist. Einzelne Merkmale sagen so gut wie nie etwas Sicheres über eine Wesensart aus.

Wie hoch die Hand geschätzt wird, bezeugen Sprache und Sitte. Ein Mann hält «um die Hand» einer Frau an, und sie reicht ihm fürs Leben «die Hand». Der Handkuß symbolisiert eine tiefe Verehrung, kann freilich auch zu einer nahezu bedeutungslosen Sitte herabsinken oder zum Zeichen einer masochistischen Unterwerfung werden.

Früher tanzte ein ehrbares Mädchen nicht ohne Handschuhe. Schon darin zeigt sich, daß die Hand ein «erotischer» Körperteil sein kann, der einer Verhüllung bedarf. Wie jede andere Verhüllung regt der Handschuh die *Phantasie* an und treibt den Wunsch

nach Enthüllung hoch. In der erotischen Literatur Frankreichs gibt es mehrere Romane, die einer «belle gantée», einer behandschuhten Schönen, gewidmet sind. An der Grenze zwischen einem beiläufigen und einem manischen Handschuh-Fetischismus steht der Mann, der seine Partnerin bittet, beim *Koitus* Handschuhe zu tragen.
Der ausgeprägte Hand- und Handschuh-*Fetischismus* hat fast immer sadomasochistische Tendenzen. Im masochistischen Sinne werden die Fingernägel als Krallen empfunden, die dem Partner tiefe Wunden zufügen könnten. In der Fotosammlung eines Handfetischisten überwogen Bilder von gefesselten und gefolterten Händen. Zur *Fesselungsmanie* gehört die Idee von dem einen einzigen Handschuh, in den beide Arme zusammengeschnürt werden. Viele Armreifen, die Frauen als Schmuck tragen, verraten in ihrer Form noch die Abkunft von der Handfessel.
Auch die Pflege der Hand, die Maniküre, der Nagellack beweisen den Rang der Hand in der Erotik.

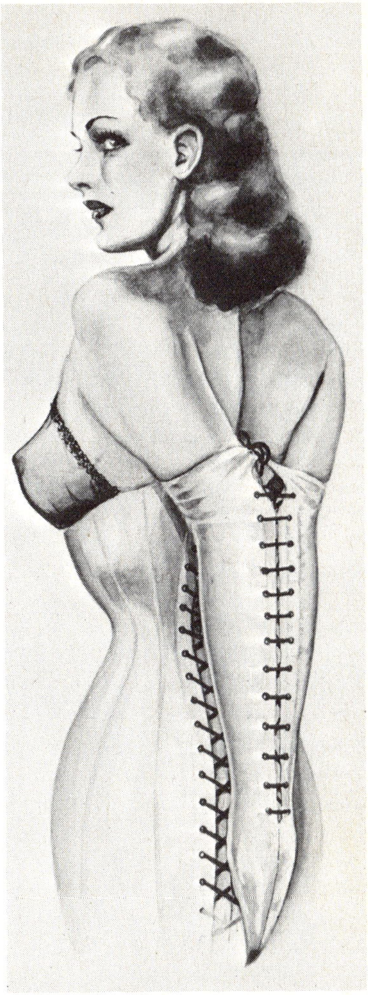

Der Fessel-Handschuh · Aquarell von John Willie aus seiner Zeitschrift «Bizarre»

Harem,
in der mohammedanischen Welt das Frauengemach, das nur dem Besitzer und Gatten zugänglich ist (von arabisch haram = verboten). Der Koran schreibt den Frauen vor, ihre Reize nur vor dem Gatten, vor kleinen Knaben oder vor Eunuchen zu zeigen, und er gestattete den Männern, sich mit vielen Frauen und einer unbegrenzten Zahl von Nebenfrauen (Konkubinen) zu verbinden. Einen Harem zu halten, war immer nur einer kleinen Oberschicht möglich. Die letzten Haremsbesitzer sind Ölscheichs.

Noch aus dem Jahre 1908 weiß man von Harems mit 700 Insassinnen. Zum Bilde vom Harem, wie es uns aus allen polygamen Kulturen überliefert ist, gehört deshalb die sexuelle Notlage unbefriedigter Frauen, die in *lesbische* Beziehungen oder verbotene Liebesintrigen ausweichen. Mit der Größe des Harems wurde zugleich der Besitzstand des *Paschas* demonstriert, der aber manchmal darunter leiden mochte, daß er diesen Reichtum nicht vorzeigen konnte. Sehr hübsch zeigt das eine orientalische Geschichte, in der ein angeblich blinder Maler in den Harem geladen wird, um die Schönen zu verewigen, bis er an untrüglichen Zeichen verrät, der er natürlich nicht blind ist.
Die Märchen aus Tausendundeiner Nacht stellen auch dem westlichen Leser den Harem als ein Paradies der Liebesfreuden hin. Es dürfte nur wenige Männer geben, durch deren Träume nicht gelegentlich der Wunsch nach einem Harem geistert. Auch Frauen sind manchmal von der Vorstellung angetan, als Lieblingsfrau gehütet, gepflegt, von Rivalinnen und bedienenden Odalisken umgeben zu sein. Etwas von den männlichen Haremsgelüsten befriedigt der erotische Sammler, auch wenn er statt über lebendige Frauen nur über Bilder und Geschichten von Frauen oder über weibliche Kleidungsstücke als Fetische verfügt. Jede Revue, jeder Prachtfilm mit einem Massenaufgebot schöner und meist fast enthüllter Frauen ist ein Haremsersatz für den Herrn Jedermann.

Haut
und der Tastsinn, «das *Gefühl*», gehören zusammen. «Man kann die Haut als ein einziges großes Wollustorgan betrachten» (Iwan Bloch). Über eine Fläche von durchschnittlich 1,86 Quadratmetern beim erwachsenen Menschen sind etwa 80000 hochempfindliche und 640000 weniger empfindliche Nervenenden verteilt. Von ihnen werden Eindrücke wie Berührung, Wärme, *Kälte*, *Schmerz* aufgenommen und an die Nervenzentren weitergeleitet. Die Haut ist damit das größte Sinnesorgan.
Am dichtesten mit Nerven versorgt sind die haarlosen Körperzonen – die Innenflächen der Hand, die Fußsohlen, die Lippen und Teile der äußeren Geschlechtsorgane. Eben deshalb sind Geschlechtsorgane, Lippen, Zunge und Mund auch so hervorragend *«erogene Zonen»*.
Während man mit dem Gesichts- und Gehörsinn erotische Reize schon aus einer gewissen Entfernung wahrnehmen kann, ohne daß es zu einer direkten Beziehung kommt, verlangt die Berührung der Haut die unmittelbare Nähe. Man sagt nicht zufällig von Menschen, die einander verstehen, sie seien «in Kontakt» miteinander gekommen. Die intime erotische Begegnung setzt unter anderem eine Befreiung von Kleidern voraus: die Nacktheit erlaubt nicht nur eine Befriedigung von Schaulust, sondern auch die Berührung von sonst unzugänglichen Teilen der Haut.
Die Haut empfängt nicht nur, sie teilt auch etwas mit. Meist ist die Weichheit des weiblichen Körpers für den

Mann, die Muskelbildung des männlichen Körpers für die Frau ein wichtiger Teil des Erlebnisses der Geschlechter-Polarität.

Aber auch der Anblick der Haut ist ein erotischer Reiz. Die weiße Haut vermittelt den Eindruck von Zärte, Schwäche, Gepflegtheit; die gebräunte Haut wirkt naturhaft, kräftig, sportlich. Kontraste zwischen Haut und Kleidung oder zwischen den Hautfarben zweier Partner werden oft als stark anregend empfunden. Der Teint, die besondere Hauttönung, wird zum Merkmal eines Menschen-Typs, den man sympathisch oder unsympathisch findet.

Eine Haut ist endlich ein «Mitteilungs-Organ», denn auf ihr bilden sich seelische Zustände ab. Die Hautkrankheiten gehören zu den psychosomatischen Leiden, das heißt, sie sind weitgehend seelisch bedingt. Ein sehr typisches Beispiel dafür sind die Pickel und Pusteln, die bei so vielen Knaben in der *Pubertätszeit* auftreten, die also die Schwierigkeiten in dieser Phase der Sexualentwicklung signalisieren. Das Erröten, die Gänsehaut sind körperlich-sichtbarer Ausdruck seelischer Vorgänge.

Die Druckmale, die mehr oder weniger stürmische Liebkosungen auf der Haut zurücklassen, sind wie Siegel, die der eine Partner dem anderen aufgedrückt hat. Das mag den, der damit seine «Besitzergreifung» markiert hat, ebenso befriedigen wie den, der sich so zum «Besitz» gemacht sieht. Hier liegt ein Teil des Reizes, den Spuren von Bissen und Krallen, ja selbst Striemen von Schlägen in einem erotischen Spiel mit sadomasochistischem Unterton haben, bis hin zur Befriedigung einseitig-perverser Gelüste.

Aber die wichtigste Bedeutung der Haut erschließt sich erst in der Berührung. Die innige geschlechtliche Liebe ist immer haut-nah.

Hemmungen

nennt man die inneren Widerstände des Menschen gegen Antriebe, denen er eigentlich folgen möchte. Mit ihnen meldet sich das «Gewissen», oder, wie es in der Psychoanalyse heißt, das «Über-Ich». Diese kritische Instanz unserer Seele hat sich während der Kindheit aus den Geboten und Verboten der Erzieher, besonders der Eltern entwickelt, die ihrerseits dabei den moralischen Traditionen ihres Volkes, ihrer Religion und ihres Standes folgten. Ihre Autorität wird in die eigene Seele übernommen, oder, wie der Fachausdruck lautet: introjiziert (verinnerlicht).

Ein Teil dieser Gebote und Verbote wird automatisch, *unbewußt*, und ist dann der Kontrolle des Bewußtseins entzogen. Deshalb wirken die Hemmungen des Gewissens auch dann noch weiter, wenn die Gründe dafür nicht mehr gelten. Verbote, denen das Kind folgen mußte, um die Strafe der Erzieher oder Liebesentzug zu vermeiden, werden von Erwachsenen oft noch gerade so befolgt, als wären sie Kinder unter der Obhut von Eltern. Geschlechtliche Verbote, die einem Kind auferlegt wurden, weil es noch nicht die Geschlechtsreife erlangt hatte und noch nicht verantwortlich handeln konnte, gelten dann noch unbewußt weiter, obwohl vielleicht alle Voraussetzungen für eine freie und volle Geschlechtsbegegnung gegeben wären. Die automatische Wirkung der unbewußten Hemmungen zeigt sich auch daran, daß nach dem Sinn der Verbote nicht gefragt wird. Selbst wo sie erörtert werden, heißt es zu ihrer Begründung oft nur, daß sie immer schon gegolten hätten. Das wäre selbst dann ein schlechtes Argument, wenn es stichhaltig wäre, aber es stimmt beinahe nie. Doch bewirken die Hemmungen nicht etwa, daß damit die Sexualität ausgeschlossen wäre. Sie sind vielmehr wie Staudämme, die das Wasser in Nebenkanäle zwingen. Der gehemmte Sexualtrieb äußert sich statt in Erotik und Liebe in *Neurosen*, Zwangshandlungen und *Perversionen*. Der vernünftige Gegensatz zu den Hemmungen ist jedoch nicht Hemmungslosigkeit, die zu unerträglicher Anarchie führen müßte, sondern bewußte und verantwortungsbewußte individuelle Entscheidung zwischen Verzicht und Gewährung.

Hermaphrodit,
die Gestalt des Zwitters in der antiken Kunst und Literatur. Die Vorstellung eines zweigeschlechtlichen Menschen entspricht seiner bisexuellen Anlage, die auch den Mythos von Doppelwesen veranlaßt hat, die von den Göttern erst später in eine männliche und eine weibliche Hälfte zerschnitten worden seien. Der Hermaphrodit verkörpert also eine wiedergewonnene Einheit. Aber die Künstler haben nicht wirklich Zwitter im medizinischen Sinne dargestellt, sondern Männer mit weiblichen Körperformen. Zum bärtigen männlichen Gesicht gehörten weibliche Brüste und männliche Geschlechtsorgane. Auch wo das Gesicht mädchenhaft gebildet wurde, war die eigentliche Geschlechtsausstattung stets rein männlich. Hier fällt die Darstellung des Hermaphroditen mit der alten Idee vom *Weib mit dem Penis* zusammen.
Dennoch umfaßt der medizinische Ausdruck Hermaphroditismus alle Mißbildungen, bei denen das wahre Geschlecht fraglich ist, also neben den sogenannten unechten auch die echten Zwitter (*«Zwischenstufen»*).

Hetären,
die gehobenen Prostituierten im alten Griechenland. Sie waren oft intelligente Frauen, deren Bildung die der bürgerlichen Mädchen und Frauen überstieg. So wurden sie von den gebildeten Männern auch als Gesprächspartnerinnen gesucht. Der Name Hetäre bedeutet eigentlich: Freundin, Gefährtin. Manche Hetären führten ein großes Haus, in dem sie ihren Verehrern eine kultivierte Gastfreundschaft boten. Sehr ähnlich der Stellung der Hetäre im alten Griechenland war die der gehobenen Prostituierten im alten Indien, der «ganika», von der im «Kamasutram» ausführlich berichtet wird. Auch der Vergleich zu den *Kurtisanen* im alten königlichen Frankreich liegt nahe. Gewiß haben sich in Hellas auch mindere Dirnen mit dem Namen einer Hetäre geschmückt. Immerhin hat sich andererseits einer der bedeu-

Hexe und Teufel · Anonyme Zeichnung

tendsten athenischen Staatsmänner, Perikles, mit der Hetäre Aspasia zu einer eheähnlichen Gemeinschaft verbunden.

Heterosexualität,
die Ausrichtung des Sexualtriebes auf das andere Geschlecht. Wie ihr Gegenteil, die *Homosexualität* oder Gleichgeschlechtlichkeit, entwickelt sich die Heterosexualität aus der bisexuellen Anlage des Menschen. «Im Sinne der Psychoanalyse ist . . . auch das ausschließliche sexuelle Interesse

des Mannes für das Weib ein der Aufklärung bedürftiges Problem und keine Selbstverständlichkeit, der eine im Grunde chemische Anziehung zu unterlegen ist», heißt es bei Freud. «Die Entscheidung über das endgültige Sexualverhalten fällt erst nach der Pubertät und ist das Ergebnis einer noch nicht übersehbaren Reihe von Faktoren», zu denen neben der individuellen Anlage auch die Einflüsse der Erziehung und Umwelt mit ihrer Förderung der Heterosexualität gehören.

Hexen

sind nach abergläubischer Vorstellung Frauen mit übernatürlichen Fähigkeiten, die sie ihrer Verbindung zu Dämonen verdanken. In fast allen vorchristlichen Religionen wurde den Frauen eine besondere Beziehung zu geheimnisvollen Kräften zugeschrieben. Heidnische Glaubensinhalte lebten nach der Christianisierung weiter, nur daß sie nun mit dem «Bösen», dem Teufel verknüpft wurden.

Der mittelalterliche Hexenwahn verdankte seine Vehemenz vor allem der Furcht zölibatärer Priester und Mönche, die in den Frauen die Verführerinnen zur Sünde sahen. Den Hexen wurde eine ausschweifende, perverse Sexualität zugeschrieben, und bis ins einzelne klassifizierte man die Teufel als Succubi und Incubi, Drunter- und Draufflieger. Die Teufelsfeste auf dem Blocksberg wurden als Sexualorgien vorgestellt. Die Hexe, die auf dem Besenstiel durch die Luft reitet, vollzieht damit einen symbolhaften Sexualakt.

Die Verfolgung der Hexen ist im Grunde eine Verfolgung der weiblichen Sexualität. Aber in den Formen dieser Verfolgung, in Folter und Verbrennungstod auf dem Scheiterhaufen, setzt sich der Sexualtrieb in seiner sadistischen Form wieder durch. Moderne Forscher haben ein zufällig erhaltenes Rezept der mittelalterlichen Hexensalbe befolgt und festgestellt, daß man durch Einreiben mit dieser Salbe sexuelle Visionen erzeugen kann, deren Inhalt sich mit den Berichten über die Taten der Hexen deckt. Die Praktiken der wahren «Hexen» waren also der Versuch unbefriedigter Frauen, sich eine ersatzweise – imaginäre – Sexuallust zu verschaffen.

Hochzeit,

das Fest der Eheschließung. In dem Namen Hoch-Zeit klingt noch eine Moral nach, die eine Erfüllung der sexuellen Wünsche bis zur Heirat verhindern wollte, so daß dann die Lösung der hochangestauten Spannungen in der ‹Hochzeits-Nacht› wirklich als unüberbietbarer Höhepunkt erscheinen konnte. In Wahrheit ist die Hochzeit ja nur ein Anfang, und ihren ganzen Gehalt kann die *Ehe* erst im Laufe ihrer Entwicklung erreichen. In vielen Hochzeitsbräuchen, die sich zum Teil noch erhalten haben, wird andererseits deutlich, daß es sich nicht so sehr um ein Fest des Paares handelt, als um eine Veranstaltung der Sippen und Freundeskreise, aus denen die Heiratenden stammen. So ist der Polterabend eine Ablösung der Rechte, die die Freunde des Bräutigams an der Braut zu haben meinen, und zugleich eine Symboldarstellung der *Defloration.* Die «Hochzeits-Reise» entführte dann das Paar aus der gewohnten Umgebung, um den Eheleuten die Möglichkeit zu geben, die Sexualbeziehungen fern der Angehörigen aufzunehmen, die zuvor den Geschlechtsvollzug verboten hatten. Die Spannungen der Erwartung und die Nachwirkungen des Verbotes führten oft dazu, daß der Bräutigam nun gerade in der Hochzeitsnacht impotent war oder daß die Defloration nur als eine Art Operation, ja als Vergewaltigung erlebt werden konnte.

Heute ist die Hochzeit meist nicht mehr der Beginn der Sexualbeziehungen, sondern markiert nur die bürgerliche Anerkennung der Paarbeziehung und die Aufnahme der Wohn- und Wirtschaftsgemeinschaft.

Hoden,
medizinisch «Testikel» genannt, die männlichen Keimdrüsen, zwei walnußgroße, länglich-ovale Körper von je zwanzig bis dreißig Gramm Gewicht. Sie bilden den Samen und die männlichen Geschlechtshormone. Die Hoden sind im Hodensack (Scrotum) schwebend aufgehängt, und zwar ein jeder für sich in einer getrennten Bauchfelltasche.

Das Innere des reifen Hodens ist von gewundenen Samenkanälchen durchzogen. Dazwischen liegen im Gewebe der Hoden die Leydigschen Zwischenzellen, benannt nach ihrem Entdecker Freiherr von Leydig († 1908). In ihnen entsteht das männliche Geschlechtshormon Testosteron, das in der Pubertät die Ausprägung der männlichen *Geschlechtsmerkmale* bewirkt und bis ins hohe Alter die sexuellen Funktionen aufrechterhält.

In den Samen- oder Hodenkanälen werden ständig Samenfäden gebildet. Sie wandern in den Nebenhoden (Epididymis), der dem Hoden halbseitig wie ein länglicher Rucksack beigegeben ist. Dort werden die Samenfäden gespeichert und endgültig ausgereift. Nach zwei Tagen sexueller Enthaltsamkeit befinden sich in den Nebenhoden 500 bis 1000 Millionen Samenfäden. Bei jedem Samenerguß *(Ejakulation)* werden bis zu 400 Millionen Spermien ausgestoßen, so daß die Nebenhoden nach drei bis vier Ergüssen entleert sind. Innerhalb von zwei enthaltsamen Tagen füllen die Samenkanälchen das Reservoir wieder auf.

Solange sich die Spermien im Nebenhoden befinden, sind sie unbeweglich. Erst wenn sie kurz vor der Ejakulation in den Samenleiter aufsteigen, werden sie durch die Nebendrüsen der Samenleiter mit den Treibstoffen versorgt, die sie als Bewegungsenergie brauchen, um an das Ei zu gelangen.

Bei starker sexueller Erregung schwellen die Hoden durch Blutstauung an und steigen aus ihrer hängenden Lage aufwärts in Richtung des Dammes. Durch diese Lageveränderung wird eine Schicht von Ringmuskeln gereizt, die zwischen Hoden und Nebenhoden die Samengänge umschließt. Sie zieht sich zusammen und drückt den Samen aus dem Nebenhoden in den Samenleiter. Je nä-

her die Hoden an die Damm-Muskulatur herangezogen werden, um so höher ist der Druck, mit dem der Samenerguß erfolgt, und um so intensiver wird er empfunden. Bei Männern über 50 Jahren steigen die Hoden bei sexueller Erregung langsamer an und erreichen oft nicht die volle Höhe.
Das zarte Gewebe der Hoden ist sehr reich mit empfindlichen Nerven ausgestattet. Die Hoden sind deshalb gegen Druck und Stoß äußerst empfindlich. Die Notwendigkeit, sie gegen Stöße zu schützen, hat die Scham unterstützt, die die Verhüllung der Geschlechtsorgane veranlaßte. Bei langdauernder sexueller Spannung bewirkt auch der Blut- und Flüssigkeitsdruck Hoden-Schmerzen, die zu den Leisten ausstrahlen. Man hat sie «Bräutigamsschmerzen» genannt. Sie verschwinden mit der sexuellen Entspannung.
Der Hodensack bildet sich beim männlichen Embryo aus den beiden Geschlechtswulsten, die beim weiblichen Embryo später die äußeren Schamlippen bilden. Noch beim erwachsenen Mann ist die Naht zu erkennen, an der die beiden Geschlechtswulste zusammengezogen sind.
Die Haut des Skrotums ist mit Blutgefäßen reich durchsetzt, die sich bei steigender sexueller Erregung füllen. Da die Hoden anschwellen, wird der Hodensack prall und fast faltenlos. Mit abklingender Erregung kehrt er zu seiner normalen Größe und Faltigkeit zurück. Leichte Berührungen tragen zwar nicht wesentlich zur sexuellen Erregung bei, doch sie werden im Liebesspiel oft als angenehm empfunden.
Die beiden Hoden und der Penis tragen wesentlich zur magischen Bedeutung der Dreizahl bei.

Homosexualität,
«Gleichgeschlechtlichkeit»; der Sexualtrieb, soweit er sich auf das eigene Geschlecht richtet. Homosexuelle Verhaltensformen kommen bei vielen Tierarten und bei allen Naturvölkern vor. Sie sind also nicht, wie man zeitweise annahm, die Folge einer «Dekadenz». Jeder Mensch ist seiner Anlage nach bisexuell, ist also zu Liebesbeziehungen sowohl zum eigenen wie zum anderen Geschlecht fähig. Das kommt stark während der *Pubertät* und *Adoleszenz* zum Ausdruck: in den Entwicklungsjahren haben viele Knaben und Mädchen ein schwärmerisch-verliebtes Verhältnis zu Lehrern bzw. Lehrerinnen und Kameraden bzw. Kameradinnen, und es kommt dann auch zu körperlichen Liebkosungen. Die homosexuellen Tendenzen werden auch geweckt bei langdauernder Abtrennung vom anderen Geschlecht, zum Beispiel in Gefangenschaft: viele Männer, die sich sonst heterosexuell verhalten, nehmen dann auch einen anderen Mann als Sexualpartner an; und das Entsprechende gilt für Frauen.
Im Normalfall werden nur die heterosexuellen Tendenzen, durch Erziehung und Umwelt gefördert, im bewußten Verhalten deutlich, während die homosexuellen Tendenzen subli-

Die Jünglinge · Radierung von Otto Schoff

miert, maskiert oder verdrängt werden. Die wichtigste homosexuelle Sublimierung ist die *Freundschaft*, und in *Männerbünden* ist sie so stark, daß ihr sexueller Ursprung kaum noch zu verkennen ist. Die ins *Unbewußte* verdrängte Homosexualität hat einen wichtigen Anteil an seelischen Krankheiten wie *Neurosen* und an allen *Perversionen*, auch wenn die sich auf heterosexuelle Objekte beziehen. Eine maskierte Homosexualität ist bei Erscheinungen wie dem *Don-Juanismus*, dem *Pluralismus* oder dem Interesse von Männern an vermännlichten Frauen (und umgekehrt) im Spiele.

Bewußte, «manifeste», Homosexualität kann sich neben heterosexuellem Sexualverhalten äußern *(Bisexualität)*, oder sie kann zur ausschließlichen Verhaltensform werden. Die manifest-ausschließliche Homosexualität ist meist mit einem Widerwillen gegen das andere Geschlecht gekoppelt. Man schätzt den Anteil der manifest-ausschließlichen Homosexuellen auf 2–4 %, den der Bisexuellen auf etwa 10 %.

Die Stärke der homosexuellen Tendenzen beim einzelnen ist anlagebedingt, aber wie sie sich äußern, hängt von Umwelt-Erfahrungen während der Kindheit und Pubertät ab. Die manifest-ausschließlich homosexuellen Männer hatten fast stets eine besonders starke Mutterbindung und ein gespanntes Verhältnis zum Vater. In einzelnen Fällen jedoch dominierte der Vater so sehr, daß der (unbewußte) Wunsch entstand, ihm wie ein Weib Liebe zu gewähren, der dann auf das Verhältnis zu anderen Männern mit väterlichen Zügen übertragen wird. Das Entsprechende gilt für manifest-ausschließlich homosexuelle Frauen. In der weiblichen Homosexualität, der *«Lesbischen Liebe»*, tritt daneben oft eine Ablehnung der eigenen Weiblichkeit oder eine Feindschaft gegen den Mann als Unterdrücker auf.

Im allgemeinen fällt die männliche Homosexualität sehr viel mehr auf als die weibliche; sie wurde sowohl höher gepriesen als auch stärker abgelehnt. Im alten Griechenland hatte die männliche Homosexualität eine hohe gesellschaftliche und kulturelle Bedeutung. Das Verhältnis eines reifen Mannes zu einem Jüngling war zugleich ein pädagogisches. Ähnlich ist es noch heute beim Einfluß von Jugendführern oder in Verhältnissen zwischen «Meister» und «Jünger». Da damals die bürgerliche Frau es mit dem Mann an Bildung nicht aufnehmen konnte, war ihm fast nur in der Partnerschaft mit einem anderen Mann eine Verbindung zwischen Geist und Eros möglich. Bis heute ist der Anteil homosexueller Männer an der kulturellen Leistung der Menschheit ganz unverhältnismäßig hoch. Die Kette der Namen reicht von Plato über Oscar Wilde bis zu André Gide.

Die Homosexualität ist von Betroffenen zu einer Art höherem Menschentum erklärt und daraus so etwas wie eine Weltanschauung entwickelt worden. Die wissenschaftliche Literatur über Homosexualität geht zum weitaus größten Teil auf homosexuelle Autoren zurück und ist über gewisse Voreingenommenheiten nicht ganz herausgekommen. Eine ähnliche Hochschätzung und Überschätzung der weiblichen Homosexualität kündigt sich erst in einigen Schriften der neuesten Zeit an, und zwar im Zusammenhang mit der Frauen-*Emanzipation*, deren eigentliche Ziele mit ihr nichts zu tun haben.

Die Verdammung der männlichen Homosexualität setzte erst mit der Vorherrschaft des Christentums ein. Da die Sexualität an die *Fortpflanzung* und an die *Ehe* gebunden sein sollte, galten homosexuelle Akte von Männern als Verschwendung von Samen und Sünde gegen Gott. Diese Sünde wurde einst mit dem Tod auf dem Scheiterhaufen bestraft und bis in die jüngste Vergangenheit mit Gefängnisstrafe bedroht. Ein Verbot der lesbischen Liebe hat es nur ganz ausnahmsweise gegeben. Frauen haben ja keinen Samen zu verschwenden. Der manifest-ausschließlich homosexuelle Mann ist im heterosexuellen Verkehr impotent, also auch zeugungsunfähig; die homosexuelle Frau scheidet für die Fortpflanzung keineswegs im gleichen Maße aus. Übrigens dürfte die Zahl der Frauen, die von der Heterosexualität zur Homosexualität überwechseln können (und umgekehrt), relativ höher sein als die der manifest-bisexuellen Männer. Dazu kommt, daß man den ho-

Meister und Jünger · Illustration aus einem Erotikon, um 1900

mosexuellen Mann irrtümlich verallgemeinernd für weibisch, die homosexuelle Frau für männisch hielt, und in einer männlich beherrschten Gesellschaft wurde das eine als Verfall, das andere aber als Anpassung ans Höhere mißverstanden.

Auf Freuds Schüler Sandor Ferenczi geht die zur Orientierung nützliche Unterscheidung zwischen Subjekt- und Objekt-Homoerotiker zurück. Der Subjekthomoerotiker fühlt sich als Weib und verhält sich entsprechend; der Objekthomoerotiker ist durchaus männlich, hat aber ein weibliches Objekt gegen ein gleichgeschlechtliches vertauscht. Freilich gibt es neben reinen Typen der einen oder anderen Art viele Mischformen. Jedenfalls trifft man unter homosexuellen Männern viele von fast übertrieben männlichem Gehabe, und mit der Männlichkeit wird ein Kult getrieben. Nicht immer sucht der Homosexuelle mit stark männlichem Wesen einen weibischen Partner und umgekehrt. Sehr viele «Objekthomoerotiker» suchen als Partner einen Jüngling oder Knaben *(Päderastie)*, der also noch weibliche Züge hat, der sich aber – unter anderem auch unter Führung des älteren Liebhabers – zum Manne entwickelt.

Ähnliches gilt für homosexuelle Frauen. In ihren Paarbeziehungen spielen sie außer «Mann und Frau» sehr oft auch «Mutter und Kind».

Über die Formen der sexuellen Aktivität zwischen Homosexuellen macht man sich vielfach ganz falsche Vorstellungen. Danach gilt als die häufigste Form unter Männern der *Anal-Verkehr (Pedikation)*, unter Frauen der Verkehr mit Hilfe eines künstlichen Penis *(Godemiché)*. In Wahrheit dürften gegenseitige *Masturbation* und *oral-genitale* Akte (zwischen Männern also die *Fellatio*, zwischen Frauen der *Cunnilingus*) häufiger sein. Alle Deviationen wie Voyeurismus, Sadismus, Fetischismus kommen auch in homosexueller Form vor. Manche Homosexuelle sind stark promiskuitiv, andere gehen langfristige Bindungen ein. Viele abstoßende Formen der Homosexualität sind einzig durch die Umwelt bedingt, die die Homosexuellen in den *Untergrund* treibt. Das gilt besonders für die Erscheinungen der homosexuellen *Prostitution*, die häufig mit Erpressung und Kriminalität einhergeht.

Die Verfolgung der Homosexualität und die Angst ‹normaler Männer›, für homosexuell gehalten werden zu können, stammen weitgehend aus der Verdrängung eigener homosexueller Anlagen. Es ist einer der wirklich entscheidenden Fortschritte auf dem Weg zur Befreiung der Sexualität von Ängsten und Intoleranz, daß in den meisten Ländern das Strafrecht die homosexuellen Beziehungen zwischen Erwachsenen nicht mehr verfolgt.

Hörigkeit

heißt die übertriebene Abhängigkeit von einem bestimmten Liebespartner. Die Übertreibung wird vor allem dann deutlich, wenn der geliebte

Backfisch-Liebe · Buch-Illustration von Mariette Lydis

Partner seinem Wert als Persönlichkeit nach tief unter dem Rang des Liebenden steht; etwa, wenn ein Mann von hohen Geistesgaben sich sklavisch an eine dirnenhafte Frau bindet, oder wenn eine kultivierte Frau sich an einen Rohling verliert. In solchen Fällen beanspruchen die Liebesbemühungen den Hörigen oft derart, daß er für seine übrigen Lebensaufgaben nicht mehr Kraft genug aufbringt. Die Bedeutung der Hörigkeit ist nicht immer von der Erfüllung der Liebessehnsucht abhängig; oft wird das Leiden unter einer teilweisen Versagung masochistisch genossen.
Aber schon Krafft-Ebing stellte fest, daß ein gewisses Maß der Abhängigkeit «durchaus notwendig ist, wenn die Verbindung einige Dauer haben soll». Nach Freud ist für die Tiefe der Abhängigkeit «die Größe des überwundenen Sexualwiderstandes das entscheidende Moment». So binden sich Frauen an Männer, die sie aus *Prüderie* und *Frigidität* herausgeführt haben, und die Hörigkeit eines Mannes gilt oft der Frau, bei der er seine *Impotenz* überwunden hat. Besonders auffallend ist das bei älteren Männern, die bei einer jungen Frau noch einmal potent wurden, der sie dann hörig sind.
Viele Sagen und Romane von «Tannhäuser» bis zu «Lolita» schildern das Glück und Unglück der Hörigkeit. Auch die Geschichte ist reich an Beispielen. In einem guten Liebesverhältnis gehört nicht ein Partner dem anderen, sondern beide gehören zueinander.

Hormone
sind chemische Wirkstoffe, die lebenswichtige Körpervorgänge anregen und regulieren. Sie werden von Drüsen erzeugt und erreichen die Organe, auf die sie wirken, durch die Blutbahn.
Die Hirnanhangdrüse *(Hypophyse)* ist die Kommandozentrale des Zentralnervensystems für alle Hormondrüsen. In der Jugend liefert sie das Wachstumshormon. Das Geschlechtsleben wird von ihr entscheidend beeinflußt, indem sie die Gonadotropine produziert, die auf die Keimdrüsen (Gonaden) einwirken.
Die Schilddrüse am Kehlkopf reguliert die Verbrennungsvorgänge im Körper, den Stoffwechsel. Bei Überfunktion tritt Erregbarkeit und Nervosität ein, bei Unterfunktion dagegen Müdigkeit auf.
Die Thymusdrüse, die vor dem Herzbeutel liegt, steuert durch das Thymus-Hormon die Bildung körpereigener Abwehrstoffe.
Die Nebenniere am oberen Pol der Niere erzeugt das Adrenalin, das die Tätigkeit der ‹glatten› Muskulatur reguliert, vor allem die Erweiterung und Verengung der Blutgefäße. Daher ist es wichtig für das An- und Abschwellen der weiblichen und männlichen Geschlechtsorgane im Verlauf der sexuellen Erregung.
Die Nebennierenrinde produziert das Aldosteron, das den Flüssigkeits- und Salzhaushalt des Körpers regelt (so auch den Salzgehalt in Urin, Speichel und Schweiß); ferner das Cortisol, das auf den Eiweiß- und Kohlehydrat-Stoffwechsel einwirkt; und endlich weibliche und männliche Ge-

schlechtshormone. Daraus erklärt sich u. a., daß auch bei kastrierten Männern sexuelles Empfinden erhalten bleibt.

Die Bauchspeicheldrüse erzeugt das Insulin, das den Zuckerstoffwechsel und den Zuckergehalt des Blutes regelt.

Die Geschlechtsdrüsen liegen beim Manne im Zwischengewebe der *Hoden.* Bei der Frau sind es die Eierstöcke *(Ovarien)* und die Eibläschen (Follikel). Das weibliche Geschlechtshormon heißt Östrogen («Brunst erzeugend»), das männliche Androgen («Männlichkeit erzeugend») oder Testosteron.

Östrogen und Testosteron bewirken in der *Pubertät* die Ausreifung der Geschlechtsorgane, den enormen Wachstumsschub und die Ausbildung der weiblichen oder männlichen Erscheinung. Während der geschlechtsreifen Lebenszeit erhalten sie die Funktionsfähigkeit der Geschlechtsorgane. Sie spielen außerdem eine wichtige Rolle bei der Erhaltung der Knochensubstanz.

Man kann Männer durch Zuführung von Östrogenen äußerlich verweiblichen und Frauen mit Testosteron vermännlichen. Testosteron verstärkt bei Frauen den Geschlechtstrieb; Östrogen dämmt ihn bei Männern. Diese Östrogen-Wirkung auf Männer kann bei Triebverbrechern vorbeugend eingesetzt werden. Homosexuelle Männer und Frauen sind in hormonaler Beziehung normal, und ihre Veranlagung ist durch kein Hormon zu beeinflussen.

Hund,
der Name unseres treusten Gefährten, ist dennoch zu einem schlimmen Schimpfwort geworden. Diese Verachtung hat der Hund auf sich gezogen, weil er ein *Geruchs*tier ist und sich weder seiner Exkremente noch seiner Sexualität schämt. Die Kopulation von Hunden hat durch Beobachtungen in der Kindheit eine Muster-Vorstellung vom menschlichen Geschlechtsverkehr gebildet *(Coitus a tergo).* Besonders gering eingeschätzt wird die eheliche Treue der Hündin. Im Englischen heißt die leicht zugängliche Frau «bitch»; man sieht in ihr also eine läufige Hündin. Mit dem Schimpfwort «Hundesohn» wirft man einem anderen vor, er wisse nicht, wer sein Vater war. Das innige Zusammenleben des Menschen mit dem Hund macht dieses Tier zu einem bevorzugten Partner bei der *Zoophilie.* Die Dressur des Hundes durch den Menschen wird zum Vorbild sadomasochistischer Spiele im Sinne der *Zoomimik.* Als sexuelles Symbol-Tier konkurriert der Hund nur mit der *Katze*, dem Pferd, dem Stier, manchen Vögeln und der Schlange.

H.W.G.-Person,
eine Person mit «häufig wechselndem Geschlechtsverkehr», zum Unterschied von gewerbsmäßigen Prostituierten. Auch in diesem Bereich läßt man sich auf sexuelle Handlungen wegen materieller Vorteile ein, aber dies ist oft nicht das entscheidende Motiv. Während sich Prostituierte dazu bekennen, daß sie der *Moral* zuwiderhandeln, und in dieser Protest-

haltung sogar eine gewisse Befriedigung finden können, sucht die H.W.G.-Person nach Entschuldigungen für die *Promiskuität.* Das wirkt manchmal wie Heuchelei, rührt aber daher, daß diese Menschen noch von der Mehrheit anerkannt werden möchten.

Hymen,
das Jungfernhäutchen, auch Name des griechischen Hochzeitsgottes, dem das Zeichen der Jungfräulichkeit ‹geopfert› wurde.
Der Hymen ist eine Falte der Scheidenschleimhaut, die sich am Eingang der Scheide vorstülpt und ihn verengt. Die Öffnung, meist ring- oder halbmondförmig, ist normalerweise für einen kleinen Finger durchgängig, kann aber auch wesentlich enger oder weiter sein. Der normale Hymen ist an den Außenrändern etwa 1 bis 2 Millimeter dick und verjüngt sich zur Öffnung hin zu einer dünnen, durchsichtigen Membran. Es kommen jedoch auch fleischige Hymen bis zu 1,5 Zentimeter Dicke vor.
Beim ersten Beischlaf wird der Hymen durch das erigierte männliche Glied eingerissen: das ist die *Defloration.* Beim normalen Hymen verursacht der Vorgang nur geringe Schmerzen, und es kommt zu einer leichten Blutung. Durch Angst oder eine Sexualhemmung kann sich das subjektive Schmerzempfinden erheblich steigern, und der Verlust des Hymens kann sich dann der Erinnerung als schmerzhafte Vergewaltigung einprägen.
Ein fleischiger oder durch höheres Alter verhärteter Hymen kann beim Geschlechtsverkehr so starken Widerstand bieten, daß er vom Arzt eingeschnitten werden muß. Auch findet sich die Auffassung, daß ein solcher Eingriff in jedem Falle erfolgen sollte, um alle Ängste des Mädchens vor der Defloration ebenso zu vermeiden wie die Furcht eines Mannes, er werde sie nicht vollziehen können.
Ist der Hymen sehr schlaff oder die Öffnung sehr groß, kann das Glied aber auch ganz ohne Widerstand eindringen, und es kommt zu keinem Einriß. Dann zweifeln manche Männer, ob die Frau wirklich, wie sie behauptete, unberührt gewesen sei.
Bei der Defloration reißt der Hymen manchmal nur an einer einzigen und meist nur an einigen wenigen Stellen ein. Bei der ersten Geburt reißt er dann größtenteils ab, und es bleiben meist nur knopfartige Reste zurück.
Den Hymen gibt es nur beim Menschen. Man erklärt sich diese «Neuerwerbung» damit, daß sich die menschliche Scheide infolge des aufrechten Ganges bauchwärts verlagert hat. Dabei geriet ihr Eingang in fremde Gewebsschichten des Unterbauches; sie haben ihr Bindegewebe in die Falte der Scheidenschleimhaut eingeschoben und sie so zu einer Scheidenklappe aufgestülpt.
Die biologische Aufgabe des Hymens ist umstritten. Man sah in ihm eine Abwehrvorrichtung der Natur gegen Begattungsversuche schwächlicher oder artfremder Männchen in der frühen Entwicklungsstufe der Menschheit. Dagegen spricht jedoch, daß für die artverwandten Männchen der Menschenaffen mit ihrem durch einen Knochen versteiften Penis der

«Träumerei» · Anonyme Buch-Illustration, Paris 1932

Hymen ein geringeres Hindernis dargestellt hätte als für einen Mann. In einem «Handbuch der Speziellen Pastoralmedizin» meinte Professor Niedermeyer 1952, der Hymen bringe «zum Ausdruck, daß in der menschlichen Sexualität eine schwere Bewährungsprobe liegt, die Verantwortlichkeit fordert». Die besonderen Schwierigkeiten der menschlichen Sexualität beginnen jedoch erst mit der Kulturentwicklung.
Der Hymen galt lange und gilt zum Teil noch als «Siegel der Unberührtheit». Aber das ist er nicht. Das Eindringen kann ja in manchen Fällen durchaus ohne Widerstand geschehen. Es gibt Frauen, die nach mehreren Geburten einen intakten Hymen haben. Viele Mädchen, deren Hymen unverletzt ist, verfügen über breite sexuelle Erfahrung; man bezeichnet sie als *Demi-Vierges*. Auch hat man immer wieder versucht, den Hymen künstlich wiederherzustellen. Den Kulturen, in denen man darauf bestand, daß eine Frau mit unverletztem Hymen («jungfräulich») in die Ehe gehen müsse, stehen Gesellschaften gegenüber, in denen die Defloration dem Ehemanne abgenommen werden mußte. Wie so oft wird auch mit Bezug auf Hymen und *Virginität* das «Faßbare» überschätzt und die psychologisch-soziale Bedeutung unterbewertet.

Hypersexualität,
übermäßig oder krankhaft gesteigerter Geschlechtstrieb. Die Stärke des Sexualtriebes ist je nach *Konstitution*, Gesundheitszustand, *Alter*, Lebensumständen so unterschiedlich, daß sich eine Grenze zum Krankhaften

kaum ziehen läßt. Als «übermäßig» könnte man nur einen Trieb bezeichnen, der es einem Menschen unmöglich macht, seinen übrigen Lebensaufgaben nachzukommen, oder den er selbst als belastend empfindet. Erscheinungen wie *Erotomanie*, *Don-Juanismus*, *Satyriasis* und *Nymphomanie* beruhen nicht auf einer abnormen Triebstärke, sondern auf psychischen Fehlentwicklungen.

Hypophyse,
Hirnanhangdrüse; ein etwa kirschgroßes Gebilde an der Unterseite des Zwischenhirns. Sie reguliert die Tätigkeit fast aller *hormon*produzierenden Drüsen des Organismus, vor allem der Geschlechts- und Keimdrüsen.

Die Hypophyse besteht aus einem größeren Vorder- und einem kleineren Hinterlappen. Der Vorderlappen ist die eigentliche Drüse, also die Produktionsstätte der Hypophysen-Hormone.

In dem mit der Hypophyse verbundenen Teil des Zwischenhirns befinden sich wichtige Zentren des vegetativen Nervensystems. Körperfunktionen, die wir durch den Willen nicht oder nur sehr begrenzt beeinflussen können, werden von hier aus gelenkt, so die Wärmeregulation, Schlafen und Wachsein, Fett- und Wasser-Stoffwechsel, Schwitzen und die sexuellen Funktionen.

Wie das Geschlechtsleben von der Hypophyse im Zusammenwirken mit dem Sexualzentrum und den Keimdrüsen gesteuert wird, zeigt sich deutlich am Lebenslauf:

In den ersten acht bis neun Jahren ruhen die Keimdrüsen, während die Hypophyse alle anderen ihr unterstellten Drüsen bereits normal arbeiten läßt. Außerdem scheidet sie das Wachstumshormon (Somatotropin) ab. Kommt zuviel davon ins Blut, entsteht Riesenwuchs; ergibt sich durch Erkrankung eine Unterproduktion, entsteht das Liliputanertum.

Der Beginn der *Pubertät* wird von der Hypophyse bewirkt, die nun die Produktion von zwei weiteren Hormonen aufnimmt. Da sie das Wachstum der Keimdrüsen (Gonaden) steuern, heißen sie «Gonadotropine». Diese Hormone wandern mit dem Blut zu den Keimdrüsen – zu den schlummernden Eierstöcken *(Ovarien)* des Mädchens, zu den *Hoden* des Knaben – und ‹wecken sie auf›.

Das Gonadotropin Nr. 1 wirkt auf die Zwischenzellen der Eierstöcke wie der Hoden und regt in ihnen die Bildung der eigentlichen Geschlechtshormone an, des weiblichen Östrogen und des männlichen Testosteron. Sobald diese Hormone ins Blut gelangen, wird die Geschlechtsreifung sichtbar – Wachstumsschub, Körperbehaarung, Stimmbruch beim Knaben, Brüste beim Mädchen, Reifung der Geschlechtsorgane.

Das Gonadotropin Nr. 2 regt die Reifung von befruchtungsfähigen Keimzellen an – monatlich ein Ei in den Eierstöcken, Millionen und Millionen von Samenfäden in den Samenkanälchen der Hoden. Das Mädchen spürt die Wirkung der Hypophyse an der ersten *Menstruation (Menarche)*, der Junge am ersten Samenerguß

(Pollution).
Beim Übergang von der Kindheit zur Pubertät spielt die Hypophyse die Rolle eines Anlassers. Von der Pubertät bis ins *Alter* regelt sie die Geschlechtlichkeit.
Die Hypophyse regt die Keimdrüsen an, Geschlechtshormone zu produzieren. Diese Hormone halten die zur Sexualsphäre gehörenden Drüsen, Nervenzentren, Schleimhäute und Organe in Spannung. Dabei wird ein Teil der Hormone verbraucht. Überschüsse gehen in den Blutkreislauf und werden der Hypophyse gemeldet. Wird der Sollwert überschritten, drosselt die Hypophyse ihre Ausschüttung von Gonadotropinen. Gibt es ein Defizit, schüttet sie vermehrt Gonadotropine ins Blut, um die Keimdrüsen anzuregen.
Beim Mann wird so der Testosteronspiegel im Blut aufrechterhalten. Die Regelung bei der Frau ist im Zusammenhang mit der Menstruation viel komplizierter.

Hysterie,
ein krankhaftes seelisches Verhalten. Hysterische Menschen steigern sich in eine übertriebene Leidenschaftlichkeit, die dann theaterhaft wirkt. Die Hysterie im engeren Sinne ahmt körperliche Krankheiten nach, ohne daß ein körperlicher Anlaß dazu vorliegt. In den Krankheitssymptomen dieser Hysterie erkannte Freud die symbolische Darstellung unbewußter, verdrängter sexueller Wünsche.
Ursprünglich hatte man die Hysterie (von griechisch hystera = Gebärmutter) für ein rein weibliches Leiden gehalten. Erst seit Charcot, dessen Schüler Freud eine Zeitlang war, erkannte man, daß es auch hysterische Männer gibt. Die Zahl der hysterischen Krankheiten nimmt seit Freud ab: da nun der sexuelle Charakter des hysterischen «Theaters» bekannt ist, nützt die Tarnung der sexuellen Wünsche mit Hilfe von Krankheitserscheinungen nichts mehr. Die Hysterie wurde weitgehend abgelöst durch psychosomatische Krankheiten, bei denen die unzureichende Liebesbefriedigung als Ursache nicht so auffällt.

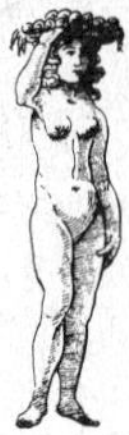

Idiosynkrasie,
allgemein: die Überempfindlichkeit einzelner Menschen gegen bestimmte körperfremde Stoffe, auf die der Organismus mit heftiger Abwehr (Allergie) reagiert. Als sexuelle Idiosynkrasie bezeichnet man eine unüberwindliche Abneigung gegen bestimmte körperliche Eigenschaften des anderen Geschlechtes oder eines Partners. Alle Körperteile und Kleidungsstücke, die zu Fetischen werden können, können auch einen «Antifetischismus» auslösen. Die Abneigung ist meist eigentlich eine starke Vorliebe, die aus moralischen Gründen oder wegen einer erlebnismäßig bedingten Assoziation unterdrückt worden ist.

Imago,
«Bild», die Vorstellung, die sich z. B. ein Kind von seinem Vater oder seiner Mutter gemacht hat und die dann der Erwachsene auf andere Menschen überträgt. Wenn Männer eine Frau nach dem Bild der Mutter wählen, ist dabei nicht deren wirkliches Wesen entscheidend, sondern eben das «Imago», das heißt im Grunde eine Wunschvorstellung. In solche Imagines strömen außer persönlichen Erfahrungen und Phantasien auch jene uralten Menschheitsvorstellungen ein, die C. G. Jung «Archetypen» genannt hat und die sich in Mythen, Märchen, Dichtungen und Klischees niedergeschlagen haben. Das Imago wird zum Bild «der» Frau, der Mutter, der Dirne, der Jungfrau schlechthin, oder entsprechend «des» Mannes, des Vaters, Helden, Rebellen usw. Das Imago stellt sowohl einen *Typ* wie ein Ideal dar, oft genug ein Idol, das man wie einen Götzen verehrt. Immer ist es ein Schein- und Trugbild; die Herrschaft, die eine solche Vorstellung ausübt, hindert die Erkenntnis des wirklichen Menschen, mit dem man es als Partner zu tun hat, und blockiert eine angemessene Beziehung.

Impotenz,
das sexuelle «Unvermögen» bei Männern. Die Impotenz ist nicht gleichbedeutend mit Zeugungsunfähigkeit. Unfruchtbar ist ein Mann, dessen *Sperma* nicht genügend reife und bewegliche Samenfäden enthält; die Impotenz jedoch ist die Unfähigkeit, Sperma in die Scheide zu bringen.
Die Impotenz hat nur ausnahmsweise körperliche Ursachen. Selbst Männer, denen nach Erlangen der vollen Geschlechtsreife beide *Hoden* operativ entfernt worden sind, können ihre erotische Ansprechbarkeit und ihre Potenz behalten, da außer den Hoden auch die Nebennierenrinde eine gewisse Menge an männlichem Geschlechtshormon produziert. Indessen können auch Krankheiten oder Verletzungen außerhalb der Sexualsphäre zur Impotenz führen, vor allem die Zuckerkrankheit und Leberleiden. Bei Leberzirrhose zum Beispiel wird das männliche Geschlechtshormon Testosteron in weibliches Geschlechtshormon Östrogen umgewandelt; das hat Potenzstörungen oder Potenzverlust zur Folge. Bei Schädelbasisbrüchen oder Gehirntumoren kann das Sexualzentrum des Zwischenhirns oder die Hirnanhangdrüse *(Hypophyse)* in Mitleidenschaft gezogen werden. In vielen Fällen aber ist die *Potenz* durch Kuren mit Hypophyse-*Hormonen* (Gonadotropinen) wiederherzustellen.
In den weitaus meisten Fällen aber ist die Impotenz seelisch bedingt. Die Störungen können in jeder der vier Phasen des männlichen Sexualvollzuges ansetzen.
Zunächst muß der Mann auf sexuelle Reize ansprechbar sein. Diese Empfänglichkeit beruht darauf, daß sexuell interessante Sinneseindrücke der Seh-, Hör-, Tast-, Geruchs- und Geschmacksnerven vom Sexualzentrum umgesetzt und auf das vegetative Nervensystem übertragen werden. Dazu ist das Sexualzentrum nur fähig, wenn seine Nervenzellen durch den Blutstrom mit dem von den Hoden erzeugten Testosteron versorgt und unter Spannung gehalten werden. Aber es ist eine Frage der seelischen Bereitschaft, welche Sinneseindrücke als sexuelle Reize empfunden werden können. Ein bestimmter Reiz mag so gewöhnlich geworden sein, daß er sexuell nicht mehr interessant genug ist. Oft ist die Empfindung eines Reizes so mit Abwehrgefühlen gekoppelt, daß die *Hemmungen*

Seine Potenz hängt von den Schuhen ab. Anonyme französische Buch-Illustration

nicht mehr überwunden werden können. Endlich ist bei manchen Männern die sexuelle Ansprechbarkeit von ganz bestimmten Reizen *(«Liebesbedingungen»)* abhängig, und sie versagen, wenn diese Reize nicht vorhanden sind.

Selbst wenn sexuelle Reize empfunden werden, kann im zweiten Stadium die *Erektion* des *Penis* ausbleiben, ohne die eine körperliche Vereinigung nicht möglich ist. Wenn die Blutgefäße, die den Penis versorgen, unelastisch oder verstopft sind, versteift er sich nicht. Neben den Herzkranzgefäßen und den Arterien und Venen der Beine sind die Blutgefäße des Penis von Kreislaufstörungen am häufigsten betroffen. Bei älteren Männern und nach langjährigem Nikotin- und Alkoholmißbrauch sind Durchblutungsstörungen im Unterleib eine der häufigsten Ursachen von Erektionsschwäche. Doch ist das Erektionszentrum des Zwischenhirns von den Sinneseindrücken wie von den Hemmungen des Bewußtseins mitbetroffen.

Die Fähigkeit zur *Ejakulation* ist von der zur Erektion zwar nicht abhängig, und sie bleibt im Alter meist länger erhalten, aber in der Geschlechtsvereinigung kann der Samenerguß ja erst nach der Erektion folgen. Die Menge des Ejakulates nimmt bei aufeinanderfolgenden Ergüssen ab. Damit ist meist auch eine Verzögerung der Ejakulation verbunden. Doch selbst wenn die Drüsen keine Samenflüssigkeit mehr abgeben oder wenn die *Prostata* operativ entfernt worden ist, bleibt die pulsierende Ejakulationsbewegung der Harnröhre und das damit verbundene Lustgefühl erhalten. Als die häufigste Störung tritt der vorzeitige Samenerguß auf (Ejaculatio praecox), eine nervöse Reaktion infolge übergroßer Spannung oder seelischer Hemmungen.

Mit der Ejakulation ist der Geschlechtsakt nur äußerlich abgeschlossen; die *Befriedigung* ist von dem Gefühl der *Lust* und der wohligen Entspannung abhängig. Viele moderne Sexualpsychologen begreifen auch Störungen dieser Gefühle, etwa die sprichwörtliche Traurigkeit nach dem Koitus, als Formen der Impotenz.

Eine unzureichende Reiz-Empfindung, eine moralische Hemmung, ein Gefühl des *Ekels* und ähnliche seelische Störungen der Potenz sind nicht immer bewußt. Ein Mann kann für gewöhnlich durchaus potent sein und doch in einer bestimmten Situation sexuell versagen; und dann wird er oft überhaupt nicht verstehen, welcher Umstand an seiner momentanen Impotenz schuld ist. Hier wirken oft alte Probleme aus der Kindheit, Pubertät oder Adoleszenz nach. Es kommt sogar vor, daß kurze Zeit nach dem Versagen die Potenz wiederhergestellt ist, weil inzwischen – zum Beispiel durch die liebe- und verständnisvolle Geduld der Partnerin oder ihre Initiativen – die Ursache der Störung überwunden wurde.

Indolenz,

die (sexuelle) Gleichgültigkeit. Der sexuell indolente Mensch sperrt sich nicht gegen eine geschlechtliche Begegnung; er ist nur zu träge, nein zu sagen. Der sexuell indolente Mann «kann immer», ohne Ansehen der Person, ohne sich durch äußere Umstände oder innere Skrupel stören zu lassen. Zwischen indolenten Männern und indolenten Frauen besteht insofern ein Unterschied, als der Mann den Geschlechtsakt nur ausführen kann, wenn er so weit erregt ist, daß sich sein Glied aufrichtet, während die Frau den Akt völlig passiv über sich ergehen lassen kann.

Infantilismus
heißt der Zustand eines erwachsenen Menschen, bei dem körperliche, seelische oder geistige Eigenschaften auf einer kindlichen Stufe stehengeblieben sind.
Der körperliche Infantilismus kann durch Störungen im Zwischenhirn, in der Hirnanhangdrüse *(Hypophyse)* oder in der Keimdrüse verursacht sein. Sie mögen angeboren sein oder auch erst während der *Pubertät* auftreten. Körperliche Merkmale, die vereinzelt oder auch gemeinsam auftreten können, sind beim Manne: Unterentwicklung der *Hoden* und des *Penis*, fehlende oder geringe Schambehaarung, fehlender *Bart*wuchs, Ausbleiben des *Stimmbruchs*. Die Kennzeichen bei der Frau sind: Unterentwicklung der Eierstöcke *(Ovarien)* und der *Gebärmutter*, kindliche *Brüste* und kindliches *Becken*.
Körperlicher Infantilismus bleibt bestehen, soweit nicht durch psychiatrische und/oder *Hormon*-Behandlung eine teilweise oder völlige Ausreifung erreicht werden kann. Es gibt aber auch einen zeitweisen Infantilismus, der von selbst ausreifen kann. Er tritt vor allem bei Menschen auf, bei denen die Pubertät mit starker Verspätung, nach dem 15. bis 16. Lebensjahr, eingesetzt hat. In ihrer seelischen und sexuellen Reife hinken diese Mädchen und Jungen um ein bis drei Jahre hinter ihren Altersgenossen her. Sie werden deswegen verspottet, fühlen sich ausgeschlossen, oder sie sind gerade deswegen beliebt und werden bemuttert. In jedem Fall wird ihr Verhältnis zur Umwelt und zur Sexualität verzerrt. Auch wenn die Geschlechtsreife schließlich nachgeholt wird, gelingt es den Spätreifen nur selten, sich aus ihrer infantilen Einstellung zu lösen. Umgekehrt erschrickt manches sexuell frühreife Kind vor seiner vorzeitigen Sexualität und weicht davor in eine übertriebene Kindlichkeit zurück.
Darüber hinaus kann es während des ganzen Lebens zu Krisen kommen, in denen sich ein Mensch den Anforderungen der Reife nicht gewachsen fühlt und vor ihnen in ein eigentlich längst überholtes kindliches Stadium zurückfällt *(Regression)*.
Für gewöhnlich besteht eine enge Beziehung zwischen körperlichem, psychischem und sexuellem Infantilismus. Aber es gibt auch einen leichten körperlichen Infantilismus ohne merkliche seelische Auswirkungen, und einen manchmal schweren psychischen Infantilismus ohne körperlichen Befund.
Der seelische Infantilismus äußert sich in einem Verhalten «wie als Kind». Man erwartet eine Liebe, die man nicht erst verdienen muß. Ein in diesem Sinne infantiler Mann erwartet von seiner Partnerin eine Fürsorge

wie von der Mutter, eine insofern infantile Frau von ihrem Partner eine Führung wie von dem Vater. Oft soll eine Art der Liebe, die von der Mutter oder dem Vater nicht gewährt worden ist, nachgeholt werden. Oder es wird ein Verhältnis wie zu Vater oder Mutter krampfhaft vermieden. Alle Männer werden nach dem Vater, alle Frauen nach der Mutter eingeschätzt.

Der sexuelle Infantilismus ist ein Verharren auf Verhaltensformen, die für die Phasen der *frühkindlichen Sexualentwicklung* vor der genitalen Reife typisch waren. Alle *Perversionen* im engeren Sinne, in denen ein *Partialtrieb* wie der orale, der anale, der sadomasochistische, der Voyeurismus und Exhibitionismus den Vorrang hat, sind insofern infantil. Ähnliches gilt für einen manischen *Fetischismus*, der durch eine *Fixierung* auf alte Erlebnisse zurückgeht.

Als Infantilismus bezeichnet man manchmal auch eine ganz besondere Form der Perversion: ein Sexualverlangen, das nur befriedigt werden kann, wenn kindliche Kleidung angelegt wird *(Cisvestismus)* oder wenn bestimmte Kindheits-Akte vollzogen werden – etwa das Säugen mit Schnuller-Flasche.

Die Kindlichkeit im weitesten Sinne scheint für die Männer eine größere Rolle zu spielen als für die Frauen. Manches Mißverständnis zwischen den Geschlechtern beruht darauf, daß sie beide unzureichend Nietzsches Erkenntnis bedenken: «Im echten Manne ist ein Kind versteckt; das will spielen.» Das gilt wohl auch für das Spiel der Erotik.

Initiative

in erotischer Beziehung war jahrhundertelang offiziell dem Mann vorbehalten. Eine Frau, die den Mann sexuell herausforderte, galt als Dirne. Nur die Geschichte von Adam und Eva scheint dieser Auffassung von einem einseitig männlichen Recht zur Initiative zu widersprechen: nach der Erzählung vom Sündenfall war es ja die Frau, die, mit dem ‹Apfel›, ihrer Brust (oder, wie manche meinen, ihrem Gesäß), sich dem Mann anbot. Freilich war sie vorher von der Schlange – dem Penis – verführt worden! Bei dieser Rollenverteilung ist es im wesentlichen geblieben. Die Frau bietet sich als «Schaureiz» an, und die *Mode* leistet ihr dabei viele Dienste. Der Erfolg ihres unausgesprochenen Angebotes hängt freilich von der sexuellen Bereitschaft des Mannes ab, diesen Reiz aufzunehmen und auf ihn zu reagieren.

Die *Emanzipation*, die der Frau das Recht bringen soll und zum Teil schon gebracht hat, nicht nur ihr Angebot, sondern auch ihre Forderung an den Mann deutlicher als durch ihre Erscheinung oder durch bloße *Koketterie* zum Ausdruck zu bringen, verschiebt zwar die Akzente, aber sie ändert nichts daran, daß die Initiative leerläuft ohne die Bereitschaft des anderen, wer immer nach außen hin den Anfang gemacht hat. Manche Initiative kommt aus der Erkenntnis, daß der Mann (oder die Frau), dem (der) sie gilt, nur noch nicht weiß, daß auch er (sie) die Verbindung wünscht. Anders ausgedrückt: vor jeder sinnvollen Initiative müßte schon eine Art gegenseitiger Anziehung bestehen.

Erste Initiative. Lithographie aus einer erotischen Mappe, 1920

Instinkte
sind sozusagen automatische Verhaltensweisen, die einer bestimmten Spezies angeboren sind. Diese Instinkte steuern die Selbst- wie die Arterhaltung. Bei Lebewesen, deren Existenz auf eine bestimmte Umwelt abgestimmt ist, funktionieren die entsprechenden Instinkte auch dann weiter, wenn sich ihre Umwelt geändert hat und die Verhaltensweisen den neuen Verhältnissen nicht mehr angemessen sind. Tierarten, die sich in den verschiedensten Umwelten behaupten können, werden in ihrem Verhalten weniger von Instinkten gesteuert als von dem, was sie von den Älteren oder/und aus eigener Erfahrung gelernt haben. Beim Menschen sind die Instinkte von den Einflüssen

des Verstandes und der Erfahrung in einer oft längst künstlichen, selbstgeschaffenen Umwelt überlagert.
Oft wird freilich der Begriff «Instinkt» in dem gleichen Sinne benutzt wie der Begriff *«Trieb»*. Anders als der Instinkt, der bestimmt, wie man einer Notwendigkeit gerecht wird, ist mit dem Triebverlangen die Art der Trieb-Befriedigung noch nicht festgelegt. «Die Triebe sind mystische Wesen, großartig in ihrer Unbestimmtheit» (Freud).

Inzest,
sexuelle Beziehungen zwischen nahen Blutsverwandten, auch *«Blutschande»* genannt. Das Verbot des Beischlafs zwischen nahen Verwandten ist eines der ältesten Gesetze der Menschheit und in allen uns bekannten Kulturen gültig. Die Begründung des Verbotes ist dunkel; seine Macht stammt auch nicht aus vernünftigen Erwägungen, über die man diskutieren könnte. Das Verbot scheint sich gleichsam von selbst zu verstehen: es ist ein *«Tabu»*, ja geradezu das Muster aller Tabus. Daraus kann man aber nicht schließen, wie man es oft versucht, daß das Inzest-Verbot einer natürlichen, sozusagen instinktiven Abneigung entspricht. Denn wenn dies so wäre, hätte man ein strenges Verbot mit rigorosen Strafandrohungen nie zu erlassen brauchen.
Die Annahme, das Verbot des Inzestes beruhe auf der Furcht vor den Folgen der *Inzucht* (Degeneration, erblichen Krankheiten), ist sicher falsch. Das Tabu stammt aus einer Zeit, als die Menschen den Zusammenhang zwischen Koitus, Zeugung und Geburt noch nicht durchschaut haben dürften.
Sexuelle Beziehungen zwischen Mutter und Sohn hätten für den Mann eine Rivalität bedeutet, die er nicht dulden wollte. Die sexuelle Beziehung zwischen Vater und Tochter ist nie gleich stark verurteilt worden. Nach mutterrechtlicher Auffassung, die nur die Verwandtschaft des Kindes zur Mutter gelten läßt, spielt die Abstammung vom Vater überhaupt keine Rolle. Psychologisch wichtiger für den Unterschied in der Bewertung ist die unbewußte Erkenntnis, daß der Sohn im Beischlaf mit der Mutter ‹in den Mutterleib zurückkehren› würde, während die Tochter vom Vater nur noch einmal den Samen empfangen würde, aus dem sie gezeugt worden ist.
Für das allgemeine Empfinden wird am ehesten geduldet der Inzest zwischen Geschwistern. Die Pharaonen waren bekanntlich sogar zu Geschwister-Ehen verpflichtet; sie taten stellvertretend für ihre Untertanen, was jenen zwar unbewußt erwünscht, aber bewußt verboten war. Ein Nachklang des Vorrechtes und der Vorpflicht der ägyptischen Könige sind die Verwandtenehen zwischen allen europäischen Herrscherfamilien.
Der gesellschaftliche Sinn des Inzest-Verbotes liegt in der Notwendigkeit, größere Gruppen gefühlsmäßig aneinander zu binden. Eine allzu innige Verankerung in der Herkunfts-Fami-

Auf dem Lande · Buchillustration von Rojan, Paris um 1930

lie, wie sie durch sexuelle Beziehungen zur Mutter, zum Vater oder zu einem Geschwisterkind entstanden wäre, hätte eine Bildung größerer Gemeinschaften erschwert. Nur wenn ein Kind bei Erreichen der Reife aus dem Familienverband heraustritt, kann es mit bis dahin fremden Menschen Erfahrungen machen und selbständig werden. Sexuelle Bindungen in die Kindheits-Familie hinein würden eine soziale Reifung verhindern.

Sein Gewicht hat das Inzest-Problem durch die lange Abhängigkeit des menschlichen Kindes von seinen Eltern. Die Liebe des Menschen wird durch seine Liebeserfahrungen mit den Eltern und den Geschwistern geprägt. Aber gerade diese musterhafte Liebe wird nun durch das Inzest-Verbot (in der *Ödipus*-Situation) an ihrem sinnlichen, im engeren Sinne sexuellen Ausdruck gehindert. Die Inzest-Neigungen werden damit aber nicht aufgehoben, sondern nur verdrängt. Sie äußern sich in manchen sexuellen Vorbehalten, *Hemmungen*, Vorlieben, in den Krankheitszeichen der *Neurosen* und *Perversionen*; oder sie werden sublimiert. Freud hat gewisse religiöse Grundvorstellungen als Verwandlungen der Inzest-Neigung verstanden und auch auf die zahllosen Mythen und literarischen Werke hingewiesen, deren eigentliches, oft nur geheimes Thema der Inzest ist.

Während der Mutter-Sohn-Inzest selbst im antiken Ödipus-Drama nur als Verhängnis, in Shakespeares «Hamlet» nur sehr indirekt dargestellt werden konnte, hat z. B. Georg Kaiser in «Es ist genug» (1932) den Vater-Tochter-Inzest offen gestaltet. Die Bruder-Schwester-Liebe findet sich als Thema bei Thomas Mann («Wälsungenblut»), Frank Thieß («Die Verdammten»), Robert Musil (zweiter Teil von «Der Mann ohne Eigenschaften»), um nur einige modernere Werke zu nennen.

Nach dem neuen deutschen Strafgesetz z. B. wird mit einer Freiheitsstrafe bis zu drei Jahren bedroht, «wer mit einem Verwandten auf- und absteigender Linie den Beischlaf vollzieht»; ebenso «Geschwister, die miteinander den Beischlaf vollziehen». Straffrei bleiben «Verwandte absteigender Linie und Geschwister, die zur Zeit der Tat noch nicht achtzehn Jahre alt waren». Eine praktische Bedeutung hat das Gesetz kaum, da Inzest-Handlungen beinahe immer nur in einem ganz kleinen Kreis bekannt werden, dessen Mitglieder nicht darüber reden. Am häufigsten kommt es zum Vater-Tochter-Inzest bei älteren Männern niedrigerer Schichten, die sich ein sexuelles Verhältnis zu einer fremden Frau nicht mehr zutrauen und zu den sublimierten Formen der Alterserotik keinen Zugang haben. Hier ist der Inzest meist zugleich der sexuelle Mißbrauch einer Minderjährigen.

Unter allen von der Moral nicht gebilligten Arten der Sexualität nimmt der Inzest auch insofern eine Sonderstellung ein, als bei ihm das Sexualverhalten durchaus «normal» bleiben kann, das heißt auf den *Koitus* abgestellt ist. Der Unterschied liegt einzig in dem Bewußtsein, daß die Beziehung zwischen den Partnern «tabu» ist. Wenn ein Geschwisterpaar in frühester Kindheit getrennt worden wäre, und wenn es nach Jahren eine sexuelle Beziehung einginge, ohne etwas von der Verwandtschaft zu wissen, wäre das weder für ihr eigenes Bewußtsein noch für das Urteil der Umwelt ein «Inzest». Wenn umgekehrt ein Mädchen und ein Junge, die von frühester Jugend an als Geschwister aufgewachsen sind, obwohl sie als Adoptivkinder nicht miteinander verwandt sind, ein sexuelles Verhältnis miteinander eingehen, könnte man zwar nicht von «Blut»-Schande reden, aber psychologisch begingen sie dennoch Inzest. An keinem anderen Einzelproblem wird so deutlich, daß nicht das Verhalten, sondern die Empfindung entscheidend ist.

Inzucht,
Ehe und Zeugung unter Blutsverwandten in mehreren Generationen nacheinander. Inzucht kann durch geographische Verhältnisse zustande kommen, zum Beispiel in entlegenen Gebirgstälern, auf schwer zugänglichen Inseln, unter isolierten Bevölkerungsgruppen in dünnbesiedelten Gebieten oder in einer Umwelt von anderer Sprache oder Religion. Die Inzucht der Adelsfamilien jedoch entsprang der Absicht, sich vom ‹gemeinen Volk› abzusondern und den materiellen Besitz der eigenen Sippe vorzubehalten. Da sich durch Inzucht die Erbeigenschaften verstärken, wird durch sie auch die «Tradition» einer Kaste gesichert.

Daß viele Abkömmlinge aus Verwandtenehen an Geisteskrankheiten, an Taubheit, Kurzsichtigkeit, Unfruchtbarkeit und körperlichen Mißbildungen leiden, liegt nicht an sich in der Inzucht begründet, sondern darin, daß die Verwandten-Ehen ohne Rücksicht auf die Gesundheit der Partner geschlossen worden waren. Viehzüchter wissen schon seit einigen tausend Jahren, daß die Inzucht bei guter Auswahl gute, bei schlechter Auswahl schlechte Ergebnisse bringt. Bei Menschen ist das nicht anders. In dem schwäbischen Sippenkreis, dem Schiller, Mörike, Uhland, Hölderlin, Hauff und die Philosophen Schelling und Hegel entstammen, wurden Hochbegabungen förmlich gezüchtet. Hier zeigt sich freilich auch die Gefahr der Einseitigkeit durch Summierung ähnlicher Erbanlagen aus den verwandten Herkunftsfamilien.

Die psychologischen Vorteile und Gefahren einer Verwandten-Ehe *(Endogamie)* im Verhältnis zur Fremd-Ehe *(Exogamie)* sind die Vertrautheit und der Mangel fruchtbarer Auseinandersetzung. In der Neuzeit nimmt die Bedeutung der Endogamie und der Inzucht durch die moderne Mobilität und die Verstädterung ab.

Johannis-Trieb,
volkstümlicher Ausdruck für das Wiederaufleben starker erotischer Empfindungen beim alternden Mann. Manche Bäume, deren Frühjahrstrieb durch Frost unterbrochen worden ist, treiben um den Johannis-Tag (24. Juni) ein zweites Mal aus. Diese Erscheinung ist aber nur eine jahreszeitliche Verschiebung, während beim Menschen eine Aktivität gemeint ist, die dem Lebensalter nicht mehr angemessen ist. Das heißt natürlich nicht, daß beim älteren Mann jede Form von Sexualität unangemessen wäre. Der etwas lächerliche Charakter des «Johannis-Triebes» rührt vielmehr daher, daß manche alte Herren so tun, als wären sie wieder Jünglinge, statt eine Liebe zu suchen und zu geben, wie sie erst der reife Mensch erleben kann.

Junggesellen und Junggesellinnen
sind erwachsene, sozial selbständige Männer bzw. Frauen, die (noch) keine Ehe eingegangen sind. Ein «Junggeselle» war ursprünglich ein Handwerker, dessen Verdienst ihm noch keine Ehe erlaubte; früher haben sogar Gilden-Gesetze die Heirat erst von einem gewissen Alter an gestattet, um den Meistern Personal mit niedrigen Lohnansprüchen zu sichern. Die Übertragung des Begriffes auf unverheiratete Frauen ist neueren Datums; sie war erst sinnvoll, als auch bürgerlichen Mädchen eine berufliche Karriere offenstand. Die Junggesellin hat seitdem die «alte Jungfer» abgelöst, deren tragikomische Erscheinung durch die Nutzlosigkeit eines Lebens im Abseits mitbestimmt war. Heute ist auch die Junggesellin nicht mehr zu einem Verzicht auf sexuelle Beziehungen verdammt.

Aber während Männer, die bis in ein ungewöhnlich hohes Alter oder für immer auf die Ehe verzichten, genügend Gelegenheit gehabt hätten, eine Lebenspartnerin zu finden, mußte

Selbstbeschau · *Aus einer Mappe der dänischen Künstlerin Gerda Wegener, Paris um 1930*

durch den Frauenüberschuß nach zwei Weltkriegen ein gewisser Prozentsatz aller Frauen ehelos bleiben. Doch bei den weitaus meisten ehereifen Ledigen beider Geschlechter läßt sich erkennen, daß es innere Gründe waren, die zu einem «einschichtigen» Leben geführt haben. Ältere Junggesellen und Junggesellinnen haben oft sonderlingshafte Züge angenommen und zeigen dadurch, daß die Ehe – jedenfalls in unserer Gesellschaft – die «normale» Lebensform ist, die trotz aller Schwierigkeiten noch immer die besten Möglichkeiten zur eigenen Entwicklung und zur Anpassung bietet.

Die gewollte Ehelosigkeit kann auf eine religiös-moralische Ablehnung der Sexualität zurückgehen (so im *Zölibat* der katholischen Priester und Mönche), auf starke homosexuelle Tendenzen, auf Feindschaft gegen das andere Geschlecht, auf ungewöhnlich starke Interessen am Beruf oder an einem Steckenpferd, auf starke Bindung an einen Elternteil (beim Manne fast immer an die Mutter, bei der Frau an Vater oder Mutter), auf Bindungen an die Kindheits-Familie überhaupt (*«Infantilismus»*), auf ein schlechtes Ehe-Vorbild in dieser Familie, auf wirklichkeitsfremde erotische Wunschvorstellungen, auf anlagebedingte *Promiskuität* (z. B. *«Don-Juanismus»*, *«Nymphomanie»*) oder auf eine Scheu vor Verantwortung. Bei den meisten freiwillig Ledigen wäre es falsch, sie zu einer Heirat zu drängen; die Ehe könnte sich unglücklich entwickeln.

Die Junggesellen-Zeit vor einer Ehe, eine Art verlängerter *Adoleszenz*, erscheint verheirateten Männern und wohl auch manchen Ehefrauen in der Erinnerung als Zeit herrlicher, beneidenswerter Freiheiten. Die dazugehörigen Einsamkeiten werden erkennbar an der Tatsache, daß heutzutage viele junge Leute heiraten, ehe sie eine materielle Basis für die Ehe geschaffen haben. «Es ist nicht gut, daß der Mensch allein sei.»

Jus primae noctis,
das «Recht der ersten Nacht». Noch im Mittelalter hatten die Feudalherren, deren Lehnsbauern oder Knechte heirateten, das Recht auf die erste Nacht mit der Braut. In dieser Sitte mischte sich die Vorstellung, daß ein «Leibeigner» mitsamt seiner Familie dem Gutsherrn buchstäblich ge-«hörig» sei, mit alten *Tabus* gegen die *Virginität.* Wie in frühen Religionen Medizinmänner und Priester dem

Ehemann die *Defloration*, die Zerstörung der Unberührtheit und die blutige Aggression, abnahmen, so taten dies in der feudalen Gesellschaftsordnung die Lehnsherren.

Der Gedanke an ein «Eigentums-Recht» dagegen wird durch Bestimmungen deutlich, die eine Ablösung des Jus primae noctis durch eine «Bedemund», eine Bettsteuer, vorsahen. So mußten an manchen Orten die Bräute dem Gutsherren so viel Käse oder Butter entrichten, «als dick und schwer ihr Hinterteil war».

Kabarett,
eigentlich «cabaret», soviel wie Kneipe, heute: die Kleinkunstbühne. In seiner höchsten Form ist das Kabarett eine Stätte des kritischen Witzes. In Chansons, Sketchen und Conférence werden die herrschenden Verhältnisse in Frage gestellt, das politische Regime ebenso wie die Sozialordnung, und die heuchlerischen Züge der Moral werden entlarvt. Schon insofern ist das Kabarett stets «erotisch». Hinzu kommt die Intimität des kleinen Zuschauerraums, in dem man oft an Tischen sitzt, an denen auch serviert wird. Auf niedrigerer Ebene wird das Kabarett zum «Tingeltangel», dessen Künstlerinnen die kleinen Gagen verbessern, indem sie Zuschauern ihre private Gunst anbieten. Heute nennen sich sogar *Striptease*-Lokale «Kabarett», obwohl ihre Darbietungen kaum je Witz haben und aus einer Kunst des Schockierens längst Routine geworden ist.

Kallipygos,
griechisch: mit schönem Hintern, Beiname einer berühmten antiken Venus-Statue. Auf dieses Bild der Liebesgöttin, die ihr Gewand hebt, um über die Schulter ihr hübsches *Gesäß* zu bewundern, berufen sich noch heute alle gebildeten Männer, die die Schönheit des Hinterns besonders hoch schätzen.

Kälte,
vor allem aber ein plötzlicher Wechsel der Temperatur, regt die Nervenzellen der Haut an und kann deshalb auch sexuell stimulieren. Aus diesen Zusammenhängen erklärt sich die Beliebtheit der *Sauna*. Erotische Vorstellungen, die Eis, Schnee und Wintersport zum Hintergrund haben, folgen einer *Ambivalenz* von *Lust* und Unlust, ähnlich der beim *Kitzel*. Schmerzliche Kälte-Empfindungen rücken einen stärker ausgeprägten Kälte-*Fetischismus* in den Bannkreis des *Sadismus* oder *Masochismus*. Wie

andere *Fixierungen* so sind auch die auf die Kälte meist durch Erlebnisse bedingt, etwa durch Erinnerungen an ein kindliches Eislauf-Vergnügen. In früheren Zeiten war ja der Eislaufplatz einer der wenigen Orte, an denen Knaben wie Männer weibliche Schenkel erblicken konnten.

Kameradschaft
ist eigentlich das Verhältnis zwischen Menschen, die eine «Kammer» teilen, das heißt miteinander wohnen. Zwischen Kameraden gibt es also eine größere Intimität als zwischen «Kollegen», die eigentlich «miteinander lesen», also nur geistige – berufliche – Interessen teilen. Die Kameradschaft setzt eine Überwindung von Rivalitätsgefühlen voraus.
Man beobachtet sie fast nur zwischen Männern. In einer seit Jahrtausenden von den Männern bestimmten Gesellschaft und infolge eines fast ständigen Frauenüberschusses ist das Verhältnis zwischen Frauen auf Konkurrenz eingestellt. Der Einschuß offen sexueller Begierden in ein kameradschaftliches Verhältnis muß dessen Charakter nicht unbedingt stören, wie die Beziehungen in homosexuell bestimmten Männergemeinschaften zeigen. Eine Kameradschaft unter Frauen entwickelt sich am ehesten im Zeichen einer mehr oder weniger männerfeindlichen *Emanzipation.* Die Kameradschaft zwischen Mann und Frau ist davon abhängig, daß sie einander nicht nur und nicht immer als Geschlechtswesen betrachten. Viele Frauen schätzen deshalb die Freundschaft mit homosexuellen Männern, von denen sie sich als Mensch geschätzt fühlen und nicht als «Weib». Die gute Ehe ist ohne Züge der Kameradschaft, der Toleranz und Achtung und ohne das Gefühl der Schicksalsgemeinschaft kaum denkbar. Zusammengehörigkeit in vielen Lebensbereichen kann die Verschmelzung in der Liebe nur noch vertiefen.

Kampf der Geschlechter
ist eine «Errungenschaft» des Menschen, die dem Naturgesetz der Arterhaltung widerspricht. Dennoch liegt die Geschlechterfeindschaft mit der Geschlechteranziehung in ständigem Streit, und in ihr äußert sich ein wesentlicher Teil der menschlichen *Sexualabwehr.* Der Geschlechterkampf wird zurückgeführt auf jenes Stadium der Kulturentwicklung, in dem die Menschen den Zusammenhang zwischen Zeugung und Geburt erkannt haben: seitdem hätten also die Männer als Väter ihre Rechte am Kind geltend gemacht. Wichtiger noch scheint die Erkenntnis geworden zu sein, daß Mann wie Weib zur Erfüllung ihrer Sexual- wie ihrer Liebesbedürfnisse voneinander abhängig sind.
Die Abhängigkeit des Mannes vom Weib setzt die Abhängigkeit des Knaben von der *Mutter* fort; die Abhängigkeit der Frau ist weitgehend von ihrem Schutzbedürfnis während der Schwangerschaft und dem Schutzbedürfnis ihrer kleinen Kinder bestimmt.
Der Kampf der Geschlechter ist vielfach ein Kampf um die Vormacht. Eine *Moral*, die die Koitus-*Position* des Mannes über der Frau zur einzig

erlaubten erklärte, drückte damit auch männliche Machtwünsche aus. In der Psychologie des abtrünnigen Freud-Schülers Alfred Adler wird das «Oben» und «Unten» im *Liebesspiel* sogar zu einem Schlüssel-Problem der Männlichkeit und Weiblichkeit überhaupt. Viele Formen der Sexualität, am deutlichsten die sadistischen und masochistischen, stellen eine Herabsetzung des anderen oder eine Kapitulation des eigenen Geschlechtes dar.

Auch wo nach außen der Mann die Herrschaft über die Frau gewonnen zu haben scheint, ist der Kampf nicht wirklich zu seinen Gunsten entschieden, schon deshalb nicht, weil er geliebt werden will, und selbst bei einer Sklavin lassen sich Gefühle nun einmal nicht erzwingen. Ein gelegentlicher Ausdruck des Geschlechterkampfes indessen kann die Liebe sogar beleben: mancher Streit um die «Vormacht» mündet in gegenseitiger Hingabe.

Kandaulesismus,
das Verlangen mancher Männer, die intimen Reize ihrer Frau oder Geliebten vor anderen Männern zu entblößen. Der König Kandaules von Lydien († 652 v. Chr.) soll seinem Leibwächter Gyges befohlen haben, der jungen Königin Rhodope beim Auskleiden heimlich zuzusehen. Rhodope bemerkte den Späher, forderte von Kandaules den Tod des Gyges, und als sich der König weigerte, stiftete sie Gyges an, Kandaules zu ermorden, und gab sich ihm hin. Das Thema wurde in der Literatur oft gestaltet, unter anderem von Friedrich Hebbel.

Im «Kandaulesismus» drückt sich der Stolz des Mannes über den «Besitz» einer schönen Frau aus, die er zwar mit keinem anderen teilen will, um die er aber beneidet werden möchte, weswegen er ihre Reize anpreist. Der «Kandaules» stiftet damit dennoch schon so etwas wie ein *Dreiecks*-Verhältnis und geht zu einem anderen Manne eine Art erotischer Beziehung mit versteckt-homosexueller Tendenz ein. Im Grunde ist jeder Künstler, der ein Aktbild seiner Geliebten schafft, und jeder Kunstmäzen, der einen Maler mit einem Aktbild der Geliebten beauftragt, ein Kandaules. Wenn Männer untereinander mit den erotischen Qualitäten ihrer Partnerinnen prahlen, wenn sie gar deren Aktfotos tauschen, ist auch dies Kandaulesismus. Ein guter Teil aller erotischen Korrespondenzen und aller *Briefe* an Sex-Magazine mit «Erlebnis»-Berichten liegt auf der gleichen Linie. Die Prahlereien dieser Art sind allerdings seltener Erfolgsmeldungen als Ausdruck von Unsicherheit oder Ersatz für reale Wunscherfüllungen.

Nicht jede «Rhodope» fühlt sich nach einer Preisgabe durch ihren «Kandaules» gekränkt; manche Frauen willigen in eine Teilhabe fremder Männer ein, weil ihnen die sexuellen Möglichkeiten des einen Mannes dem eigenen erotischen Wert nicht zu entsprechen scheinen.

Kannibalismus,
die Menschenfresserei, hatte kultische Gründe. Die Feinde wurden verspeist, um ihre Geister zu beseiti-

gen und sich ihre Fähigkeiten einzuverleiben, vor allem auch ihre sexuelle Potenz. Zum Totemkult gehörte es, daß das Totem-Tier, in dem man den «Vater» der Sippe sah und das deshalb für gewöhnlich vor jedem Abgriff geschützt war, bei einer jährlichen Feier von den Sippen-Genossen gemeinsam verzehrt wurde. Freud sah darin das Urmuster des *Ödipus*komplexes: im Totem-Opfer wird der «Vater» sowohl getötet als auch einverleibt. Der Prozeß der Identifikation ist eine psychische Einverleibung des Vorbildes, nach dem man sich fortan richtet. Von dem *oralen* Partialtrieb der Sexualität her stammt der Wunsch, das Liebesobjekt aufzuessen; das drückt sich unter anderem im Liebes-*Beißen* aus.
Buchstäblich zur Menschenfresserei führen einige krasse Formen der *Perversion*, so manchmal der Lustmord oder die *Nekrophilie* (Leichenliebe).

Karikatur,
eine bildliche Darstellung, die gewisse Eigenheiten eines Menschen oder einer Situation in spöttischer Absicht einseitig übertreibt. Die Karikaturen haben die Machtansprüche der Herrscher, die Heuchelei der *Moral*, den Größenwahnsinn und die Schwächen des Menschen verhöhnt – nicht zuletzt die schwachen Punkte unseres sexuellen und erotischen Lebens. Oft verwischen sich politische und erotische Karikatur, indem ein politischer Führer der Gegenseite als Hurenbock oder *Hahnrei*, als pervers oder impotent hingestellt wird. In den «Cartoons» der modernen Herrenmagazine werden manche erotischen Probleme, etwa typische Potenzschwierigkeiten, scharfsichtig deklariert, und doch ist das Bild dann als erotischer Schaureiz interessant. Die erotische Karikatur ist oft sehr viel offenherziger als die «schöne» erotische Kunst. Ihr kritischer Gehalt wirkt jedoch oft der Stimulation entgegen.

Karneval
heißt eigentlich «Abschied vom Fleisch», so wie «Fastnacht» die Nacht vor dem Beginn des Fastens (in der Passionszeit) bedeutet. Mit diesen Sitten hat die römisch-katholische Kirche auf alte Fruchtbarkeitsfeste zurückgegriffen, wie sie in der Antike zu Ehren des *Dionysos* begangen wurden. Solche Bräuche dienen dazu, den Bedürfnissen, die im normalen Verlauf des gesellschaftlichen Lebens nicht geduldet werden, für kurze Zeit ein Ventil zu öffnen. Einige moderne Sozialpsychologen bedauern, daß in unserer Zeit derartige Entlastungs-Sitten keine allgemeine Bedeutung mehr haben.
Zum Karneval gehören nicht nur Tanz, «Gelage», und eine gewisse *Promiskuität*, sondern auch Kostüme und Masken. Die Verkleidung gestattet eine Befreiung von den Zwängen der Würde, ja eine Anonymität bis zur persönlichen Verantwortungslosigkeit. Man kann endlich auch einmal eine andere «Rolle» spielen als die, zu der man in der üblichen Nachbarschaft, im Beruf oder in der Ehe gedrängt worden ist. Der Karneval ist so auch ein Ausdruck des *Cisvestismus* (Verkleidungssucht).
In Unterschied zwischen den Frei-

heiten während des Karnevals und den Regeln bürgerlichen Daseins zeigt sich, wie viele erotische Bedürfnisse für gewöhnlich unterdrückt, ja meist nicht einmal zugegeben werden.

Kastration,
die operative Entfernung der *Hoden* (selten bei Frauen: der *Ovarien*). Männliche Tiere werden kastriert, um sie sanfter zu machen oder um sie zu stärkerer Fettbildung anzuregen. Männer wurden kastriert, um sie für einen Ehebruch zu bestrafen, um sie als Haremswächter ohne Gefahr gebrauchen zu können *(Eunuchen)*, um die knabenhafte Sopranstimme zu erhalten. Heute operiert man Triebverbrecher, die sich aus freiem Willen auf eine Kastration einlassen, um sie vor übermächtigen Anstößen ihres fehlgeleiteten Triebes zu schützen; die Gefahr von Wiederholungstaten wird dadurch erheblich herabgesetzt. Doch sind die Rechtsgrundlagen für einen solchen Eingriff in vielen Ländern noch nicht eindeutig geklärt.
Da bei einer Kastration nach Eintritt der Geschlechtsreife zwar die Zeugungsfähigkeit aufgehört hat, nicht immer aber die Fähigkeit zum Geschlechtsverkehr, hat man Haremswächtern vielfach auch den *Penis* abgeschnitten. Bei der sogenannten *«Geschlechtsumwandlung»*, wie sie

Man könnte übersetzen: «Allzuviel ist ungesund» · Englische Karikatur von R. Newton aus dem Jahre 1795

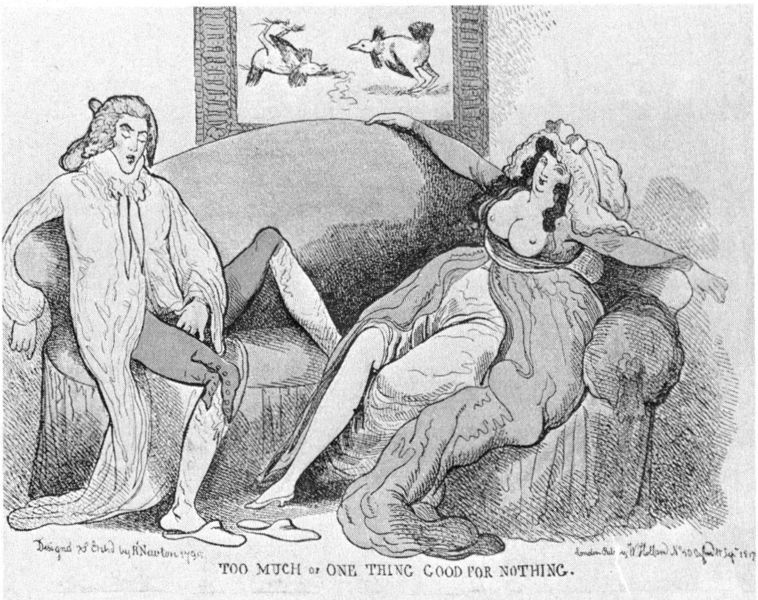

manche Männer anstreben *(Transsexualismus)*, werden ebenfalls Hoden und Penis entfernt.
Um die Zeugungsfähigkeit eines Mannes zu unterbinden, braucht man ihn nicht zu kastrieren. Die *Sterilisation* wird durch Unterbinden der Samenstränge erreicht; dabei bleibt die Potenz erhalten.

Kastrations-Komplex,
die Angst des Mannes, seinen Penis zu verlieren, oder die Trauer der Frau, daß sie keinen Penis besitzt *(«Penis-Neid»)*. Nach psychoanalytischer Einsicht entsteht der Kastrations-Komplex des Knaben in der *«Ödipus»*-Situation, wenn seine Liebe zur Mutter vom Vater eingeschränkt wird und die offene Rivalität zum Vater mit der Kastration bedroht zu sein scheint. Diese Drohung, die das Kind schon früher im Zusammenhang mit der infantilen *Masturbation* gehört hat – oder aus harmloseren Drohungen, etwa «ich werde dir das Spielzeug wegnehmen», herauszuhören glaubte –, ist so lange unglaubhaft, bis der Knabe ein weibliches Wesen nackt erblickt hat, das tatsächlich keinen Penis besitzt, also nach seiner Auffassung kastriert worden sein muß. Fortan fürchtet er sich vor der Kastration, und von einem gewissen Maße der Angst an wird das Weib als Mahnung an die Kastrationsgefahr gemieden.
Hieraus erklären sich viele Formen der männlichen *Homosexualität*. Aus der Konfrontation entsteht aber auch das Wunschbild vom *«Weib mit dem Penis»*. Die Bedrohung mit der Kastration ist zugleich eine Bedrohung der Männlichkeit überhaupt, die dann übertrieben herausgestellt wird.
Freud nahm an, daß sich der Kastrations-Komplex auch dann entwikkelt, wenn es im Einzelfall keine reale Bedrohung gibt, weil die Menschen im Laufe der Entwicklung eine vererbliche Bereitschaft zur Kastrations-Angst erworben haben. Er sah in der Sitte der *Beschneidung* eine Erinnerung an Zeiten, in denen die Väter ihre Söhne zur Vermeidung jeder Rivalität kastrierten. Aus diesem Grunde sei die Beschneidung der Juden für die Männer ihrer Wirtsvölker eine Mahnung an den Kastrations-Komplex und trage zum Antisemitismus nicht unwesentlich bei.
Diese psychoanalytischen Konzeptionen sind immer wieder mit den verschiedensten Argumenten bestritten worden, aber eine tiefenpsychologische Beschäftigung mit psychischen Sexualschwierigkeiten oder mit den erotischen Wunsch- und Angstbildern der *Pornographie* muß immer wieder auf den Kastrations-Komplex und seine Folgen stoßen.

Katze,
Kätzchen, oder im Englischen «pussy», nennt man die weibliche *Scham*. Das weiche, geschmeidige, leise und eigenwillige Tier ist oft als Verkörperung des Weiblichen empfunden worden. Als Nachttier, das – anders als der *Hund* – seine Sexualaktivität versteckt, steht die Katze auch für das Unheimliche. Als weiblich und unheimlich wurde sie zum typischen Begleit- und Symboltier der *Hexen*. Der Kater gilt als sexuell wild und als untreu, aber seine Leidenschaftlich-

Unter Pferdemenschen · Anonymes Aquarell

keit ist kaum «vorbildlich» geworden. Sein Name mußte sogar für die Bezeichnung der Überdruß-Gefühle nach der Ausschweifung herhalten. Ein Mann, der wie ein Kater um eine Frau herum-schnurrt, wirkt eher lächerlich. Zwischen Freunden des «treuen» Hundes und Liebhabern der unzähmbaren Katze bestehen psychologische Unterschiede, die auch für die Einstellung zur Erotik kennzeichnend sein mögen.

Kentauren,
die «Pferdemenschen» der griechischen Sage. Wie bei der Vorstellung vom bocksbeinigen, gehörnten und geschwänzten Teufel oder *Faun*, so ist auch in der Vermengung von Pferdeleib und Menschenkopf ein Ideal aus animalischer Wildheit und menschlichen Geistesgaben verkörpert. Diese Wunschgestalten *(Zooanthropie)* sind Reaktionen auf die Erkenntnis, wie sehr der Verstand die Instinkte und Triebe tatsächlich zurückgedrängt hat. Ursprünglich gab es nur «Pferdemänner», «ein Geschlecht von wildester Sinnlichkeit, die immer nach Weiberfleisch lüstern sind» (Hans Licht), aber von späteren Künstlern sind auch Kentaurinnen

Unter Kentaurinnen · Anonymes Aquarell

dargestellt worden. Die Übertragung teils menschlicher, teils tierischer Sitten auf ein Pferdemenschen-Volk hat manche witzig-erotische Phantasiespiele ermöglicht. Es gibt sogar «Kentauren», deren Menschenköpfe auf Auto- oder Fahrradgestellen ruhen.

Keuschheit
ist nach christlicher Auffassung die geschlechtliche Enthaltsamkeit «in Gedanken, Worten und Werken». In Wahrheit läßt sich die Sexualität natürlich ebensowenig ausschalten wie der Hunger oder das Schlafbedürfnis. Im Namen der Keuschheit werden sexuelle Bedürfnisse nur unterdrückt, «verdrängt», und sie äußern sich dann in unkenntlichen Formen, so als *Neurosen* oder auch als Verfolgung der Sexualität *(Prüderie)*. Da die Sexualität Voraussetzung der *Fortpflanzung* ist, wird sie selbst nach strengster katholischer Lehre in der *Ehe* zugelassen, jedoch nur, wenn die Zeugung nicht künstlich verhindert wird. Gegenüber der *Lust*, die den Geschlechtsakt begleitet, bleibt man argwöhnisch, und jedenfalls ist jede Steigerung der Lust durch *Variationen* und *Liebesspiel* im Grunde verpönt. Doch urteilt man hier anders mit Bezug auf den Mann, der ja ohne ein gewisses Maß an Lust impotent und also auch zeugungsunfähig wäre, als im Hinblick auf die Frau, der man zeitweise jedes Recht – ja, sogar jede Möglichkeit – zu sexueller Lust abgesprochen hat. Die Keuschheit, die man ihr auferlegte, mußte jedoch zur Verhinderung rein äußerlicher Vorgänge werden, deren Bedeutung im Verhältnis zu den Gefühlen man weit überschätzte. «Jungfräulichkeit» hieß am Ende nur die Unverletztheit des *Hymens*, und deren Überbewertung brachte die *«Demi-Vierges»* hervor.
Nicht Keuschheit wäre zu fordern, sondern ein Anstand, der Menschen bestimmte, ihre Sexualität nur dann und dort zum Ausdruck zu bringen, wann und wo sie keine Unbeteiligten oder Widerwilligen ernsthaft stört.

Keuschheitsgürtel,
eine Vorrichtung, die Mädchen und Frauen den Beischlaf unmöglich ma-

«Die Versuchung des heiligen Antonius» · Kupferstich nach Borel zu «La Tentation de St. Antoine», 1784

Keuschheitsgürtel als Abwehr und Reiz · Aus einem dutzendhaften Comic strip

chen soll. Von einem der Keuschheitsgürtel, die sich erhalten haben, heißt es: «Von einem dreiteiligen, nur etwa ein Zentimeter breiten eisernen Leibgurt geht vorn und hinten je ein schmales, der Körperrundung entsprechend gebogenes Eisenblech nach unten ab. Die hintere Platte besitzt, dem After entsprechend, eine kleeblattförmige Öffnung . . . Auch der vordere Teil ist mit einer Öffnung versehen, einem schmalen, spindelförmigen Längsspalt von 7 cm Länge und 1 cm Breite. Er ist mit Zähnen besetzt.» Zum erstenmal Mode wurde der Keuschheitsgürtel zur Zeit der Kreuzzüge; ehe die Ritter ins Heilige Land aufbrachen, haben sie so die Treue ihrer Frauen während der langen Abwesenheit schützen wollen. Ähnlich verhielten sich Kaufleute, die oft geschäftlich verreisen mußten.

die so verschlossenen Frauen rächten sich auf ihre Weise: ein verständnisvoller Goldschmied lieferte ihnen den Nachschlüssel gleich mit, oder sie überließen es ihrem Liebhaber, einen geschickten Schlosser zu finden. Neuerdings hat der Keuschheitsgürtel als erotisch-fetischistisches Spiel-Requisit wieder Anziehungskraft; nahezu jedes Versandhaus für *Erotika* bietet lederne Schutzapparate an. Auch die erotische Bildkunst war immer wieder vom Keuschheitsgürtel fasziniert. Die Geschichte des Keuschheitsgürtels ist ein gutes Beispiel dafür, daß eben auch die Verhinderung der Sexualität einen erotischen Reiz erhält.

Kinderfreunde
nennt man Männer und (seltener) Frauen, die sich erotisch-sexuell zu Kindern hingezogen fühlen *(Pädophilie)*. In der Bezeichnung kommt zum Ausdruck, daß zwischen «Liebe», «Zärtlichkeit» und offen sexueller Annäherung keine klaren Grenzen zu ziehen sind, sondern oft das eine in das andere übergeht. Besonders gefährlich sind deshalb die älteren Männer, die sich als liebevolle «Onkels» mit Süßigkeiten und anderen Geschenken an Kinder in ihrem Bekanntenkreis oder ihrer Nachbarschaft heranmachen und sie zu sexuellen Spielen verführen. Sie fallen den Erwachsenen, die für diese Kinder verantwortlich sind, nicht auf; und sie haben oft gerade deshalb Erfolg, weil die Kinder dazu erzogen worden sind, über «unanständige» Dinge nicht zu reden. Ein Mangel an *Aufklärung* macht die Kinder, die ihnen zum Opfer fallen, neugierig, verleiht aber zugleich dem sexuellen Erlebnis mit einem «Kinderfreund» eine übergroße psychische Bedeutung. Ertappte Kinderfreunde erklären oft, sie seien verführt worden, und diese Entschuldigung ist nicht immer ganz unberechtigt. Die Antriebe, die sie selbst leiten, begegnen der kindlichen Sexualität, und solange man deren Wirksamkeit nicht mitbedenkt, wird man die Gefahr durch «Kinderfreunde» nicht ausschalten können.

Kino,
der Ort, an dem *Filme* vorgeführt werden. Die Abkunft des «Kintopps» vom Jahrmarkt, die Dunkelheit des Zuschauerraumes, die anonyme Beziehung des einzelnen zum Mitpublikum tragen zur erregenden Wirkung der Filme nicht unwesentlich bei. Aber das Kino ist auch zum Treffpunkt für Liebespaare geworden, die nicht nur die gemeinsamen Gefühle mit den Gefühlsinhalten des Films gleichrichten, sondern auch in der Dunkelheit intime Liebkosungen tauschen können. Aus Amerika wird sogar berichtet, daß in gewissen Kinos spezielle Prostituierte auf einsame Besucher warten, die sich von ihnen im Hintergrund der Galerie oder in einer Loge masturbieren lassen. Die Vorgänge auf der Leinwand mögen manchmal als Schaureize die Lust an Formen des *«Petting»* steigern.

Kitzel
entsteht durch eine leichte, wandernde Berührung der Hautoberfläche, der Schleimhäute oder der Haare. Besonders empfindlich sind meist die

Achselhöhlen, die Fußsohlen und gewisse Stellen an der Taille. Der Kitzel ist das beste Beispiel für Empfindungen, die sowohl *Lust* wie auch Unlust hervorrufen. «Die Liebe ist eine Art von Kitzel, begleitet von einer äußeren Ursache», heißt es bei Spinoza. Das Kitzeln kann ein Teil des Liebesspiels sein, besonders wenn dabei die *erogenen Zonen* berührt werden; es kann aber auch eine starke Abwehr hervorrufen. Die Kitzligkeit ist am größten vor der Geschlechtsreife und nimmt mit dem Wachsen der sexuellen Erfahrung ab.

Als «Kitzel» bezeichnet man auch jene Lust-Unlustgefühle, die mit einem englischen Fremdwort «Thrill» heißen, also Spannung, Schock, *Angst* und Grauen, wenn sie in Phantasie-Produkten wie Kriminal- und Horror-Romanen und -filmen heraufbeschworen werden. Sehr oft sind diese Thriller-Reize direkt oder indirekt mit sexuellen Vorgängen gekoppelt.

Kleidung

dient nicht nur dem Schutz gegen das Wetter, sie hatte immer auch erotische Bedeutung. Durch den Aufrechtgang des Menschen werden seine Geschlechtsorgane sofort sichtbar, und es entsteht die *Scham.* Die Geschlechtsregion heißt dann selbst «die Scham», aber indem der Mensch sie bedeckt, macht er auch die Verhüllung sexuell. Die Kleidung betont den Geschlechtsunterschied, oft auch das Alter – und damit die Phase der Geschlechtsreife. Sie wird zur erotischen Verlockung. Mit dem Wechsel der *Mode* werden immer wieder andere körperliche Reize herausgestellt oder verborgen. Das erotische Signal, das von einem Busen, einem Gesäß, einem Bein usw. ausgelöst wurde, kann nun ebensogut vom *Büstenhalter,* vom Schlüpfer, vom *Strumpf* usw. ausgehen *(Fetischismus).* Die Schamgefühle haben die Nebenwirkung, daß ein Zustand zwischen Bekleidung und Enthüllung große

In der hintersten Loge – aber damals noch nicht im Kino · Lithographie aus einer erotischen Mappe, 1920

Kleidung oder Verkleidung als erotischer Reiz. Der anonyme Künstler nannte sein Aquarell «Asservie», «Unterjocht» · Um 1925

Spannung hervorruft: die Halbkleidung ist interessanter als die Nacktheit.

Heutzutage hat die Kleidung als Kennzeichnung des Standes, der örtlichen Herkunft (wie bei der «Tracht»), ja selbst des Geschlechtes an Bedeutung verloren. Vor allem bei der Jugend lehnen es beide Geschlechter teilweise ab, sich durch Kleidung in ihrer *«Geschlechtsrolle»* festlegen zu lassen: sie kleiden sich im «Unisex»-Look gleichartig. Ihre Beziehungen zueinander als Mann und Weib werden erst im persönlichen Bereich jenseits aller äußeren Markierungen deutlich.

Kleptomanie,
die Stehlsucht aus (unbewußt) sexuellen Motiven. Es kommt dabei nicht auf den Wert der gestohlenen Gegenstände an, sondern auf den Vorgang des Diebstahles selbst. Der Diebstahl wird als sexuelle Besitzergreifung empfunden, und die Erregung, die ihn begleitet, ist ein Ersatz der sexuellen Erregung. Die Kleptomanie kommt fast nur bei Frauen vor; bei Männern gilt der erotisch bedingte Diebstahl meist einem «Fetisch»: es geht ihnen also mehr um die besondere Beute als um den Raub. Die Kleptomanin erwartet insgeheim, bei ihrem Diebstahl von einem Mann ertappt zu werden: ihr Vergehen ist eine Herausforderung, an deren Ende eine Überwältigung stehen sollte. Am häufigsten sind Kleptomaninnen im Alter kurz nach der *Pubertät* und im *Klimakterium*; an der Häufigkeit in diesen Zeiten sexueller Unsicherheit und Anfälligkeit zeigt sich ganz klar der Ersatz-Charakter des Stehlaktes. Die meisten Kleptomaninnen werden während der *Menstruation* aktiv, also in den Tagen, die ihnen ihre Weiblichkeit am stärksten bewußt machen; und nun wollen sie die Beachtung der Männer erzwingen.

Klimakterium,
die Wechseljahre der Frau, in denen die Eierstöcke *(Ovarien)* aufhören, befruchtungsfähige Eier zu bilden, und die *Menstruation* erlischt. Das Klimakterium tritt zwischen dem 45. und 55. Lebensjahr ein und kündigt sich dadurch an, daß die monatlichen Blutungen schwächer werden, bis sie im Verlauf von ein bis zwei Jahren ganz versiegen *(Menopause)*.

Das Klimakterium ist von körperlichen und seelischen Beschwerden begleitet, die je nach der Gesundheit und der Situation der Frau leichter oder schwerer sind. Körperlich gehen sie einmal vom Gefäßsystem aus und äußern sich in Schweißausbrüchen, Hitzewallungen, Herzklopfen, Ohrensausen oder Schwindelanfällen. Da die Geschlechtshormone auch für die Erhaltung der Knochensubstanz wichtig sind, kann ihr Ausfall zu Veränderungen in den Gelenken führen; Glieder- und Rückenschmerzen sind die Folge. Die seelischen Beschwerden haben ihre Ursache in dem Gefühl, mit dem Verlust der Fortpflanzungsfähigkeit auch den Wert als «Weib» einzubüßen. Da das Klimakterium eine Alterserscheinung ist, gesellt sich zu diesem Verlust auch die Einsicht in das Schwinden der Schönheit und des erotischen Reizes für Männer. Die Erfahrung der Liebe

scheint ebenso bedroht wie die der Lust, und so werden die Wechseljahre zum «gefährlichen Alter» mit allerlei krampfhaften Versuchen, noch vor «Toresschluß» möglichst viel zu erleben. In dieser Übergangszeit werden manche Frauen unberechenbar, reizbar, launisch, oder sie leiden unter Depressionen.
Das Klimakterium bedeutet indes kein Ende der Liebesfähigkeit. Die Eierstöcke stellen zwar in den Wechseljahren die Produktion der Geschlechtshormone völlig ein, jedoch genügt das Östrogen, das von der Nebennierenrinde weiterhin erzeugt wird, um die sexuelle Spannkraft zu erhalten. Gelegentlich kann eine Frau nach der Menopause, von der Furcht vor der Schwangerschaft erlöst, die Sexualität freier genießen als zuvor. Gegen die körperlichen und auch die psychischen Beschwerden während des Klimakteriums kann eine Behandlung mit Extrakten aus tierischen Eierstöcken helfen.
Man spricht manchmal auch von einem Klimakterium des Mannes. Bei ihm gibt es zwar keinen grundsätzlichen Fortfall von Körperfunktionen, aber doch eine allmähliche Abnahme der *Potenz*, und auch er reagiert auf den Verlust manchmal mit einer Torschluß-Panik, die ihn zu krampfhafter Sucht nach Liebe und Lust veranlaßt, oder mit Reizbarkeit und Melancholie. Diese Schwierigkeiten steigen meist mit dem Grad der Intelligenz und Sensibilität. Für den Mann gilt aber erst recht, daß der neue Lebensabschnitt zwar eine Umstellung verlangt, aber keinen Verzicht.

Klimax,
eigentlich: die Leiter, die Sprosse; danach der Höhepunkt der sexuellen Erregung, der *Orgasmus.*

Klistier,
der Einlauf, mit dessen Hilfe man Verstopfungen und Magenverstimmungen beseitigen wollte. Um die Zeit Molières wurde das Klistier zum Allheilmittel und zur Modekur. Nicht nur Ärzte verwendeten es, sondern auch Familienmitglieder benutzten die Spritze aneinander. Die intime Handlung, die eine Entblößung des *Gesäßes* voraussetzt und durch die man in das Innere des Körpers eindringt, erhielt erotisch-sexuelle Bedeutung, zumal sie einen *Anal*-Verkehr *(Pedikation)* symbolisiert. Da sehr oft Eltern ihren Kindern ein Klistier gaben, wurde diese Handlung zu einem Ersatz der insgeheim erwünschten *Inzest*-Sexualität, und zwar in einer ganz ähnlichen Weise wie die Körperstrafe, so daß Klistieromanie und *Flagellantismus* miteinander verschmolzen. In dem Maße, indem das Klistier seine Bedeutung in der häuslichen Medizin verloren hat, ist auch die erotische Klistiersucht zurückgegangen.

Klitoris,
deutsch: der Kitzler, das stärkste sexuelle Reizorgan der Frau. Sie ist 2,5 bis 4 Zentimeter lang und im Mittel 3 Millimeter dick. Sie liegt an der Mittelfuge des Schambeins und reicht bis zur oberen Gabelung der kleinen *Schamlippen.* Sie ist eingebettet in das weiche Gewebe zwischen den großen Schamlippen. Sie liegt beweglich un-

ter einer Hautfalte in der Fortsetzung der kleinen Schamlippen nach oben, die bugartig erhöht ist und auch als Vorhaut der Klitoris bezeichnet wird. Bei vielen Frauen ist die Erhöhung der Klitoris in der oberen Schamspalte auch bei geschlossenen Schenkeln sichtbar.

Wie der männliche *Penis* entwickelt sich auch die Klitoris am Ende des dritten Schwangerschaftsmonats aus dem sogenannten Geschlechtshöcker des bis dahin scheinbar «bisexuellen» Embryos. Anders als beim Knaben vergrößert sich der Geschlechtshökker beim Mädchen nur ganz wenig. Während beim Knaben Harnröhre und Samenleiter in den Penis einmünden, bleiben beim Mädchen Harnröhre und Keimdrüsenausgang außerhalb der Klitoris.

Ebenso wie der männliche Penis besteht auch die Klitoris in der Hauptsache aus zwei länglichen Schwellkörpern mit großen Hohlräumen. Gleich dem Penis verdickt sich die Klitoris am oberen Ende. Im Gegensatz zum kegelförmigen Kopf des Penis ist das Ende der Klitoris rundlich, wird aber doch wie beim männlichen Glied «Eichel» (Glans) genannt. Ähnlich wie der Penis ist die Klitoris reich mit Nerven durchsetzt, die sich in der Eichel konzentrieren. Die Dichte der Nervenend-Körperchen für speziell sexuelle Empfindungen ist in der Eichel der Klitoris noch größer als bei der männlichen Eichel.

Der Einlauf · Illustration zu einem französischen erotischen Roman, um 1935

Die Ähnlichkeit der Klitoris mit dem Penis, ihre sehr viel geringere Größe und der Fortfall der Aufgaben, die das männliche Glied zu erfüllen hat, haben zu der Auffassung geführt, daß die Frau nur so etwas wie ein mißglückter Mann sei. Hiermit steht die psychoanalytische Konzeption von einem weiblichen *Penis-Neid* und der männlichen Furcht vor der «kastrierten Frau» *(Kastrations-Komplex)* in Zusammenhang.

Freud betrachtete die klitorale Sensibilität als Ausdruck der phallischen Phase in der *frühkindlichen Sexualentwicklung* des Mädchens. Mit der Reifung müsse die Klitoris ihre Empfänglichkeit weitgehend an die *Vagina* abgeben, in der ja die Verbindung mit dem Mann hergestellt wird. Doch präzisierte Freud: «Die Klitoris behält dann die Rolle, wenn sie beim . . . Sexualakt selbst erregt wird, diese Erregung an die benachbarten weiblichen Teile weiterzuleiten, etwa wie ein Span Kienholz dazu benützt werden kann, das härtere Brennholz in Brand zu setzen.»

In der sexuellen Aufklärungsliteratur der zwanziger Jahre wurde die Aufmerksamkeit der Männer ausdrücklich auf die Klitoris gelenkt. Ihnen wurde empfohlen, die Klitoris zu reizen, um geschlechtskalte Frauen sexuell zu wecken und ihnen durch den nachfolgenden Beischlaf Befriedigung zu verschaffen.

Erst die Labor-Forschungen des amerikanischen Ärztepaares William H. Masters und Virginia Johnson haben wichtige Erkenntnisse über die Funktionen und Reaktionsweisen der Klitoris erbracht.

Zwar füllen sich bei steigender Erregung die Schwellkörper der Klitoris mit Blut, und es kommt zu einer Vergrößerung der Eichel und des Schaftes, aber eine *«Erektion»* im eigentlichen Sinne findet nicht statt. Die Eichel tritt weiter aus der Vorhauthaube heraus, der Schaft verhärtet sich und hebt den Vorhautkanal sichtbar wie fühlbar an; aber eine Aufrichtung und Richtungsänderung wie beim Penis geschieht nicht.

Wenn die sexuelle Erregung so hoch gestiegen ist, daß sie nur noch vom *Orgasmus* übertroffen werden kann, zieht sich die Klitoris in Richtung auf das Schambein zurück und verkürzt ihre fühlbare Länge um mindestens die Hälfte. Wenn ein Mann nun versucht, die Klitoris wiederzufinden, wird das die Partnerin nur irritieren und in ihrer Erregung zurückwerfen.

Die Größe der Klitoris spielt keine Rolle für die Empfindungsfähigkeit einer Frau. Eine übergroße Klitoris kann auf einen Überschuß von männlichem Geschlechtshormon (Androgen) zurückzuführen sein, das von den Nebennierenrinden erzeugt wird oder mit Medikamenten eingenommen wurde.

Ein direkter Kontakt zwischen der Klitoris und dem Penis findet während des Beischlafs normalerweise nicht statt. Doch übt das Glied beim Eindringen in die Scheide einen Zug auf die kleinen Schamlippen aus, der sich auf die Klitoris überträgt. Im Rhythmus der *Koitus*-Bewegungen wird die Lage der Klitoris verändert und damit eine Reizwirkung erzielt. Die beiden Schwellkörper der Klitoris haben einen engen Kontakt mit der Umgebung der Scheide und fangen dadurch die Bewegungen des Penis auf. In allen *Positionen*, in denen sich die Partner die Gesichter zukehren, kommt es zu einer Gegenüberstellung des männlichen und des weiblichen Schambeines und damit zu einem rhythmischen Druck auf die Klitoris.

Bei der sexuell uninteressierten oder unvorbereiteten Frau ruft die Berührung der Klitoris eher Abwehrgefühle als Lust hervor. Bei der sexuell gestimmten Frau wird sie zum Brennpunkt des Lustempfindens. Sie ist, nach einer Formel von Masters und Johnson, zugleich Reizempfänger und Reizumformer.

Die Vorstellungen von der Bedeutung und Eigenart der Klitoris dürften von der Erkenntnis der Fakten noch lange nahezu unberührt bleiben. Diese Vorstellungen werden das reale Empfinden mitbedingen. In pornographischen Wunschgestaltungen beherrschen sie vollends das Feld.

Knaus-Ogino,

Methode der *Empfängnisverhütung (Geburtenregelung)* durch Beachtung des Monatszyklus der Frau. Der österreichische Frauenarzt Hermann Knaus und der japanische Gynäkologe Kyusaka Ogino entwickelten diese Methode unabhängig voneinander zu etwa derselben Zeit.

Schon der Berliner Gynäkologe Robert Schröder hatte 1913 nachgewiesen, daß bei Frauen bei regelmäßigem 28tägigen Rhythmus zwischen dem 14. und 16. Tag nach Beginn der letzten *Menstruation* ein reifes Ei ausge-

Innig vereint · Illustration von P. E. Bécat zu einer Ausgabe der «Fanny Hill», um 1950

stoßen wird. Knaus entwickelte ein Gerät, mit dem er bei Mensch und Tier die Bewegungen der *Gebärmutter* kontrollieren konnte. Da die Gebärmutter kurz nach dem Eisprung (vgl. *Ovarien*) ihre Eigenbewegung einstellt, konnte Knaus an seinem Apparat ablesen, wann der Eisprung stattgefunden hatte. Er fand die Einsicht bestätigt, daß die Frau nur zwischen dem 14. und 16. Tag des Zyklus befruchtet werden kann. Wie er arbeitete auch Ogino Formeln aus, nach denen Frauen, die ihren Menstruationszyklus zwölf Monate lang genau beobachtet und in den Kalender eingetragen haben, die fruchtbaren und die empfängnisfreien Tage mit einiger Wahrscheinlichkeit ermitteln können.

Knaus empfahl Enthaltsamkeit zwischen dem 11. und 19. Tag vor dem errechneten Beginn der nächsten Menstruation, Ogino zwischen dem 10. und 21. Tag. Die Unsicherheiten der «Kalendermethode» sind einerseits durch Nachlässigkeiten in der ‹Buchführung›, andererseits durch gesundheitlich oder psychisch bedingte Störungen des Zyklus verursacht. Durch regelmäßige Messungen der Temperatur beim Aufwachen läßt sich sehr viel sicherer bestimmen, wann der Eisprung tatsächlich erfolgt ist. Auch in dieser verbesserten Form ist diese Art der Empfängnisverhütung nur bei einem geregelten Leben, und das heißt fast nur in der *Ehe* praktikabel.

Vielleicht ist dies ein Grund dafür, daß die katholische Kirche nur diese Empfängnisverhütung billigt. Das Argument, es werde dabei kein künstliches Mittel angewendet, sondern nur eine zeitweise Enthaltsamkeit geübt, kann kaum überzeugen: denn künstlich ist gewiß auch die Beschränkung des Geschlechtsverkehrs auf genau errechnete Tage.

Kohabitation,

die «Beiwohnung», meist als Synonym für *«Koitus»* gebraucht. Eigentlich gehört zu einer «Beiwohnung» aber mehr, nämlich die Einstimmung durch das *Liebesspiel* ebenso wie der Ausklang im *Nachspiel* und die gemeinsame Ruhe nach der *Befriedigung*, also der *«Beischlaf»* im ursprünglichen Wortsinn. Ein Koitus nach der vulgären Formel «rein – raus» ist jedenfalls keine Kohabitation.

Koitus,

von lateinisch co/ire = Zusammengehen, die Einführung des *Penis* in die *Vagina* und die anschließenden gemeinsamen Handlungen von Mann und Frau bis zur *Ejakulation* des Mannes und dem beiderseitigen *Orgasmus*. Die gewöhnlichen Umschreibungen «Geschlechtsakt» und «Geschlechtsverkehr» können insofern irreführen, als es ja noch viele andere geschlechtliche Handlungen gibt, darunter auch mehrere, die ein gemeinsames Erleben ermöglichen, wie etwa *Petting*, mutuelle *Masturbation* und *oral-genitale* Akte. Formen wie *Coitus in anum*, *– in os*, *– inter femora* usw. sind trotz ihres Namens keine Vereinigungen der entsprechend-zusammengehörigen Geschlechtsorgane von Mann und Frau.

Die Einpassung nach Art von «Nut und Falz» erlaubt eine Gemeinsamkeit des Erlebens, die so groß ist, daß man gemeinhin den Koitus als Ziel aller Sexualhandlungen ansieht. Ausdrucksformen der Sexualität, die als *«pervers»* gelten, wenn sie im Einzelfall die eigentliche Wunscherfüllung bedeuten, werden als «normal» eingestuft, solange sie nur der *Vorlust* dienen und zum Koitus hinführen. Ganz so klar ist die Grenze freilich nicht; der Koitus kann bei einem Manne mit abartigen Empfindungen zum bloß formalen Abschluß werden, den er seiner Partnerin schuldig zu sein glaubt; und ein Paar, das seine gemeinsame Befriedigung meist im Koitus findet, kann dennoch ausnahmsweise eine andere Form des Geschlechtsverkehrs üben, ohne deshalb schon «pervers» zu sein.
Andererseits sieht man die Bedeutung des Koitus oft vor allem darin, daß er die einzige Sexualhandlung ist, die eine Zeugung ermöglicht, also der *Fortpflanzung* dienen kann. Aber ganz gewiß ist dies nicht der einzige und nicht einmal der auffälligste Sinn der Geschlechtsvereinigung. Trotz der moralischen ‹Entschuldigung› für den Koitus als Voraussetzung der Zeugung hat seine äußerste Intimität und auch das *Virginitäts*-Ideal des bürgerlich-patriarchalischen Zeitalters dazu geführt, daß er außerhalb der Ehe am striktesten ‹verboten› war; unbedacht wurden so die nichtkoitalen Formen des Geschlechtsverkehrs (wie *Petting*) gefördert. Die verschiedenen Motive der *Sexualabwehr* drücken sich oft gerade in einer Scheu vor dem Koitus aus.
Eine Vereinigung im vollen Sinne wird der Koitus erst mit einer seelischen Übereinstimmung.

Koketterie,
die Gefallsucht mit dem bewußten oder unbewußten Zweck, das andere Geschlecht erotisch zu reizen. Das Wort ist von französisch coq = Hahn abgeleitet und bezog sich zunächst auf die Männermode des 17. Jahrhunderts mit ihrem bunten ‹Hahnen›-Putz. Aber seit langem sieht man die Koketterie als die typisch weibliche Waffe im Kampf um die Liebe an. Man vergleicht sie mit dem Verhalten weiblicher Tiere, die flüchten und sich wehren, um die Begierde des Partners zu reizen und gleichzeitig die eigenen Hemmungen zu überwinden. Auch eine Sexualangst, insbesondere die Angst vor der *Defloration*, wird für die weibliche Koketterie verantwortlich gemacht. Die typischen Formen der Koketterie, die kleinen Entblößungen und Verschleierungen der *Mode*, die Gesten und Worte zwischen Nein und Vielleicht, sind jedoch durch die *«Geschlechtsrolle»* bedingt, die in einer männlichen Gesellschaft der Frau vorgeschrieben war. Die gleichen Männer, die der Frau die offene Sexualaufforderung verwehrten, haben dann in den Künsten der Koketterie eine besondere Hinterlist des Weibes sehen wollen. Zu den Zielen der *Emanzipation* gehört es, daß auch die Frau zum Manne soll sagen dürfen: Ich will dich haben – statt daß sie ihren Wunsch nur mit koketten Andeutungen ausdrücken darf.

Lächeln und Locken · Zeichnung von Proessdorf

Kokotte,
eigentlich soviel wie «Hühnchen», die gehobene Prostituierte, etwa gleichbedeutend mit «*Kurtisane*».

Komplex,
in der Psychologie die «Verflochtenheit» verschiedener, meist *unbewußter* Gefühle und Triebbedürfnisse, die sich dann in einem scheinbar einheitlichen Empfinden und Verhalten äußern. Am bekanntesten sind aus der Psychoanalyse der *Ödipus*- und der *Kastrationskomplex*. Im Mittelpunkt der Psychologie Alfred Adlers steht der *Minderwertigkeits-Komplex*. Auch viele andere Psychologen haben ihre besonderen Komplex-Begriffe geschaffen: so den *Elektra*-Komplex. Als Komplexe können auch bestimmte Äußerungsformen der *Perversion* verstanden werden, in denen mehrere Partialtriebe im Gegenspiel mit spezifischen *Hemmungen* zusammenwirken. So ist der *Flagellantismus* ein Komplex vor allem aus Sadomasochismus und Fetischismus, der *Transvestismus* ein Komplex besonders aus Homosexualität und Fetischismus. Die Konzeption der «Komplexe» wird der Tatsache gerecht, daß das psychische Leben von Konflikten gespeist wird, zwischen denen der Mensch einen Kompromiß sucht.

Kondom,
das «Präservativ» oder der «Überzieher», eine Hülle für den Penis, die den Samen auffangen, damit die Empfängnis verhüten und zugleich die Übertragung von Geschlechtskrankheiten verhindern soll. Der Name wird zurückgeführt entweder auf einen englischen Oberst Condom, der es erfunden haben soll, oder auf

die französische Stadt Condom, in der es zuerst hergestellt worden sein soll. Die angeblich *französische* Herkunft hat dem Kondom im Englischen den Beinamen «french letter» (französischer Brief), im deutschen die Bezeichnung «Pariser» eingetragen.

Aber Präservative aus Fisch- und Lämmerdärmen waren bereits in der Antike bekannt. Erst als es gegen Ende des vorigen Jahrhunderts gelang, nahtlose Präservative durch Eintauchen penisförmiger Glasformen in Gummilösung herzustellen, setzte sich das Kondom in seiner heutigen Form durch. Es bot vor der *«Pille»* die sicherste *Empfängnisverhütung* und schützt als einziges Verhütungsmittel vor *Geschlechtskrankheiten.* Die Notwendigkeit, es unmittelbar vor dem Koitus anzulegen, stört den Verlauf der *Kohabitation*, und noch das dünnste Kondom bedeutet einen starken Verlust an Kontakt mit den Genitalien der Partnerin.

Konkubinat,

soviel wie «Zusammenschlafen», eine Wohn- und Geschlechtsgemeinschaft ohne förmliche Eheschließung. In polygamen Verhältnissen ist die Konkubine die Nebenfrau mit geringeren Rechten, deren Kinder nicht ‹ebenbürtig› sind. Zum besonderen Problem wurde das Konkubinat, als die katholische Kirche für ihre Priester den *Zölibat* einführte; die Pfarrköchinnen galten meist als – und waren oft – die Konkubinen ihrer Dienstherren. Als Konkubinat bezeichnet man ferner jede «wilde Ehe», also auch geregelte und stabile Formen des Zusammenlebens, denen zur Ehe nur der Trauschein fehlt. Zu solchen freien Ehen kommt es u. a., wenn einer der Partner die *Scheidung* aus einer zerrütteten Ehe nicht durchsetzen kann oder wenn durch eine Heirat die Frau Rentenansprüche aus ihrer Witwenschaft verlieren würde (sogenannte «Onkel»-Ehe).

Konstitution,

«Verfassung», hier: die Gesamtheit der angeborenen und erworbenen körperlichen und seelischen Eigenschaften.

Die Entsprechung zwischen Körperbau und seelischer Verfassung wird deutlich in der «Typologie», die Ernst Kretschmer geschaffen hat. Der Leptosome oder Schlankwüchsige ist «schizothym», das heißt, er neigt zur Gefühlsspaltung, zu Grübelei und Empfindlichkeit. Der Pykniker oder Breitwüchsige ist «zyklothym»: er neigt zu starken Stimmungsschwankungen und ist anpassungsfähig und vermittelnd. Der Athletiker mit starkem Knochenbau und kräftiger Muskulatur hat ein «visköses» oder zähflüssiges Temperament, er ist in seinen Gefühlsäußerungen schwerfällig. Neben den ausgeprägten *Typen* gibt es viele Mischformen, deren seelische Eigenschaften sich nicht klar von ihrer Erscheinung ableiten lassen. Die Art des Temperamentes bestimmt stets das Verhalten zu Mitmenschen, die *Kontaktfähigkeit*, auch in den erotischen Beziehungen, und die Möglichkeit eines ‹leidenschaftlichen› Ausdrucks.

Von körperlichen Anzeichen der Weiblichkeit bei Männern oder der

Männlichkeit bei Frauen haben verschiedene Sexologen, zuletzt Willhart Schlegel, weitreichende Folgen für das sexuelle Verlangen und Verhalten abzuleiten und *Zwischenstufen*-Theorien zu begründen versucht. Die sexuelle Konstitution eines einzelnen Menschen ist zwar durch die Anlagen bedingt, die er mit auf die Welt bringt, sie wird aber ausgeprägt durch die Erfahrungen, die er von früher Kindheit an macht. So äußern sich die homosexuellen Tendenzen oder die *Partialtriebe* wie *Sadismus*, *Voyeurismus* usw. in dem Maße, das einerseits die Anlage vorbestimmt hat, und das dann durch Erfahrungen der Befriedigung, der *Frustration* und durch *Hemmungen* moralischer Art begünstigt oder unterdrückt worden ist. Die sexuelle Konstitution ist vom Charakter insgesamt nicht zu trennen; allgemeine Charakterzüge beeinflussen das sexuelle Verhalten ebenso, wie die sexuellen Anlagen sich auf scheinbar sexualferne Auffassungen und Handlungsweisen auswirken.

Kontaktfähigkeit
ist die Fähigkeit, zu anderen Menschen Beziehungen herzustellen und zu erhalten. Die kontaktfreudigen Stimmungsmenschen (Zyklothyme), bewegliche und offene Charaktertypen, haben das Bedürfnis, sich vielen anderen mitzuteilen. Kontaktschwierigkeiten haben die sogenannten Nervenmenschen (Schizothyme), die ihrer Umgebung gegenüber zu Empfindlichkeit und Mißtrauen neigen. Der «zähflüssige» Athletiker nach der *Konstitutions*-Typologie Kretschmers ist von anderen schwer ansprechbar. Die Bindung eines Menschen, der sonst schwer Kontakte findet, an einen Partner, dem er sich erschlossen hat und der ihn versteht, ist tiefer, als sie ein «kontaktfreudiger» Mensch in seinen vielen Beziehungen je eingeht. Im Extrem führt die Kontaktarmut zur völligen Vereinzelung, zur Angst vor Bindungen oder gar zur Liebesunfähigkeit.

Kontrektation,
die Berührung oder Umschlingung. Albert Moll unterschied zwei Komponenten des menschlichen Sexualtriebes, den «Kontrektationstrieb», der den Menschen veranlaßt, sich einem Partner zu nähern, ihn zu berühren und zu umschlingen; und den «Detumeszenztrieb», der auf Entladung der angestauten sexuellen Energie drängt. Kontrektation und *Detumeszenz* sind aber nicht selbständige, gleichzeitige Bestandteile des sexuellen Geschehens, sondern eher Phasen. In der menschlichen Geschlechtsvereinigung sind auch noch viele andere Antriebe wirksam, und über ihren Anteil läßt sich nichts sagen, was immer und überall gälte.

Koprophilie,
die sexuelle Liebe zum Kot, in ihren ausgeprägten Formen auch «Koprolagnie», d. h. Kot-Wollust, genannt. Die Koprophilie geht auf die *anale* Phase der *frühkindlichen Sexualent-*

Liebesspiel · Illustration von P. E. Bécat zu einer Ausgabe der «Fanny Hill», um 1950

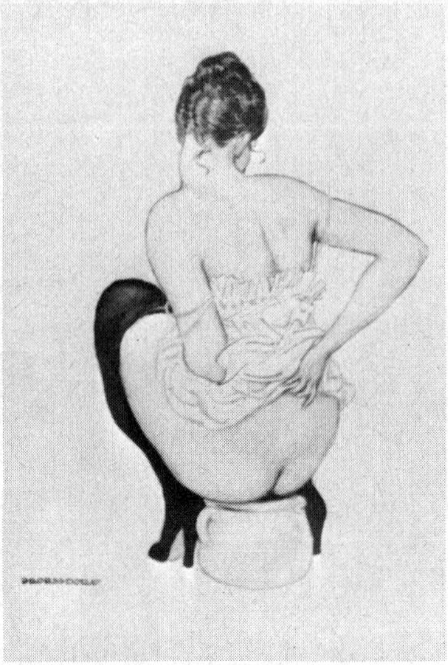

Der Nachttopf · Zeichnung von Proessdorf

wicklung zurück: in dieser Zeit empfindet das Kind Lust bei der Defäkation und sieht in seinen Exkrementen ein Produkt, auf das es stolz ist, das es der Mutter oder einer anderen Pflegeperson als Geschenk darbringt und mit dem es gern spielt. Der Widerwille gegen den Kot ist das Ergebnis einer Erziehung, die im Interesse des sozialen Zusammenlebens unentbehrlich ist, die aber durch uneinsichtige und lieblose Strenge zu Fehlentwicklungen wie einem übertriebenen *Ekel* oder eben auch zu einer teilweisen Bindung der sexuellen Gefühle an Kot und Defäkation führen kann.
Ähnlich wie bei der *Urolagnie* (Harnlust) und bei jeder Form von *Mysophilie* (Schmutzliebe) trägt die traditionelle Herabsetzung der Sexualität zu einer «schmutzigen» Sache zu den perversen, d. h. manischen Formen der Koprophilie bei: dann ist die individuelle Sexualform wirklich schmutzig, und dieser Schmutz wird in einer Art Trotz genossen. In einer sadistischen Lust wird der Partner beschmiert; in einem masochistischen Bedürfnis ist die Beschmutzung durch den Partner erwünscht. Mit dem Verblassen der sexualfeindlichen Moral sind solche Fälle offenbar seltener geworden. Um 1910 kam es vor, daß ein sonst kultivierter Mann seine höchste Lust beim Verzehr der Exkremente einer Partnerin fand; heute wird die Koprophagie, das Kot-Essen, nur noch bei Geisteskranken beobachtet.
Ansätze zur Koprophilie gibt es auch im normalen Bereich. Ihre Beziehung zur «Liebe» reicht in die Zeiten zurück, in denen das Kind liebevoll gesäubert wurde. Manche erotische Neugier wurde zuerst beim Anblick einer Defäkation gestillt. Der koprophile *Voyeurismus* ist ein Thema mancher erotischer Bilder. Fast alltäglich ist die Koprolalie, die Freude am Reden über den Kot. Sie geht über in den Spaß an der sexuellen Zote.

Körperfehler
haben auf manche Menschen eine erotische Anziehungskraft. Das beginnt mit dem leichten Schielen, das als «Silberblick» gerühmt wird, geht über zum Buckel als Amulett oder zum Klumpfuß als Attribut eroti-

«Korsett-Disziplin» · Aquarell von John Willie aus seiner Zeitschrift «Bizarre»

scher Helden (Lord Byron und «der Bock von Babelsberg» Goebbels) und reicht bis zur Verehrung für Blinde und Amputierte. Körperfehler scheinen die Konkurrenz anderer Liebhaber auszuschalten, und die schweren unter ihnen bedeuten, daß der erwählte Partner nicht weglaufen kann. Manchmal ist das Interesse an ihnen eine Art *Fesselungsmanie*; der Behinderte kann sich gegen sadistische Begierden nicht wehren. Wilhelm Stekel hat den Krüppel-*Fetischismus* als ein «Prinzip der fertigen Sache» bezeichnet; er nahm an, daß sich darin eine sadistische Lust äußert, den Geschlechtspartner zu verstümmeln, die aber von der Angst vor sadistischer Schuld gehemmt ist, so daß diese Menschen ein Liebesobjekt suchen, das schon verstümmelt ist.
Die Aufmerksamkeit, die ein Mensch durch einen Körperfehler auf sich lenkt, und die Fürsorge-Gefühle, die er dadurch bei einem anderen auslöst, können aber durchaus zum ersten Ansatz einer Liebesbindung werden, in der am Ende der Fehler bedeutungslos ist.

Korsett,
das weibliche Kleidungsstück, das nach einer alten Formel dazu dient, «die Starken zu bändigen, die Gefallenen zu heben, die Getrennten zu vereinigen und die Abwesenden zu ersetzen». Der Schnitt des Korsetts änderte sich nach dem jeweils modischen Schönheitsideal. Vierhundert Jahre lang hat das Korsett die Wespentaille erzwungen, durch die die ausladenden Formen von Busen, Hüften und Gesäß betont wurden. Die extrem schmale *Taille* und die Einengung der Bewegungen machten die Frau zugleich zu einem besonders schwachen Wesen und verstärkten so das Überlegenheitsgefühl des Mannes. Daneben wurde das Korsett als Panzer, als «Bastion der Tugend» gepriesen. Aber als ein Stück der Unterkleidung, das der Mann erst in einer intimen Situation zu sehen bekommt, das ihm noch den Blick auf die Nacktheit des Weibes verstellt, hat das Korsett einen großen fetischistischen Reiz erhalten. Heute hat sich zwar das Korsett im Alltag gleichsam in seine Bestandteile zerlegt: *Büstenhalter*, Mieder, Hüft- und Strumpfhaltergürtel; aber dem altmodischen Korsett gilt noch immer eine erotische Nostalgie, wie denn überhaupt jeder *Fetischismus* zu Reminiszenzen neigt.
In der viktorianischen Zeit war die Korsettierung junger Mädchen ein Teil ihrer Erziehung zu damenhaftem Benehmen. Gelegentlich wurden einer solchen «Korsett-Disziplin» auch Knaben unterzogen. Daraus entstand in manchen Fällen ein Fetischismus weniger für das Korsett als für die Korsettierung, also eine Art *Fesselungsmanie*. Noch heute ist bei sadomasochistischen Praktiken das Korsett ein wichtiges Requisit und zugleich eine Art Symbol. Auch für erotische Spiele, die einzig der Abwechslung dienen, und für die Schau-Erotik im Film, in der Revue und

Beim Prüfen des Angebotes · Kupferstich aus einem französischen Erotikon des 18. Jahrhunderts

beim *Striptease* sowie auf erotisch-pornographischen Bildern hat das Korsett einen unversiegbaren Reiz.

Kosmetik,
die Steigerung der natürlichen Schönheit durch Schminke, hat bereits in den ältesten Kulturen eine Rolle gespielt. Lange Zeit war die Kosmetik das Vorrecht der Schauspielerinnen, Tänzerinnen, *Hetären* oder *Kurtisanen* bis herab zur gewöhnlichen Dirne. Die moderne kosmetische Industrie hat den Lippenstift und andere Mittel des «Make-up» nahezu jeder Frau verfügbar gemacht, und ihre Werbung beeinflußt die wandelnden Sitten der Kosmetik. Die Menschen werden in unserer Zeit älter und wollen sich länger jung erhalten, und die Einstellung zum eigenen Körper und zur Erotik ist positiver geworden. Nicht immer jedoch bedeutet Kosmetik Verschönerung, sie kann auch einem Wunsch nach Veränderung, nach markanten und «aparten» Reizen ‹wider den Strich› entspringen. So schminkte man eine Zeitlang die Lippen ganz blaß, fast weiß, und heute wird der Blick vor allem auf die Augen gelenkt.

Kosmetische Chirurgie,
Operationen, die nur der Verbesserung des Aussehens dienen. Sie umfaßt die «Verjüngung» durch Straffung der Haut, die Hebung erschlaffter Brüste, die Korrektur ihrer Form, die Umgestaltung zu großer oder sonstwie häßlicher Nasen und die Beseitigung von Mißbildungen wie der Hasenscharte. Auch nach Unfällen, die das Gesicht beeinträchtigt haben, kann die «plastische» Chirurgie viele Schäden beseitigen. Vielfach geht es außer um eine «Schönheits»-Operation um die Hilfe gegen Minderwertigkeitsgefühle, die ein wirklicher oder selbst vermeintlicher äußerer Fehler in dem Betroffenen veranlaßt hat. Dann bedeutet die kosmetische Chirurgie zugleich eine Psychotherapie.

Krieg
und Bürgerkrieg setzen die gewohnte Ordnung und damit auch die sexuelle *Moral* weitgehend außer Kraft. Die Männer werden von den Frauen getrennt, die Ehen auseinandergerissen. In der rein männlichen Welt der Kasernen, der Feld- und am Ende der Gefangenenlager ist die Verlockung zur *Homosexualität* nicht weit. Für den einzelnen Krieger wirken die Frauen im Kampfgebiet als verlokkende Beute. Manchmal werden die Soldaten von der Führung sogar durch die Aussicht auf solche Beute angestachelt. An die Stelle der Vergewaltigung mag die Bestechung mit der Gunst oder dem Reichtum des Siegers treten. Oft versucht die Heeresleitung die sexuellen Gefahren durch Einrichtung von Soldaten-*Bordellen* einzudämmen. Doch auch die eheliche Treue der Frauen daheim ist durch lange Entbehrung ständig in Gefahr. Da der Krieg den Soldaten in fremde Länder führt, gibt er ihm Gelegenheit, andere Sitten – und Frauen

Vielen Kurtisanen wurden lesbische Neigungen nachgesagt, und nicht immer zu Unrecht · Radierung von M. E. Philipp

von entsprechend anderer Art – kennenzulernen und so die gewohnte Moral mit neuen Augen zu betrachten. In der Verbindung von Kampf und Sexualität werden die sadistischen Tendenzen herausgefordert. Die sexuellen Freiheiten, die der Krieg besonders dem Manne gewähren kann, haben gewiß viel zur «Kriegslust» beigetragen. Die Verluste des Krieges sollen meist durch Anreize zu verstärkter Fortpflanzung ausgeglichen werden, und zu diesem Zweck läßt man dann auch die erotische Stimulation durch Bilder, *Filme*, *Schaudarbietungen* usw. leichter zu als sonst. Alle diese Beziehungen zwischen Krieg und Erotik ließen sich noch an Erscheinungen des Zweiten Weltkriegs leicht belegen.

Kunststoffe

wie synthetische Fasern oder Plastik als Material für Regenhäute haben trotz ihrer kurzen Geschichte bereits einen Platz unter den Materialien erobert, an die sich ein *Fetischismus* heften kann. Sie konkurrieren mit den Stoffen wie Samt, Seide, Pelz und *Leder*, die sie ersetzen, vor allem aber mit dem *Gummi*, mit dem sie die Luftundurchlässigkeit gemeinsam haben.

Daß Plastik-Kleidung völlig durchsichtig hergestellt werden kann, kommt dem *Voyeurismus* entgegen. Freilich gibt es auch Männer mit einem ausgesprochenen Widerwillen gegen Kunststoffe, einer Art erotischem Konservativismus.

Kuppelei,

nach traditioneller Auffassung die Vermittlung von Gelegenheiten zur *«Unzucht»*, das hieß zu irgendeiner sexuellen Betätigung außer zwischen Eheleuten. Nach dem vergangenen deutschen Strafrecht war mit Gefängnis bedroht die Kuppelei «aus Eigennutz» und insbesondere «die Unterhaltung eines Bordells oder eines bordellartigen Betriebes», aber auch jede Gewährung eines Raumes, in dem es zu sexuellen Handlungen zwischen Unverheirateten kommen konnte.

Da *Bordelle* um der notwendigen Kontrolle der *Prostitution* willen geduldet werden mußten, entstand aus diesen Gesetzen ein dauernder Widerspruch zwischen «Recht» und «Sitte», also im Grunde eine Förderung der Heuchelei. Wer einen Unverheirateten als Untermieter aufnahm, hätte eigentlich dafür sorgen müssen, daß der keinen Besuch empfing, der einer «Unzucht» dienen mochte: daraus entstand die unsinnige Gewohnheit, Besuche einer Person des anderen Geschlechtes nur bis zehn Uhr abends zu gestatten.

Viele junge Paare sahen sich unter dem Druck der Kuppelei-Paragraphen gezwungen, ihre Liebesbegegnungen in ein *«Absteigequartier»* oder «Stundenhotel» zu verlegen oder sich sonst an einem Ort zu treffen, dessen Beschaffenheit ihre Liebe erniedrigte und an dem die stete Angst vor der Entdeckung sie verstörte.

Als Kuppler galt auch, wer ohne Eigennutz handelte, aber «zu der verkuppelten Person in dem Verhältnis des Ehemannes zur Ehefrau, von Eltern zu Kindern» oder als Vormund, Erzieher usw. stand. Das führte dazu, daß Eltern, die ein intimes Zusammensein eines erwachsenen Kindes mit dessen verlobtem Partner in ihrer Wohnung duldeten, bestraft werden mußten. Auch damit wurde jede junge Liebe in Heimlichkeit, Erniedrigung und Angst abgedrängt. Diese Bestimmungen sollten weiter *Dreiecks*-Verhältnisse, *Partner-Tausch*, *Gruppen-Sex* usw. verhindern, hätten aber ohne dauernde Schnüffelei in der Privatsphäre der Bürger nicht wirksam werden können.

Nach der Reform des *Sexualrechtes* in der Bundesrepublik gibt es weder den Begriff der «Kuppelei» noch den der «Unzucht». Vom Gesetz wird nur noch jene Förderung der Prostitution unter Strafe gestellt, die auf «persönlicher oder wirtschaftlicher Abhängigkeit» beruht oder Maßnahmen einschließt, «die über das bloße Gewähren von Wohnung . . . und üblicherweise verbundenen Nebenleistungen hinausgehen», und die Förderung der Prostitution von Personen unter achtzehn Jahren. Weiter wird bestraft, wer einen anderen zur Prostitution anhält oder dazu gewerbsmäßig anwirbt.

Mit anderen Worten: nicht mehr die Kuppelei an sich wird verfolgt, sondern nur noch der Zwang oder die Verführung zur Prostitution, besonders gegenüber Jugendlichen. Die Privatsphäre von Erwachsenen und sexuelle Beziehungen außerhalb der Prostitution werden nicht mehr betroffen.

Kurtisane,

eigentlich: Hofdame, Bezeichnung für die gehobene Prostituierte. Das Vorbild der Kurtisanen waren die *Hetären* des alten Griechenland. Der Name «Kurtisane» verweist noch auf die Bedeutung und Kultur der Kokotte im königlichen Frankreich. Anders als die niedere Dirne empfängt die moderne Kurtisane, etwa als *Call-Girl*, in einer eigenen, gepflegten Wohnung nur wenige, ausgesuchte und zahlungskräftige Kunden. Sie verfügt über gute Manieren und eine gewisse Bildung. Sie versteht sich auf erotische Raffinements des «Nebenbei», oft auf spezielle Wünsche abseitiger Art. Die Grenzen zwischen der Kurtisane und der *Mätresse*, der ausgehaltenen Geliebten, verschwimmen.

Kuß,

der Druck der *Lippen* auf die *Haut*, besonders auf die Lippen eines Partners. Der Kuß von Mund zu Mund ist in unserer Kultur die häufigste Liebkosung und geradezu ein Kennzeichen und Symbol der Liebe. In anderen Gesellschaften war er nicht üblich, ja förmlich verpönt, so bis vor kurzem in Japan.

Die Lippen sind eine besonders sensible und stark erogene Zone. Eine der ersten Lusterfahrungen des Menschen ist *oral*: das Saugen an der Mutterbrust. Von daher ist die Nachbarschaft des Kusses zum *Beißen* zu verstehen. Beim Kuß von Mund zu Mund wirkt auch der *Geruchs*sinn mit; er ist ein «Beschnüffeln» – und in manchen Kulturen tritt die Berührung der *Nasen* an seine Stelle.

Der leidenschaftliche Kuß · Radierung von Mihaly Zichy

Intensiv erotisch wird der Lippenkuß erst bei geöffneten Lippen, und wenn die Zunge in den Mund des Partners eindringt, wird er gar als «Seelenkuß» oder als besonderes Raffinement («french kiss») empfunden. Der Zungenkuß kommt zugleich schon in die Nähe der Geschlechtsvereinigung, des *Koitus*.

Die «Hingabe», die ein inniger Kuß ausdrücken kann, wird zur Geste der Unterwerfung beim *Hand-* oder *Fuß*kuß. Körperküsse bedeuten meist eine große Intimität. Sie wird am stärksten beim *Genital*kuß, dem Ansatz zur *Fellatio* oder zum *Cunnilingus*.

Andererseits können Küsse zur bloßen Formalität absinken, wie bei den Wangenküssen, die die Politiker des Ostens miteinander tauschen. Küsse zwischen Männern sind als Freundschaftsgesten in romanischen Ländern üblich; in germanisch-protestantischen Ländern würden sie den Verdacht der *Homosexualität* oder der Weibischkeit wecken. Küsse zwischen Frauen hält man auch bei uns für mehr oder weniger selbstverständlich.

Die Bedeutungsskala der Küsse ist ein gutes Beispiel für die Reichweite sexueller Strebungen und Ausdrucksweisen bis in die Freundschaft oder die bloße Höflichkeit. Ja, das Küssen kann sogar zur *Perversion* werden, wenn im Kuß das Ziel aller Sexualwünsche gesehen wird. Als den jungen Mädchen noch jede Sexualaufklärung versagt wurde, glaubten viele von ihnen, der Kuß eines Mannes könne sie schwanger machen. In den Möglichkeiten des Kusses spiegeln sich nahezu alle Facetten der Liebe und der Erotik.